BIBLIOTHÈQUE DES CAHIERS
DE L'INSTITUT DE LINGUISTIQUE
DE LOUVAIN — 19

LE PARLER DE TENNEVILLE

INTRODUCTION À L'ÉTUDE LINGUISTIQUE DES PARLERS WALLO-LORRAINS

Michel FRANCARD

**Publié avec le concours
de la Province de Luxembourg**

CABAY

LOUVAIN-LA-NEUVE

1981

D / 1981 / 2457/01 ISBN 2-87077-000-6

Printed in Belgium

A Monique,

à mes témoins.

Carte des communes

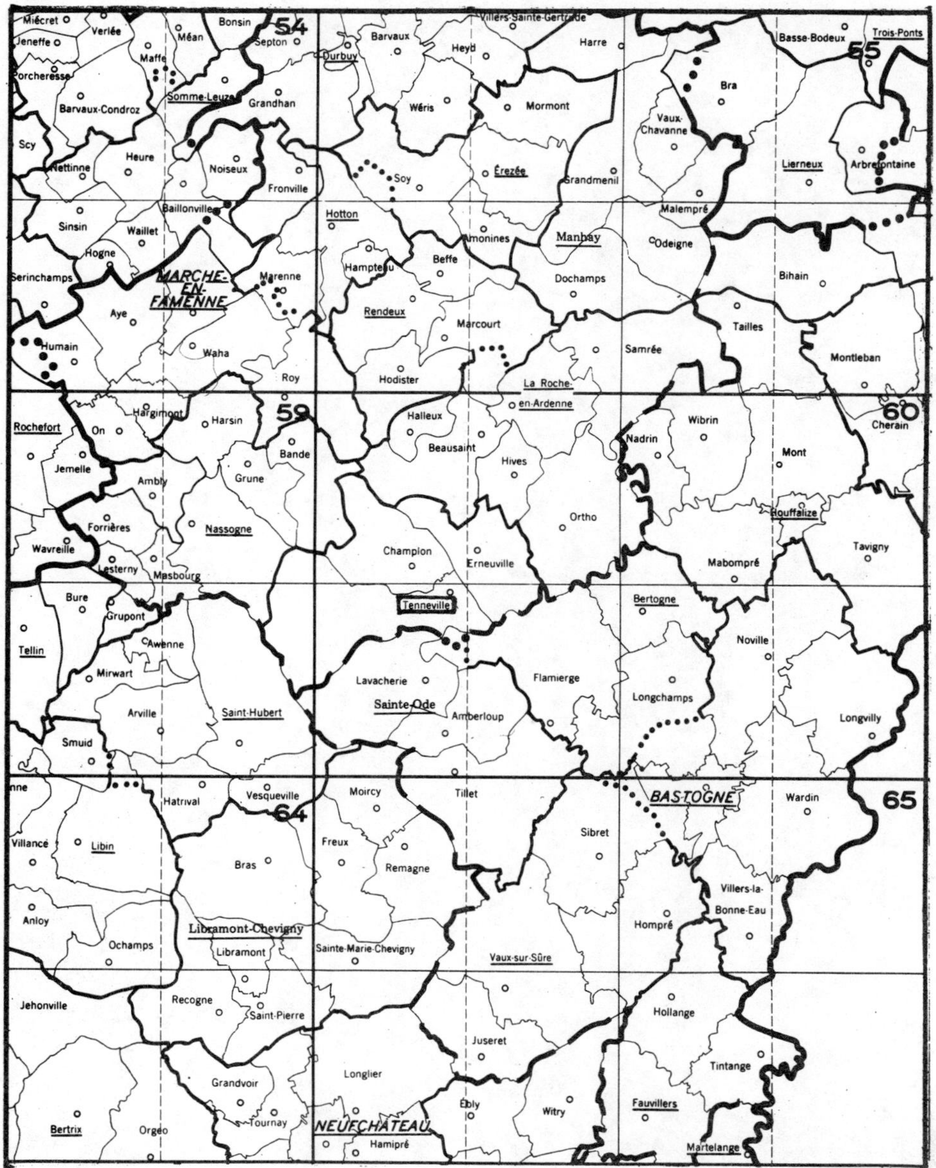

Reproduction de la carte administrative de Belgique
(autorisation n° A 185 de l'Institut Géographique National)

TABLE DES MATIERES

INTRODUCTION

§ 0.1. Linguistique et dialectologie wallonne.

Depuis que Saussure a définitivement institué la linguistique comme étude scientifique du langage, les linguistes n'ont cessé de s'interroger sur les limites de leur champ de recherche. Loin d'être paralysés par cette question fondamentale, ils y ont trouvé un stimulant qui sauve leur discipline de la sclérose. Plutôt que d'écoles nouvelles, on pourrait sans doute parler de "souffles nouveaux" en linguistique contemporaine, tant les courants qui structurent les sciences du langage se préoccupent prioritairement de raviver les concepts fondamentaux définis par Saussure.

L'influence de la linguistique sur d'autres secteurs de recherche n'a pas été à sens unique : témoin le développement de disciplines comme la sociolinguistique (1), la psycholinguistique (2), et les remises en question qu'elles suscitent. C'est ainsi que le locuteur que l'on disait "idéal" (3) est aujourd'hui sorti de sa tour d'ivoire : il devient sujet de pulsions diverses, marqué par les déterminismes sociaux et psychologiques. Parallèlement voient le jour une série de travaux qui rejettent toute conception monolithique du langage, en montrant la nécessité d'une étude des langues dans leur usage réel (4).

Ce refus d'un "quiétisme linguistique", où l'objet d'investigation est une langue dite "standard" produite par un locuteur "décharné", nous semble de bon aloi au moment où s'ébauchent les premiers jalons d'un rapprochement entre la dialectologie wallonne et certains acquis de la linguistique contemporaine. On pourrait s'étonner de certaines réticences des dialectologues vis-à-vis de la linguistique (5). Le débat est pourtant fondamental : le refus de théorisations trop abstraites, pour ne pas dire arbitraires (6),est inspiré par le souci de respecter la réalité linguistique dans toute sa complexité. Un des enjeux à assumer par la dialectologie wallonne sera donc de mettre la richesse de ses matériaux linguistiques à la portée de certains principes de causalité (interne et externe).

Si la présente étude souhaite s'inscrire dans les perspectives qui viennent d'être esquissées, elle n'en possède évidemment ni l'ampleur, ni les objectifs, ni les moyens. Très modestement, elle se voudrait contribution à la dialectologie wallonne, par l'étude des caractéristiques essentielles du parler ardennais de Tenneville, en référence aux autres parlers de la région, et par la mise en oeuvre, dans cette discipline, de certains acquis récents de la linguistique.

---

(1) Parmi les plus connus, citons les travaux de B. BERNSTEIN et de W. LABOV, dont deux ouvrages ont paru en traduction française : *Sociolinguistique* et *Le parler ordinaire*. Dans une direction parallèle, relevons le stimulant plaidoyer de L.-J. CALVET pour une "linguistique sociale", dans son *Pour et contre Saussure*.

(2) Un remarquable survol des pistes de recherche dans ce secteur est proposé par le recueil de J. MEHLER et G. NOIZET, *Textes pour une psycholinguistique*.

(3) "L'objet premier de la théorie linguistique est un locuteur-auditeur idéal, appartenant à une communauté linguistique complètement homogène, qui connaît parfaitement sa langue et qui, lorsqu'il applique en une performance effective sa connaissance de la langue, n'est pas affecté par des conditions grammaticalement non pertinentes, telles que limitation de mémoire, distractions, déplacements d'intérêt ou d'attention, erreurs (fortuites ou caractéristiques)." Cet extrait de N. CHOMSKY, *Aspects de la théorie syntaxique*, 12, éclaire notre propos sur le point de vue des générativistes ; mais le même auteur a raison d'ajouter (*ib.*) : "Telle me semble avoir été la position des fondateurs de la linguistique générale moderne".

(4) Pour le français, citons les travaux issus de la collaboration entre Henriette WALTER et A. MARTINET, particulièrement le *Dictionnaire de la prononciation française dans son usage réel*; on trouvera de nombreuses références dans H. WALTER, *La phonologie du français*.

(5) Le texte suivant nous semble souligner judicieusement la nature de ces réticences : "Décrire ce qui existe et ce qui a existé, montrer la filiation entre le passé et le présent, déduire de ces comparaisons l'explication ou l'étymologie, voilà la démarche que suivent avec prédilection la plupart d'entre nous. Les synthèses ambitieuses, les théories les [= les dialectologues] inquiètent, surtout quand, après vérification, les erreurs apparaissent. De là les réserves qu'on a opposées aux constructions de Gilliéron, à la théorie de Franz Petri, aux hypothèses d'Albert Carnoy. C'est peut-être aussi ce qui fait craindre certains développements de la linguistique moderne." (extrait de *Cinquante ans de dialectologie wallonne*, par A. GOOSSE, publié dans *BTD* L, 84).

(6) Révélateur à cet égard est l'accueil défavorable réservé par les dialectologues wallons, français et suisses à l'ouvrage d'A. HAUDRICOURT et Al. JUILLAND, *Essai pour une histoire structurale du phonétisme français*. Voulant réagir contre le monisme explicatif du substrat, les auteurs tendaient à tout expliquer en terme d'équilibre paradigmatique ; dans la perspective du changement linguistique, cette position revient à n'envisager que des causalités internes. A. MARTINET - qui a imposé le concept d'économie de la langue comme causalité interne - adoptera peu après une position moins triomphaliste quant au primat des facteurs internes en écrivant, à propos des cas de différenciation dialectale : "Ils font ressortir la valeur des solutions fonctionnelles et structurales en démontrant qu'il y a des cas où, quoi qu'on fasse, elles sont impuissantes, et que, par conséquent, elles ne sont pas un ensemble de recettes permettant d'expliquer tout à partir de n'importe quoi." (extrait de *Economie des changements phonétiques*, 191).

§ 0.2. Genèse

En avant-propos du livre *Dès mèstîs èt dès djins k' è vont*, nous soulignions, après bien d'autres (1), la rareté des publications "littéraires" ou dialectologiques dues à des auteurs luxembourgeois (2). L'étude que nous présentons ici s'inscrit dans le prolongement de notre publication des textes dialectaux de Tenneville : dans une région qui ne possède aucun "passé dialectologique", il s'agissait de faire connaître quelques aspects de ces parlers, négligés jusqu'à présent (si l'on excepte les enquêtes de l'ALW), pour ne pas dire ignorés (dans le cas de Bastogne).

Nos enquêtes dialectologiques ont débuté dès 1975. Depuis nos recherches sur la phonologie générative du français contemporain, nous avions souhaité entreprendre une étude qui mettrait en parallèle les processus phonologiques à l'oeuvre en français parlé et dans le dialecte régional. Dès le départ - et la présente recherche le confirme sur plusieurs points -, cette voie s'avéra féconde et prometteuse.

Nous avons eu la chance de rencontrer un témoin remarquable en la personne de Rodolphe Dedoyard. Ses qualités de conteur étaient à la mesure de la richesse de son dialecte et de la précision de ses souvenirs. Rapidement, notre collaboration s'orienta vers l'élaboration de textes. Après avoir composé quelques récits d'enfance (inédits), R. Dedoyard accepta de s'attacher à la mise au point de textes illustrant les métiers disparus ou en voie de disparition : le cordonnier, le maréchal-ferrant, le menuisier, le meunier, les sabotiers, le tueur de porcs. Cette entreprise nécessita de nombreuses vérifications et enquêtes complémentaires portant sur les termes techniques, les traits dialectologiques, etc. Ces recherches, facilitées par la proximité géographique avec la région étudiée et le contact permanent avec R. Dedoyard, ont commencé en février 1977, pour se poursuivre lors des congés scolaires. Simultanément étaient recueillies diverses informations qui touchaient essentiellement la phonétique, la phonologie et la morphologie du parler de Tenneville (3).

Parallèlement, dès octobre 1978, débutèrent à Bastogne les réunions de travail destinées à l'élaboration d'un dictionnaire des parlers de la région. Ces rencontres furent menées de concert à Bastogne (3) et dans quelques villages proches (4), sur base de l'enquête Haust.

---

(1) Le dernier en date est M. PIRON, dans sa très belle *Anthologie de la littérature wallonne*.

(2) Au bref inventaire dressé dans *Dès mèstîs*, 11-12, ajoutons L. PIRON, *Facteûrs, Gendârmes èt Cie* (1979, stencylé, chez l'auteur) ; *Causans walon II* (publié par R. MOUZON, Neufchâteau, 1979) ; Arlette RUCHE, *Ethnotextes concernant l'enfance recueillis en Ardenne* (arrondissements de Bastogne, Marche et Verviers), U.C.L., mémoire de licence inédit, 1979.

(3) La liste des principaux témoins consultés, pour Tenneville et Bastogne, figure dans *Dès mèstîs*, 12-13. Trois décès ont déjà frappé notre équipe : celui de M. Narcisse FRANCOIS (1979) et de Mme Brackman, née Adèle LAURENT (1979), à Tenneville ; celui de M. Maurice CORNET (1978) à Bastogne ; un nouveau collaborateur bastognard est venu se joindre à nous depuis 1978 : il s'agit de Roger KAIRIS (né le 3 décembre 1928).

(4) Diverses enquêtes sont en cours de réalisation dans chacune des sections de la nouvelle commune de Bastogne.

§ 0.3. Objectifs

Face à un domaine linguistique peu exploré, notre objectif prioritaire a été de consigner un maximum d'informations sur les parlers de notre région. Celle-ci s'étend de part et d'autre de la Nationale 4, entre Tenneville et Bastogne. Pour étoffer notre propos, nous avons jugé utile de nous référer régulièrement aux parlers proches, comme ceux de Marche, Saint-Hubert, Awenne, Sibret, Bercheux, Longlier, Neuvillers, etc. : l'aire ainsi couverte correspond schématiquement au domaine wallo-lorrain.

Les parlers représentatifs de Wallonie ont été eux aussi évoqués, pour permettre de mieux appréhender l'identité du sud-wallon en regard des autres régions. Nous avons également tenté quelques ouvertures vers le domaine français, dans une perspective diachronique et synchronique (en privilégiant le français parlé).

Le cadre des divisions traditionnelles de la linguistique convenait pour notre étude. D'où la répartition des matériaux en trois sections : 1. Phonétique historique ; 2. Aspects morphologiques ; 3. Aspects phonologiques (1). Au-delà de cette répartition, l'unité de cet ensemble réside dans le va-et-vient entre les disciplines : nous n'avons pas craint, par exemple, de recourir aux données phonologiques à l'intérieur des développements de phonétique historique ou de morphologie. Toutefois, nous avons surtout réservé cette démarche à la recherche d'hypothèses explicatives.

---

(1) A cette occasion, nous précisons les réalisations phonétiques des phonèmes.

§ 0.4. Choix méthodologiques

Mener une étude descriptive sur des aspects phonétiques, morphologiques et phonologiques ; suggérer certaines pistes de recherche qui se situent au carrefour de la dialectologie et de la linguistique générale : voilà qui serait présomptueux si nous n'avions consenti à des choix méthodologiques parfois inconfortables, souvent périlleux. Ils ont été posés en fonction de nos objectifs et de nos moyens : nous espérons que d'autres travaux feront mieux connaître les aspects intéressants que ce travail laisse injustement dans l'ombre.

La phonétique historique constitue une part importante de notre étude. Nous voyons là l'occasion d'une recherche sur la différenciation dialectale de la zone wallo-lorraine, avec comme cadre de travail les publications déjà nombreuses sur l'évolution historique de nos dialectes. Parmi elles, les travaux de L. Remacle - en particulier ses remarquables contributions sur l'ancien wallon et le H secondaire -, Bruneau, Marchot, Niederländer et Grignard nous ont guidé tout au long de ce travail. Les illustrations, que nous avons voulu représentatives, permettront que s'élabore, non seulement un panorama descriptif, mais une étude explicative qui rende compte des phénomènes moteurs du changement linguistique.

En regard des considérations relevant de la phonétique historique, le traitement des aspects morphologiques pourrait paraître peu consistant. Nous avons tenté d'être aussi complet que possible dans notre inventaire des caractéristiques morphologiques, mais notre information est restée en deçà de ce qui est magistralement étudié par L. Remacle (dans l'*ALW* 2 et les trois volumes de sa *Syntaxe du parler de La Gleize*) et les auteurs déjà cités pour la phonétique historique.

Enfin, les aspects phonologiques sont loin de correspondre à ce que nous aurions pu espérer. Dans ce domaine, la rareté des informations rend caduque toute tentative plus ambitieuse qu'un simple inventaire phonologique. Lorsque des matériaux plus nombreux auront été consignés, sans doute pourrat-on entrevoir une véritable description phonologique des dialectes wallons. Vu la documentation peu abondante, les contributions de W. Bal, L. Warnant et J. Lechanteur (dans la ligne des travaux d'A. Martinet) nous ont été précieuses.

Comme on le voit, cette étude ne s'est pas attachée aux aspects lexicaux. En attendant que cette lacune soit comblée par une publication ultérieure, nous avons pris le parti, dans cet ouvrage, d'illustrer largement les phénomènes étudiés, de manière à fournir un échantillon lexical représentatif. Nous espérons également, par cette documentation abondante et par le grand nombre de notes explicatives (qu'un dialectologue pourrait, dans bien des cas, trouver trop détaillées ou superflues), rendre ce livre accessible à un public non spécialisé, et favoriser des recherches ultérieures.

§ 0.5. Matériaux

Quoique natif de Bastogne, nous avons été mis en contact pendant notre enfance avec les parlers de Sibret et de Sberchamps (Saint-Pierre [Ne 39]), à l'écoute des grands-parents. Si notre compréhension des divers parlers du sud-wallon est bonne, il nous est néanmoins malaisé d'en pratiquer l'un ou l'autre sans encourir le risque d'y introduire des formes "étrangères". Cela n'a toutefois pas été un obstacle à la collecte des matériaux, mais un encouragement à un maximum de circonspection. Si, dans les premiers temps, nous avons eu recours à l'enregistrement sur bande magnétique, l'essentiel de nos enquêtes a été consigné par écrit.

Pour les trois sections, c'est l'ensemble des données recueillies qui a été exploité, quelques enquêtes ponctuelles suffisant à combler les lacunes de notre documentation. Sans doute, à l'un ou l'autre endroit, la consultation approfondie des archives aurait fourni des indications intéressantes. Mais le temps et la somme d'efforts consentis à cette recherche auraient probablement été hors de proportion avec les résultats obtenus.

§ 0.6. Tenneville, hier et aujourd'hui

La première partie de *Dès mèstîs*, 15-34, contient un aperçu de la géographie, de la démographie, de l'histoire et du folklore de Tenneville. Le lecteur y trouvera également une notice toponymique rédigée par J.-M. Pierret.

§ 0.7. Notre étude, par ses objectifs et ses choix méthodologiques, a été sans cesse en équilibre instable entre les nécessaires "contraintes du genre" et les perspectives prometteuses qui se profilaient au-delà de ce cadre. Pour mener à bien cette entreprise, sans la tronquer, il nous fallait pouvoir compter sur un soutien qui alliait la rigueur à l'ouverture. Nous l'avons obtenu auprès de ceux qui nous ont guidé avec beaucoup de compétence et de cordialité dans nos travaux. Particulièrement, nous tenons à dire notre reconnaissance à M. J.-M. Pierret, chargé de cours à l'Université Catholique de Louvain, qui nous a accompagné tout au long de cette recherche, avec compétence et disponibilité ; à MM. les professeurs W. Bal, A. Goosse et G. Muraille, de l'U.C.L. ; J. Lechanteur et L. Remacle, de l'Université de Liège, pour leurs encouragements, leurs conseils, leurs critiques (1).

Notre gratitude va également à tous ceux qui oeuvrent pour la cause dialectale dans le Luxembourg, et dont la sympathie nous a entouré dans nos recherches. Parmi eux, nous associons à notre travail MM. Christian Robinet (qui nous a aidé dans la mise au point des épreuves), Raymond Mouzon (dont le témoignage pour le parler de Neuvillers nous a été précieux), Arsène Geubel (qui nous a fait découvrir Tenneville) et J.-M. Mottet.

Que nos témoins enfin soient remerciés pour l'aide empressée qu'ils nous ont accordée, et dont nous bénéficions encore aujourd'hui.

Puisse notre travail refléter au mieux tous les apports dont nous avons bénéficié.

---

(1) Ce livre est une version remaniée de la première partie

de notre thèse de doctorat en Philosophie et Lettres, présentée à Louvain-la-Neuve le 7 novembre 1979.

§ 0.8. Ouvrages cités

ADRIAENS (J.-L.), *Eléments de phonologie et de morphologie du dialecte de Roux. Essai critique de description générative*, U.C.L., mémoire de licence inédit, 1974.

ADRIAENS (J.-L.), *Problèmes de phonologie flexionnelle et dérivationnelle à propos des adjectifs du dialecte wallon de Roux*, dans R. JONGEN, *Contributions à la question phonologique*, 197-223.

ALF = J. GILLIERON et E. EDMONT, *Atlas linguistique de la France*, Paris, 1903-1920.

ALW = *Atlas linguistique de la Wallonie*. Tomes I et II par L. REMACLE. Tome III par E. LEGROS. Tome IV par J. LECHANTEUR. Liège, 1953, 1969, 1955 et 1976.

ANDERSEN (H.), *Diphtongization*, dans *Language* XLVIII (1971), 11-50.

ATWOOD (E.B.), *The phonological divisions of Belgo-Romance*, dans *Orbis* IV (1955), 367-389.

BAL, *Lexique* = W.B., *Lexique du parler de Jamioulx*, Liège, 1949.

BAL (W.), *Le parler wallon de Charleroi*, dans *Caroloregium valde concelebratur MDCLXVI-MCMLXVI*, 221-228, Charleroi, 1966.

BAL, *Groupes pronominaux* = W.B., *Groupes pronominaux (pronom sujet + un ou deux pronoms régimes) en position préverbale dans un parler wallon moderne*, dans les *Mélanges de philologie romane offerts à Charles Camproux*, tome II, Montpellier III, C.E.O., 1978, 821-833.

BALLE (A.), *Contribution au dictionnaire du parler de Cerfontaine*, Liège, 1963.

BDW = *Bulletin du Dictionnaire (général de la langue) wallon(ne)*, 1906-1970.

BORCY (M.), *Le vocabulaire de la vie familiale dans la commune de Sainte-Marie-Chevigny 'Ne 35'*, U.C.L., mémoire de licence inédit, 1969.

BOURCIEZ (E. et J.), *Phonétique française. Etude historique*, Paris, 1967.

BRUNEAU, *Enquête* = Ch. B., *Enquête linguistique sur les patois d'Ardenne*, Paris, 1914 et 1926.

BRUNEAU, *Etude* = Ch. B., *Etude phonétique des patois d'Ardenne*, Paris, 1913.

BRUNEAU, *La limite* = Ch. B., *La limite des dialectes wallon, champenois et lorrain en Ardenne*, Paris, 1913.

BSW = *Bulletin de la Société de langue et de littérature wallonnes*, 1857 sv. (plusieurs titres).

BTD = *Bulletin de la Commission royale de toponymie et de dialectologie*, 1927 sv.

CALOZET (J.), *O payis dès sabotîs*, Liège, 1945 (2e éd.) (en abrégé : *ND* 1).

CALOZET (J.), *Li brak'nî*, Liège, 1944 (en abrégé : *ND* 6).

CALOZET (J.), *Li crawieûse agasse*, Liège, 1945 (2e éd.) (en abrégé : *ND* 10).

CALVET (L.-J.), *Pour et contre Saussure. Vers une linguistique sociale*, Paris, 1975.

Causans walon : voir MOUZON.

CHOMSKY (N.), *Aspects de la théorie syntaxique*, Paris, 1971.

CHOMSKY (N.) et HALLE (M.), *The Sound Pattern of English*, New York, 1968.

COPPENS (J.), *Dictionnaire aclot wallon-français*, Nivelles, 1950.

DBR = *Les dialectes belgo-romans*, 1937-1969.

DEDOYARD et FRANCARD, *Dès mèstîs* = R.D. et M.F., *Dès mèstîs èt dès djins k' è vont*, Bastogne, 1978.

DEGRAEF (H.), *Description phonétique, phonologique et morphologique du patois de Naast*, U.C.L., mémoire de licence inédit, 1961.

DE LA CHAUSSEE (Fr.), *Initiation à la phonétique historique de l'ancien français*, Paris, 1974.

DELL (Fr.), *Les règles et les sons*, Paris, 1973.

DEOM (Fr.), *Le vocabulaire du maréchal-ferrant dans quelques villages du sud du Luxembourg (Anlier, Mellier, Fauvillers, Villers-sur-Semois, Bellefontaine)*, U.C.L., mémoire de licence inédit, 1970.

DFL = J. HAUST, *Le dialecte wallon de Liège. 3e partie. Dictionnaire français-liégeois*, publié sous la direction d'E. LEGROS, Liège, 1948.

DL = J. HAUST, *Le dialecte wallon de Liège. 2e partie. Dictionnaire liégeois*, Liège, 1933.

DOUTREPONT (G.), *Tableau et théorie de la conjugaison dans le wallon liégeois*, dans *BSW* XXXII (1892), 17-134.

DW = *Les dialectes de Wallonie*, Liège, 1972 sv.

EMVW = *Enquêtes du Musée de la vie wallonne*, 1927 sv.

EP = Enquête réalisée par J.-M. PIERRET à Tillet dans le cadre de l'*Atlas linguistique européen*.

FELLER, *Notes* = J.F., *Notes de philologie wallonne*, Liège et Paris, 1912.

FELLER, *Phonétique* = J.F., *Phonétique du gaumet et du wallon comparés*, dans *BSW* XXXVII (1897), 203-282.

FEW = W. von WARTBURG, *Französisches etymologisches Wörterbuch*, 1922 sv.

FOUCHE (P.), *Phonétique historique du français*, Paris, 1952 (volume 1), 1958 (volume 2), 1961 (volume 3).

FRANCARD, *Phonologie générative* = M. F., *Aspects de la phonologie générative du français contemporain*, Louvain-Leyden, 1975.

FRANCARD, *Le comportement des obstruantes* = M. F., *Le comportement des obstruantes étymologiquement sonores dans les alternances flexionnelles et dérivationnelles du français parlé*, dans R. JONGEN, *Contributions à la question phonologique*, 2-34.

FRANCARD (M.), *Notes sur le parler wallon de Bastogne*, dans la brochure du XXe anniversaire de la reconstitution de la Fédération Wallonne Littéraire et Dramatique du Luxembourg Belge, 1979, 55-60.

GESCHIERE (L.), *Eléments néerlandais du wallon liégeois*, Amsterdam, 1950.

Gl. gaumais = *Glossaire en patois gaumais 'de Saint-Léger'*, publié par le Cercle culturel de Saint-Léger, Virton, 1978.

GOOSSE (A.), *Jean d'Outremeuse. Ly myreur des histors. Fragment du second livre (années 794-826)*, Bruxelles, 1965.

GOURDANGE (L.), *La limite entre les dialectes wallon et lorrain en Belgique romane*, U. Lg., mémoire de licence inédit, 1969.

GRAMMONT (M.), *Traité de phonétique*, Paris, 1933.

GREVISSE (M.), *Le bon usage*, Gembloux-Paris, 1969 (9e éd.).

GRIGNARD (A.), *Phonétique et morphologie de l'ouest-wallon*, dans *BSW* L (1909), 375-521.

GUSTIN (Ph.), *Phonétique et morphologie du patois de Marche-en-Famenne*, U.C.L., mémoire de licence inédit, 1957.

HAGEGE (Cl.), *La grammaire générative. Réflexions critiques*, Paris, 1976.

HAUDRICOURT (A.) et JUILLAND (A.), *Essai pour une histoire structurale du phonétisme français*, Paris, 1949.

HAUST, *Etymologies* = J.H., *Etymologies wallonnes et françaises*, Liège - Paris, 1923.

HAUST, *Enquête* = J.H., *Enquête dialectale sur la toponymie wallonne*, Liège, 1940-1941.

HAUST (J.), *Le toponyme ardennais fa (fè, fwè)*, dans le *Bull. Acad. Royale Langue et Littér. fr.* XVI (1937), 121-153.

HOUZIAUX (M.-O.), *Enquête dialectale à Celles-lez-Dinant 'D 72'*, Liège, 1959.

JAKOBSON (R.), *Essais de linguistique générale*, Paris, 1963.

JAMINON (J.), *Phonologie du wallon liégeois. Cinq phénomènes de jointure*, thèse de doctorat inédite, Trondheim, 1979.

JONGEN (R.) (édit.), *Contributions à la question phonologique*, dans *Cours et Documents de l'Institut de Linguistique de Louvain*, XIII, Louvain, 1975.

JONGEN (R.), *L'argumentation en phonologie. A propos du vocalisme français*, dans R. JONGEN, *Contributions à la question phonologique*, 139-196.

LABOV (W.), *Sociolinguistique*, Paris, 1976.

LABOV (W.), *Le parler ordinaire*, Paris, 1978.

LANDERCY (A.) et RENARD (R.), *Eléments de phonétique*, Bruxelles, 1977.

LECHANTEUR (J.), *Description phonologique d'un patois hervien*, dans *BTD* XLVII (1973), 161-191.

LEGROS (E.), *Notes de dialectologie gaumaise*, dans *PG* XI (1950), 21-34 ; XII (1951), 17-32 ; XIII (1952), 94-107 ; XV (1954), 33-42 ; XXIV-XXV (1963-1964), 278-287 ; XXVII-XXVIII (1966-1967), 275-283.

LEONARD (L.), *Lexique namurois*, dans *BSW* LXXI-LXXIII (1964-1968).

LEROND (A.), *L'habitation en Wallonie malmédienne (Ardenne belge). Etude dialectologique*, Paris, 1963.

MALMBERG (B.), *Les domaines de la phonétique*, Paris, 1971.

MALMBERG (B.), *Phonétique générale et romane*, Paris - The Hague, 1971.

MARCHOT (P.), *Le patois de Saint-Hubert*, dans *RPFP* IV (1890), 94-105 et 190-214.

MARCHOT (P.), *Les patois du Luxembourg central*, dans *RPGR* IV (1891), 17-32.

MARCHOT, *Phonologie* = P.M., *Phonologie détaillée d'un patois wallon*, Paris, 1892.

MARCHOT, *Petite phonétique* = P.M., *Petite phonétique du français prélittéraire*, Fribourg, 1901-1902.

MARTINET (A.), *Economie des changements phonétiques*, Berne, 1955.

MARTINET, *La description phonologique* = A.M., *La description phonologique avec application au parler franco-provençal d'Hauteville (Savoie)*, Genève - Paris, 1956.

MARTINET (A.), *Le français sans fard*, Paris, 1969.

MARTINET (A.) et WALTER (H.), *Dictionnaire de la prononciation française dans son usage réel*, Paris, 1973.

MASSONNET (J.), *Lexique du patois de Chassepierre et de sa région*, dans *BSW* LXXV (1974) et *BSW* LXXVI (1975).

MEHLER (J.) et NOIZET (G.), *Textes pour une psycholinguistique*, Paris - La Haye, 1974.

Mélanges Bruneau = *Mélanges de linguistique offerts à M. Charles Bruneau*, Genève, 1954.

Mélanges Haust = *Mélanges de linguistique romane offerts à M. Jean Haust*, Liège, 1939.

Mélanges Henry = *Mélanges de linguistique, de philologie et de littérature offerts à M. Albert Henry*, par le Centre de Philologie et de Littérature romanes de Strasbourg, Paris, 1970.

MEYER-LÜBKE (W.), *Grammaire des langues romanes (tome 1)*, Paris, 1890.

MOIGNET (G.), *Grammaire de l'ancien français*, Paris, 1973.

MOUZON (R.), *Causans walon I et II*, Neufchâteau, 1977, 1979.

ND = *Nos dialectes* (Liège). Voir CALOZET.

NIEDERLÄNDER (J.), *Die Mundart von Namur*, dans *ZRP* XXIV (1900), 1-32 et 251-309.

NYROP (K.), *Grammaire historique de la langue française (tome 1)*, Leipzig - New York - Paris, 1935 (4e éd.).

PG = *Le pays gaumais*, 1940 sv.

PIERRET (J.-M.), *Etude dialectologique et ethnographique sur la commune de Longlier. La maison rurale*, U.C.L., thèse de doctorat inédite, Louvain, 1972.

PIRON (M.), *Anthologie de la littérature wallonne*, Liège, 1979.

POPE (M.-K.), *From Latin to modern French with especial consideration of Anglo-Norman : phonology and morphology*, Manchester, 1934.

REMACLE, *Ancien wallon* = L.R., *Le problème de l'ancien wallon*, Liège, 1948.

REMACLE, *Orthophonie* = L.R., *Orthophonie française. Conseils aux Wallons*, Liège, 1948.

REMACLE, *Géographie dialectale* = L.R., *La géographie dialectale de la Belgique romane*, dans *Les dialectes de France au moyen âge et aujourd'hui. Domaine d'oïl et domaine d'oc.* Colloque organisé par le Centre de Philologie et de Littérature romanes de l'Université des Sciences humaines de Strasbourg, du 22 au 25 mai 1967. Actes publiés par G. STRAKA, Paris, 1972.

REMACLE, *H secondaire* = L.R., *Les variations de l'H secondaire en Ardenne liégeoise*, Liège - Paris, 1944.

REMACLE, *Syntaxe* = L.R., *Syntaxe du parler wallon de La Gleize (3 volumes)*, Paris, 1952, 1956 et 1960.

REW = W. MEYER-LÜBKE, *Romanisches etymologisches Wörterbuch*, Heidelberg, 1968 (4e éd.).

RPB = *Revue belge de philologie et d'histoire*, 1922 sv.

RPFP = *Revue de philologie française et provençale*, 1887-1934 (plusieurs titres).

RPGR = *Revue des patois gallo-romans*, 1887-1893.

SCHANE (S.A.), *Generative phonology*, Englewood Cliffs, Prentice Hall, 1973.

SCHOGT (H.G.), *Les causes de la double issue de e fermé tonique libre en français*, Amsterdam, 1960.

STRAKA (G.), *Encore ANTE *ANTIUS, a.fr. AINZ*, dans *Mélanges Bruneau*, 69-83.

STRAKA (G.), *Album Phonétique*, Laval, 1965.

STREPENNE (M.), *Etude sur le vocabulaire concernant le travail du bois à Bercheux (Juseret Ne 48)*, U.C.L., mémoire de licence inédit, 1964.

THOMAS (J.), BOUQUIAUX (L.) et CLOAREC-HEISS (Fr.), *Initiation à la phonétique. Phonétique articulatoire et phonétique distinctive*, Paris, 1976.

TROUBETZKOY (N.), *Principes de phonologie*, Paris, 1964.

VALKHOFF, *Vade-mecum* = M.V., *Philologie et littérature wallonnes. Vade-mecum*, Groningen-Batavia, 1938.

VALKHOFF, *Etude* = M.V., *Etude sur les mots français d'origine néerlandaise*, Amsterdam, 1931.

VAN KERCHOVE (L.), *Le système verbal du parler de Spontin*, K.U.L., mémoire de licence inédit, 1972.

VANNERUS (J.), *Le livre de justice de Bastogne de 1481 à 1499*, Arlon, 1897.

WALTER (H.), *La phonologie du français*, Paris, 1977.

WARLAND (J.), *Glossar und Grammatik der germanischen Lehnwörter in der wallonischen Mundart Malmedys*, Liège, 1940.

WARNANT (L.), *La constitution phonique du mot wallon. Etude fondée sur le parler d'Oreye (Hesbaye liégeoise)*, Paris, 1956.

WIDAR (Ch.), *Textes dialectaux d'Ardenne liégeoise. Enregistrement et transcription*, U. Lg., mémoire de licence inédit, 1977. Extraits publiés dans *DW* 7 (1979), 7-22.

WÜEST (J.), *La dialectalisation de la Gallo-Romania. Problèmes phonologiques*, Berne, 1979.

ZRP = *Zeitschrift für romanische Philologie*, Tübingen, 1877 sv.

SECTION I

PHONETIQUE HISTORIQUE

AVANT-PROPOS

Quelque peu délaissées aujourd'hui, les études portant sur la phonétique historique des parlers wallons ont longtemps représenté un terrain privilégié pour les recherches dialectologiques. Que l'on songe notamment aux travaux de Haust, Legros, Feller, L. Remacle, Bruneau, Marchot, Niederländer, Grignard, ainsi qu'aux nombreuses contributions portant sur des aspects particuliers. Nous disposions donc d'une documentation fournie et d'une tradition solide pour nos recherches sur la grammaire historique du parler de Tenneville.

Notre dette vis-à-vis de l'importante contribution de L. Remacle, *Le problème de l'ancien wallon*, est énorme. Très souvent, il nous aurait suffi de faire référence à cet ouvrage. Si nous avons multiplié les références à nos devanciers pour la différenciation dialectale, nous avons également privilégié le rapport à la phonétique historique du français, au travers des travaux de Nyrop, Meyer-Lübke, Fouché et Bourciez pour l'essentiel. Nous pensons que la comparaison avec le francien peut être éclairante pour une étude du changement linguistique dans les dialectes wallons.

Sur base de nos enquêtes dans la région de Bastogne, grâce aux travaux de Marchot (pour Saint-Hubert), J.-M. Pierret (pour le chestrolais et Tillet), Ph. Gustin (pour Marche-en-Famenne), M. Strépenne (pour Bercheux), M. Borcy (pour Sainte-Marie-Chevigny) et L. Gourdange (pour le chestrolais et le gaumais), nous avons tenté de dépasser le cadre du parler de Tenneville pour l'étendre à la majeure partie du domaine wallo-lorrain (à l'exception de l'ouest de cette zone).

La transcription des formes wallonnes suit les principes de l'orthographe Feller (1). Lorsque la transcription phonétique s'est avérée nécessaire, nous avons utilisé le système adopté par l'*ALW* (2), avec quelques modifications mineures : *ü* représente la voyelle antérieure labiale (fr. *nU*) et *u* la voyelle vélaire (fr. *cOU*) ; le *n* dit "mouillé", les chuintantes et les affriquées sont surmontées d'un accent circonflexe normal (*ñ*, *ŝ*, *ẑ*, *ĉ* et *ĝ*) ; les voyelles longues sont surmontées d'un trait (*ā*, *ī*), parfois de l'accent circonflexe (*ê*, *ô*).

Les formes wallonnes illustrant les processus phonétiques sont régulièrement accompagnées d'une traduction française. Les étymons ne sont cités que si la traduction française repose sur une étymologie différente du correspondant wallon. Dans ce cas, nous indiquons la référence au *FEW* (quelquefois à une contribution décisive sur l'étymologie en question); ou nous donnons une traduction "littérale", qui explicite l'étymologie : *wachê* (litt. "*vaisseau*") 'cercueil'; ou encore l'équivalent en ancien français. Ajoutons que l'étymologie d'une forme n'est indiquée qu'à sa première apparition dans le texte (voir à l'*Index des mots wallons*).

La longueur et le nombre des notes nous ont amené à les faire figurer à la suite de chaque paragraphe. Cette liberté par rapport à l'usage se justifie par le souci de faciliter la dactylographie et la mise en page.

---

(1) Voir J. FELLER, dans *BSW* XLI ; *DL*, XXVI-XXVIII.

(2) Voir *ALW* 1, 57 sv.

CHAPITRE I

LE VOCALISME

1. LES VOYELLES TONIQUES

A tonique

A *libre*

§ 1.1. La diphtongaison du *a* tonique libre latin présente à Tenneville une double issue contextuelle :

1.1.1. *ẹ* en syllabe fermée : *pẹre* 'père' ; *mẹre* 'mère' ; *ẹrẹre* (litt. "*araire*") 'charrue' ; *tẹrẹre* 'tarière' ; *fẹve* 'fève' ; *frẹ* (1) 'frère' ; *clẹr* 'clair'.

1.1.2. *ę* en syllabe ouverte : *solę* 'soulier' ; *sę* 'sel' ; *ęgrę* (< *gradus*, *FEW* IV, 204b-205a) 'marche d'escalier' ; *nę* 'nez' ; *ęstę* 'été' ; *costę* 'côté'.
Voir également *-are* (1.2.), *-atu* (1.3.), *-ata* (1.4.), *-itate* (1.5.).

Ces résultats sont symétriquement opposés à l'évolution du fr. moderne, lequel présente *ę* en syllabe fermée, et *ẹ* en syllabe ouverte. Au début du IXe s., le français possédait un *e* dont on peut conjecturer qu'il présentait un timbre fermé (FOUCHE, 261), et ce, en toute position. Vers la fin du Moyen Age, la distinction contextuelle est apparue, pour triompher au XVIIe s. (BOURCIEZ, § 35 H). L'évolution de Tenneville manifeste donc un archaïsme en syllabe fermée. Tenneville se trouve à proximité de l'aire de diffusion du *ẽ* en syllabe ouverte : les villages de Journal, Erneuville [Ma 52] et Champlon [Ma 50], à quelques kilomètres plus au nord, présentent déjà le *ẽ* en toute position, comme en lg. et dans la partie septentrionale de l'arr. de Bastogne (2).

---

(1) La chute du *-r* final dans ce mot a dû se produire à une époque récente, puisqu'elle n'a pas influencé le timbre de la voyelle. Voir *ALW* 1, c. 44 "frère" ; comp. avec le lg. *tèrẽ* 'tarière'.

(2) Voir *ALW* 1, c. 37 "été" ; REMACLE, *Ancien wallon*, 42 ; BRUNEAU, *Etude*, § 32 ; MARCHOT, *Phonologie*, § 57 ; NIEDERLÄNDER, § 1 ; FOUCHE, 263 ; GOURDANGE, 1-2.

§ 1.2. *-are* > *-ẽ*

Exemples : *toumẽ* 'tomber' ; *tchantẽ* 'chanter' ; *hand'lẽ* (< all. *handeln*, *FEW* XVI, 139a) 'enlever le fumier de l'étable' ; *rahougnẽ* (de *hougne* 'andain', a.frq. **hûnia*, *FEW* XVI, 265b) 'mettre en andain' ; *mẽch'nẽ* (litt. "*moissonner*") 'glaner' (1).

---

(1) Voir *ALW* 2, c. 76 "acheter" ; MARCHOT, *Phonologie*, § 58 ; *RPGR* IV, 18.

§ 1.3. *-atu* > *-ẽ*

Exemples : *tchantẽ* 'chanté' ; *toumẽ* 'tombé', etc.
Il y a donc coïncidence entre la forme du part. passé m.s. et celle de l'infinitif, comme c'est généralement le cas en Belgique romane (1).

---

(1) Voir *ALW* 2, c. 76, 211, et notes précédentes.

§ 1.4.1. *-ata* > *ēy* (1)

Comme la majorité des parlers de la Belgique romane, le wallon de Tenneville recèle dans le produit de *-ata* un yod qui, à l'origine, servait à combler l'hiatus résultant de la chute de la dentale intervocalique (voir plus loin, 1.141).

Le timbre de la voyelle présente de nombreuses variantes selon les régions. En rouchi, dans l'ouest-wallon et le centre-wallon, on rencontre le *é* du fr. ; le lg. connaît le type *ȅy*, tandis que le gaumais atteste une forme très ouverte *āy*, comme en lorrain de France (2).

Tenneville présente une variante légèrement plus fermée que le lg. ; Bastogne un timbre très ouvert ; Saint-Hubert et Awenne la forme du centre-wallon. Selon REMACLE (*Ancien wallon*, 43), les variantes lg. sont attestées dès le XIVe s. au moins (3).

Il n'y a pas de différence de traitement du suffixe *-ata*, qu'il appartienne à un substantif ou à la forme féminine du participe passé (4).

Exemples : *bouwêye* (< * *bucāre*, germ. *bûkôn*, *FEW* XV/2, 9a ; litt. "*buée*") 'lessive' ; *bâtchêye* (< a.frq. **balko*, *FEW* XV/1, 36a) 'cloison' ; *cabolêye* (formation en ʳ-*ée*ˀ sur *caboleû*, litt. "*ca-bouill-oir*", *ALW* 4, 270b ; *FEW* I, 623a) 'chaudronnée (pour le bétail)' ; *fôrêye* (< a.frq. **fodar*, *FEW* XV/2, 153b) 'fourrage vert' ; *tchèminêye* 'cheminée' ; *rècinêye* (litt. "*racin-ée*") 'touffe de racines' ; *anglêye* (litt. "*angl-ée*") 'angle, coin' ; *valêye* 'vallée' (5) ; *monêye* (a.fr. *monee*, *FEW* VI/3, 41b) 'céréales moulues ; provision de farine'.

---

(1) Dans l'*ALW*, le produit de *-ata* pour Tenneville est noté phonétiquement *éy* (en Feller : *-êye*) : voir *ALW* 1, c. 2 "année" ; *ALW* 2, c. 77 "trouée" ; *ALW* 3, notice 76, c. 20 "rosée". Phonétiquement, le timbre de la voyelle nous paraît intermédiaire entre *é* et *è*. C'est pourquoi notre représentation en orthographe Feller sera *-êye*. Le même *ē* désigne le produit de *-ĕllus*, au timbre identique à celui du produit de *-ata*.

(2) Voir FELLER, *Phonétique*, § 20 ; GOURDANGE, 5. REMACLE, *Ancien wallon*, 43, interprète la forme du gaumais comme l'ouverture maximale d'un *ȅy*.

(3) On trouve pourtant la graphie *-ee* chez Jean d'Outremeuse (GOOSSE, LXIV).

(4) Seuls quelques cas isolés dans le nord-ouest de la Gaume présentent un traitement différent pour *-āta* dans les substantifs et les participes ; voir GOURDANGE, 6-7.

(5) Bastogne connaît une forme fr. pour *anée* et *valée*, sauf dans l'expression *al valêye* 'en bas (de)'.

§ 1.4.2. *-iata* > *ēy* ou *yēy*

Ce résultat est analogue à celui de l'évolution précédente car dans le parler de Tenneville, on trouve pour les verbes soumis à la loi de Bartsch une finale analogique en *-ē* à l'infinitif (lg. *-î* ; Bastogne *-i* ; voir plus loin 1.19). Le participe passé correspond quant à lui aux formes en *-atu, -ata*. Exemples : *pougnêye* 'poignée' ; *cougnêye* 'cognée' ; *machêye* (de *machē*) 'mélangée' ; *moussêye* (de *moussē*) 'habillée'. A Bastogne, on trouve *pougnîe, cougnîe, moussîe, machîe*, etc. (1).

---

(1) Voir *ALW* 2, c. 79 "couchée" ; NIEDERLÄNDER, § 2 ; MARCHOT, *Phonologie*, § 60 ; DOUTREPONT, 47.

§ 1.5. *-itate* > *-tē*

Exemples : *bontē* 'bonté' ; *fiērtē* (1) 'fierté' ; *mwêj'tē* (litt. "*mauvais-eté*") 'colère'.
Le suffixe *-stē* est un élargissement du précédent (2) : *fâs'tē* 'fausseté' ; *aradjeûs'tē* (de *radje* 'rage') 'colère, déchaînement'.

---

(1) Il s'agit d'un dérivé de *fiēr* 'fier' dont la forme régulière serait **fîrtē* (comp. lg. *fîrtē*).

(2) Comme l'a montré M. PIRON dans *Mélanges Haust*, 303-304 ; voir aussi REMACLE, *Syntaxe* 1, 69-71.

§ 1.6. Persistance du *a* non diphtongué.

Cette évolution est une des caractéristiques du domaine wallon (1), face au francien, au lorrain et au picard. Il y a là un archaïsme (qui remonte au VIIe - VIIIe s., époque à laquelle le dialecte central a commencé à diphtonguer le *a*), que Fouché (2) attribue au caractère vélaire du *l* intervocalique, celui-ci empêchant la palatalisation du segment final de la tonique.
On rapprochera cette évolution du traitement du *a* entravé par *l* + consonne (voir 1.9).

1.6.1. *-ala* > *âl*

Exemples : *châle* 'échelle' ; *pâle* (litt. "*pelle*") 'bêche'.

1.6.2. *-alis* (*-ale*) > *â*

Exemples : *bocâ* (litt. "*bouch-al*", *FEW* I, 585b) 'trou, brêche (dans une haie)' ; *djîvâ* (< *jugum*, REMACLE, *DBR* XI, 88-97) 'tablette de cheminée' ; *niyâ* (< **nidalis*, *FEW* VII, 112a) 'nichet' ; *djournâ* 'journal (mesure agraire)' ; *fènâ mwès* (litt. "*fenal mois*", *FEW* III, 455b) 'mois de la fenaison'.

Les formes en *-â-* sont caractéristiques de l'est-wallon ; on les observe également dans la totalité de l'arr. de Bastogne. Les formes en *-ô-* sont observées dans le centre-wallon et la totalité de l'arr. de Neufchâteau. La frontière passe quelques kilomètres à l'ouest de Tenneville (3).

---

(1) Certaines régions françaises conservent le *a* non diphtongué : en Meurthe-et-Moselle, dans les Vosges, dans les Charentes, etc. Voir *ALF*, c. 436.

(2) Voir FOUCHE, 227 Rem. VIII.

(3) Les formes en *-ô-* proviennent d'une vélarisation postérieure du *-â-*. Pour la localisation de ces variantes, voir *ALW* 1, c. 31 "échelle" ; REMACLE, *Ancien wallon*, 44 ; BRUNEAU, *Etude*, 236-237 ; MARCHOT, *RPGR* IV, 19 ; *Phonologie*, § 65 ; NIEDERLÄNDER, § 4b ; PIERRET, 296n ; GUSTIN, 56.

§ 1.7. Les groupes *-avu*, *-agu*, **-auwa*, etc. présentent les mêmes résultats que le *a* entravé (voir 1.8. sv.).

Exemples : *clâ* 'clou' ; *câve* 'cave' (1).

Malgré la présence du *u*, qui entraîne le passage à *ou* en francien, le timbre du *a* reste intact en wallon. Citant Marchot, Remacle (*Ancien wallon*, 44) fait remonter cette différenciation avant 800.

L'examen de l'*ALW* (2) fait apparaître un large étalement des formes en *-ô-*, à l'exception de l'est-wallon qui présente la variante *-â-*. A la différence du § précédent, l'arr. de Bastogne atteste tantôt les formes en *-â-* (dans sa partie septentrionale), tantôt les formes en *-ô-* (dans sa partie méridionale). Cette fois encore, la démarcation passe quelques kilomètres à l'ouest de Tenneville.

---

(1) D'autres illustrations nous sont fournies par des dérivés : *fawê* 'fouteau' ; *hawê* (< a.frq. **hauwa*, *FEW* XVI, 185b) 'houe'.

(2) Voir *ALW* 1, c. 21 "clou". On y remarque que l'aire de "clouer", avec un radical en *-a-* (*clawè*, *-er*), déborde largement sur l'aire de *clô*. Bastogne illustre ce phénomène par l'alternance *clô* / *clawer*. On notera également pour Tenneville (et Bastogne) l'alternance *trô* 'trou' / *trawè* 'trouer'. Pour la localisation de ces variantes, voir aussi *ALW* 4, notices 41 et 182 ; BRUNEAU, *Etude*, § 17 ; MARCHOT, *RPGR* IV, 19 ; *Phonologie*, § 67 ; GUSTIN, 56 ; NIEDERLÄNDER, § 5 ; GRIGNARD, § 4 ; FELLER, *Phonétique*, § 16.

A *entravé*

§ 1.8. *a* entravé > *a*

Exemples : *satch* 'sac' ; *vatche* 'vache' ; *cwate* 'quatre' ; *batch* 'bac' (1).

---

(1) Voir *ALW* 1, c. 88 "sac" ; FELLER, *Phonétique*, 19 ; GUSTIN, 34, signale *sètch* 'sac', comme à Bastogne : comp. 1.11.

§ 1.9. *a* entravé par *l + consonne* > *ā*

Exemples : *pâte* (a.fr. *paute*, *FEW* VII, 516b) 'épi' ; *tchâsse* 'chausse' ; *pâme* 'paume' ; *fâ* 'faux' (outil) ; *sâ* (< *salice*, *FEW* XI, 100b) 'saule' ; *fâte* 'faute' ; *hâsse* (litt. "*hausse*") 'vente aux enchères'.

Les formes wallonnes présentent une réduction de la diphtongue *au* au profit du premier segment, lequel porte l'accent (1). Elles sont attestées dès le XIIIe s. (2).

Le timbre -*â*- est présent dans l'est-wallon, dans l'arr. de Bastogne, en Lorraine et dans l'ouest de la France. Ailleurs, et notamment dans le centre-wallon, on rencontre les formes en -*ô*-. A leur sujet, parallèlement à ce qui a été dit en 1.6 n 3, on précisera qu'il s'agit d'altérations du -*â*- et non d'un processus semblable à celui du français (3).

---

(1) On considère généralement que l'évolution observée en francien est une réduction de la diphtongue *au* au moyen terme : voir FOUCHE, 299 ; DE LA CHAUSSEE, 116 ; mais BOURCIEZ (§ 37 H) postule une modification de l'accentuation de la diphtongue, avec réduction au profit du second élément. Dans cette hypothèse, le wallon se distinguerait donc du dialecte central par le maintien de l'accentuation originelle.

(2) Voir REMACLE, *Ancien wallon*, 46 ; BRUNEAU, *Etude*, 120-121 ; GOOSSE, LXV.

(3) Voir *ALW* 1, c. 15 "chausse" ; *ALW* 2, c. 2 "aux" ; *ALW* 4, notice 49, c. 29 ; MARCHOT, *RPGR* IV, 19 ; *Phonologie*, § 70 ; GUSTIN, 55 ; FELLER, *Phonétique*, § 13 ; GOURDANGE, 17 ; BRUNEAU, *Etude*, § 25 ; NIEDERLÄNDER, § 4 ; GRIGNARD, § 10.
On observe à Tenneville certaines formes en -*ô*- : *ôte* 'autre' ; *tchôd* 'chaud' ; *hôt* 'haut'. Faut-il, pour expliquer ces formes, invoquer une confusion entre *al* et *ŏl* (voir plus loin 1.53 n 2), qui aboutissent au même résultat (comme le fait MARCHOT, *Phonologie*, 84) ? N'y a-t-il pas analogie avec le traitement du français ? Cette hypothèse s'accommoderait peu avec les formes en -*oû*- signalées à Namur (NIEDERLÄNDER, § 10b). Voir aussi *ALW* 3, c. 8 notice 25.

§ 1.10. *a* entravé par *r*, *s*, *bl* (1) conserve généralement son timbre intact, avec un allongement (2).

Exemples :

1.10.1. *tchâr* 'chair' ou 'char' ; *lârd* 'lard' ; *djâbe* 'gerbe' ; *târd* 'tard' ; *âbe* 'arbre' ; *bâbe* 'barbe' ; *lâdje* 'large' ; *hârt* 'hart' ; *cwârt* 'quart (de sou)' ; *chârd* (< a. frq. **skarda*, *FEW* XVII, 97a ; litt. "*écharde*") 'brèche (dans une lame)'.
Le suffixe *-ard* connaît la même évolution : *r'nâ* 'renard' ; *ritchâ* (litt. "*Richard*") 'geai' ; *bâyâ* (de *bâyè* 'bâiller') 'propre à rien' ; *groûlâ* (de *groûlè*, onom.) 'grondeur'.

1.10.2. *pâsse* 'pâte' ; *crâs* 'gras'.

1.10.3. *stâve* 'étable' ; *tâve* 'table' ; *râve* 'râble'.
Le suffixe *-ābile* rejoint cette évolution : *hodâle* (< a.frq. **hoddôn*, *FEW* XVI, 217a) 'importun' ; *êdâle* (litt. "*aid-able*"), dans *mâlêdâle* 'en mauvaise santé' ; *amâle* (HAUST, *Etymologies*, 6 ; *FEW* XVI, 137b) 'importun'.

---

(1) *bl* devient **b-bl* : voir plus loin 1.164.1.

(2) Voir *ALW* 1, c. 12 "char" ; c. 93 "table" ; *ALW* 3, notice 152 ; BRUNEAU, *Etude*, § 126 ; MARCHOT, *RPGR* IV, 19 ; *Phonologie*, § 71 et 72 ; FELLER, *Phonétique*, § 14 ; GUSTIN, 54 ; NIEDERLÄNDER, § 11 ; GRIGNARD, § 11, 13 et 14.
La frontière entre les formes en *-â-* et les formes en *-ô-* est celle observée au 1.9.
Ajoutons que certains mots (généralement des termes empruntés, voir BOURCIEZ, § 35 Rem. II) ont maintenu en français comme en wallon le *a* tonique libre non diphtongué. Les formes wallonnes présentent donc l'aboutissement du *a* entravé : *malâde* 'malade' ; *mémoscâde* 'noix muscade' ; *salâde* 'salade' ; *îmâdje* 'image', etc. Voir plus haut 1.6.

§ 1.11. Le suffixe *-aticu* > *ač*

Exemples : *vi(y)adje* 'village' ; *sâvadje* 'sauvage' ; *vicadje* (de *vikè* 'vivre') 'mode de vie' ; *coradje* 'courage' ; *ovradje* 'ouvrage' ; *froumadje* 'fromage' ; *damadje* 'dommage'.

Tenneville, par cette évolution, se distingue du traitement en *-èdje* de l'est-wallon et se rattache au centre-wallon (1). L. Remacle, reprenant la thèse de Meyer-Lübke, invoque l'environnement de la chuintante pour expliquer l'inflexion du *a* en *è*. Malgré le caractère peu probant de nombreuses graphies anciennes, il estime que le passage à *è* devait être accompli dans certaines parties du domaine d'oïl dès avant 1300 (2).

---

(1) Le lg. présente toutefois quelques formes en *-adje* (*såvadje, froumadje, damadje ...*). Bastogne forme un îlot en *-èdje* parmi les formes en *-adje* ; la même situation est observée à Fauvillers [B 33] et Witry [Ne 50]. Seraient-ce des vestiges d'une zone en *-èdje* autrefois plus vaste ? Quoi qu'il en soit, la première attestation pour Bastogne remonte à 1485 (VANNERUS, 145). Ajoutons que les formes en *-adje* observées en lg. se rencontrent également à Bastogne.
Il est intéressant de comparer ces résultats à ceux enregistrés par l'*ALW* 1, c. 88 "sac" (voir plus haut, 1.8) : on y retrouve les mêmes îlots (Bastogne, Fauvillers et Witry), de même qu'Anlier [Ne 76].
Voir aussi *ALW* 1, c. 99 "village" ; MARCHOT, *RPGR* IV, 19 ; *Phonologie*, § 73 ; GUSTIN, 34 ; FELLER, *Phonétique*, § 2 ; GOURDANGE, 7 ; NIEDERLÄNDER, § 9b ; REMACLE, *Syntaxe* 1, 63-65.

(2) Voir REMACLE, *Ancien wallon*, 44-45 ; GOOSSE, LXVII.

A sous l'influence de yod (1)

§ 1.12. *a* + yod (primaire ou secondaire)

En français, la diphtongue *ai* s'est transformée en *èi* vers 1100, et cette nouvelle diphtongue s'est réduite à *è* à partir du XIIe s. Cet aboutissement a mis longtemps à s'imposer, et au XVIe s., la monophtongue n'avait pas encore triomphé partout, spécialement lorsque le *ai* étymologique se trouvait en hiatus (BOURCIEZ, § 38 H).
Face à cette évolution, la wallon présente un triple processus :

1.12.1. une évolution parallèle au français

Exemples : *mèsse* 'maître' ; *rè* 'rai' ; *mès* 'mais' (2) ; *vrè* 'vrai' ; *père* 'paire' ; *èsse* (a.fr. *aistre*) 'âtre' (3).

1.12.2. la préservation du groupe *a + yod*

Exemples : - *may* 'mai' ;

- *playe* 'plaie' ; *saye* (s.f., *FEW* III, 256b) 'essai' ; *haye* 'haie' (4).

1.12.3. le maintien du *a* (*ă*, *ā*), avec amuïssement du yod

Exemples : - *crache* 'graisse' ; *lache* (s.f.) 'laisse' ;
- *frambâje* (litt. "*framboise*" 'myrtille' ; *hâje* (a.fr. *haise* ; voir REMACLE, *H secondaire*, 71n) 'barrière' (5).

Globalement, on peut situer la différenciation du wallon et du français pour 1.12.2. et 1.12.3. à partir du XIIe s. (6). Pour *playe*, *haye*, etc., il a fallu attendre le XVIIe s. pour que la différenciation soit nette (voir plus haut). Pour *crache*, *lache*, etc., en référence aux premières manifestations du H secondaire (7), on peut situer la segmentation à partir de 1140. A cette date, le francien avait atteint l'étape *ȅi*, alors que le wallon préservait le timbre du *a*. Ajoutons qu'en lorrain et en bourguignon, le groupe *ai* s'est généralement réduit en *ā* dès le XIIe s.
Reste alors à expliquer l'amuïssement du yod en wallon, sans laisser de trace (1.12.3.). Diverses hypothèses sont permises :

- l'absorption du yod par la chuintante (qui correspond au H secondaire lg.) : nous reviendrons plus loin sur cette hypothèse (voir 1.195) ;
- en parallèle avec l'accentuation descendante des diphtongues wallonnes, le groupe *a + yod* maintenant l'accentuation sur le premier segment se serait réduit par la chute pure et simple du segment inaccentué ;
- une explication plus "radicale" invoquerait une non-anticipation du yod, ce qui différencierait nettement les évolutions wallonnes et françaises. Nous reviendrons sur cette hypothèse à la lumière d'autres observations (voir 1.195).

---

(1) Cette formulation, volontairement imprécise, ne préjuge pas du type d'influence que le yod a pu exercer sur les formes wallonnes. A la limite - à l'inverse du fr. - le yod a pu n'exercer aucune influence décisive sur les évolutions wallonnes.

Nous envisageons donc sous cette rubrique l'influence potentielle du contact ou de la proximité d'un yod sur les voyelles.

(2) Voir REMACLE, *Syntaxe* 3, 42-43. L'auteur y suggère que dans certaines régions (notamment en Ardenne lg.) *mès* pourrait être le produit de la dénasalisation de *mins*. Ce ne peut être le cas pour Tenneville, qui dénasalise *ẽ* en *è* (voir plus loin 1.43).

(3) L'ouverture de la voyelle présente diverses variantes en Belgique romane. Voir *ALW* 1, c. 57 "maître" ; MARCHOT, *Phonologie*, § 66 ; GUSTIN, 38 ; NIEDERLÄNDER, § 6a ; BRUNEAU, *Enquête*, n° 659, 951 et 1216 ; GOURDANGE, 8 ; FELLER, *Phonétique*, § 3 ; GRIGNARD, § 5.

(4) D'après l'*ALW* 1, c. 50 "haie", on constate que le groupe *a + yod* est répandu dans la majeure partie de la Belgique romane. Quelques formes en *èy* apparaissent à l'extrême ouest, et dans les îlots constitués par le traitement en *-èdje* du suffixe *-aticu* (voir 1.11).

(5) La différence de longueur est probablement contextuelle. Devant consonne sonore, la voyelle est longue ; elle est brève devant une sourde.

(6) Voir REMACLE, *Ancien wallon*, 47 ; GOOSSE, LXVI-LXVII.

(7) Voir REMACLE, *H secondaire*, 219-221.

§ 1.13. Les suffixes *-ariu*, *-aria*

1.13.1. Le suffixe *-ariu* > *ī*

Exemples : *prèmī* 'premier' ; *bièrdjī* 'berger' ; *bèrôdī* 'gerbier' (1) ; *poumī* 'pommier' ; *tchèrpètī* 'charpentier' ; *ouvrī* 'ouvrier' ; *sanī* 'saunière' ; *cwârtī* 'quartier' ; *plantchī* (litt. "*plancher*") 'étage' (2).

1.13.2. Le suffixe *-aria* > *īr*

Exemples : *aspoyīre* (de *aspoyè* 'appuyer') 'dossier ; soutien' ; *loumīre* 'lumière' ; *aloumīre* (de *loumīre* 'lumière') 'éclair' (3) ; *tchôdīre* 'chaudière' ; *poûssīre* 'poussière' ; *râyīre* (litt. "*rayère*") 'soupirail' ; *tiès'līre* 'têtière (du cheval)' ; *fètchīre* 'fougère' ; *coulīre* 'culière' (4).

Ces suffixes restent un des phénomènes obscurs de la phonétique française. Pour le wallon, on observe qu'à la diphtongue croissante du francien correspond une monophtongue attestée dès le XIIe s. dans les documents (REMACLE, *Ancien wallon*, 48). Pour l'explication de cette monophtongue, voir plus loin 1.27.

(1) Plus précisément, il s'agit d'une plate-forme aménagée le plus souvent au-dessus de la porte d'entrée de la grange, servant de remise à foin ou à gerbes.
L'étymologie de ce mot ne fait pas l'unanimité. HAUST (*Etymologies*, 24-26) démontre que ce mot appartient à la famille de l'a.frq. **hurd* 'claie'. Le *FEW* XV/1, 107b préfère le rattacher à l'a.frq. **bihordôn* 'enclore', mais les formes champenoises (*carôdi, arôdi*, voir BRUNEAU, *Enquête* n° 803) et la coexistence (notamment en chestrolais, voir PIERRET, 405-406) du type "*berodier*" et du synonyme *hourdi*, dans lequel le radical primitif apparaît clairement, plaident plutôt pour une formation au départ de **hurd*, avec préfixe augmentatif *bis-* : au départ de **bĕhordī*, il y aurait eu métathèse en **bĕrhôdī* (processus attesté dans les formes champenoises), puis chute du *h*. Voir aussi LEROND, 386-388 ; REMACLE, *H secondaire*, 344 ; MARCHOT, *RPFP* IV, 203 ; DEOM, 93.

(2) Voir *ALW* 1, c. 13 "charpentier" : le résultat *-ī-* est largement attesté (avec quelques variations de longueur). Des formes non monophtonguées sont observées dans l'ouest du Hainaut et en chestrolais. Le gaumais atteste la monophtongaison : voir PIERRET, XLI ; GOURDANGE, 9 ; FELLER, *Phonétique*, § 4 ; MARCHOT, *Phonologie*, § 63 ; BRUNEAU, *Etude*, § 63 et 74 ; NIEDERLÄNDER, § 7a ; GUSTIN, 47 ; *ALW* 4, notice 55 "étage". Ajoutons que *mèstī* 'métier' a rejoint l'évolution de *-ariu* (voir BOURCIER, § 49 Rem. I ; *ALW* 1, c. 60).
Janviē 'janvier' (voir plus loin 1.170 n 1) et *fèvri* 'février' présentent une évolution irrégulière.

(3) L'*ALW* 3, notice 61, c. 15 a relevé pour Tenneville la forme *aloumeûre*, et invoque, pour expliquer la finale, l'influence du mot *toneûre* 'tonnerre', aboutissement régulier du lat. *tonĭtru* (cf. a.fr. *tonnoire* ; voir plus loin 1.31). Mais nos témoins, en discordance avec l'*ALW* 3, notice 64, c. 16, signalent plutôt la forme *tonīre*. Rappelons que la finale *-īre* dans ce mot est expliquée par une contamination venant précisément d'*aloumīre* (voir HAUST, *BDW* XIV, 90).

(4) L'*ALW* 1, c. 79 "poussière" fait apparaître que les formes diphtonguées sont plus nombreuses pour *-aria* que pour *-ariu*. Si notre région présente généralement la finale *-īre*, le chestrolais atteste comme pour *-ariu* les formes diphtonguées. Voir références de la note 1 ; *ALW* 4, notice 42, c. 24 "soupirail" ; notice 134, c. 68 "chaudière".

§ 1.14.

1.14.1. *-aliu* > *a*

Exemples : *trava* 'travail (de maréchal-ferrant)' ; *a* 'ail' ; *tèra* (a.fr. *terrail*, *FEW* XIII/1, 247a) 'homme solide'.

1.14.2. *-alia* > *ay*

Exemples : *chaye* (litt. "*écaille*") 'ardoise' ; *paye* 'paille' (1).

---

(1) Le suffixe -*âye* (< -*alia*), lg. -*âhe* (REMACLE, *Syntaxe 1*, 65-67) n'est pas usité à Tenneville.

§ 1.15. Le suffixe -*acŭlu* > *a*

Exemples : *crama* (a.fr. *cramail* ; HAUST, *Etymologies*, 57) 'crémaillère' ; *chita* (< a.frq. **skītan*, lg. *hiter* ; REMACLE, *DBR* XXI, 51-53) 'carte sans valeur' ; *covra* (litt. "*couvr-ail*") 'couvercle' ; *rat'na* (de *rat'nou* 'retenir') 'objet qui retient (spécialement dans le harnachement)' (1).

---

(1) Voir *ALW* 4, notice 130, c. 64 "couvercle" : le type ⌜couvr-ail⌝ est attesté dans une vaste zone à l'est, qui comprend le sud de l'arr. de Verviers, les arr. de Malmedy, Marche et Bastogne.

§ 1.16. Le suffixe -*acŭla* > *āy*

Exemples : *mâye* 'maille' ; *èk'nâye* (litt. "*tenaille*") 'pincette (de foyer)'.

Les évolutions citées en 1.15 et 1.16 montrent que les formes de Tenneville, comme le français (BOURCIEZ, § 40), préservent le timbre du *a*, le groupe *consonne + yod* formant entrave.

Si cette évolution est générale pour le suffixe -*acŭlu*, on note diverses altérations en *ẽ* (de longueur variable) pour le suffixe -*acŭla* dans certaines régions (1).

---

(1) Spécialement en lg. (*DL èk'nèye*), en malmédien (LEROND, 262n) et dans le sud-wallon : à Bastogne (*èk'nêye*), Saint-Hubert (MARCHOT, *Phonologie*, 124), Fauvillers (*k'nèyes*), et en chestrolais (PIERRET, 275).
Comme LEROND (*ibidem*) nous pensons que ces formes en -*èye* attestent une palatalisation (voir plus loin 1.17), et que l'on peut faire l'économie d'un étymon **tenīcula* (*DL* 246a) qui aurait remplacé *tenacula*. La forme de Bastogne (où l'évolution de -*īcula* donne -*īe*, voir 1.45) confirme cette analyse.

§ 1.17. *a* tonique + *ky* > *ȅ*

Exemples : *glèce* 'glace' ; *brès* 'bras' ; *lès'* 'lacet (à grive)'. De même, pour les suffixes *-aceu* et *-acea* : *stokès'* (< a.frq. **stok* 'souche', *FEW* XVII 239a) 'râblé' ; *fènèsse* (du lat. *fēnum*, *FEW* III, 455b) 'graminée'.
Les formes présentant une palatalisation de la voyelle tonique se rencontrent dans l'est-wallon, les arr. de Marche et de Bastogne. Il s'agit d'un phénomène secondaire, conditionné par l'environnement phonétique, qui s'observe également avec les groupes *py* et *ty* posttoniques : *hèpe* (< a.frq. **happia*, *FEW* XVI, 144b) 'hache' ; *plèce* 'place' (1).
Comp. évolution lg. du suff. *-aticu* (voir plus haut 1.11).

---

(1) Voir *ALW* 1, c. 47 "glace" et c. 49 "hache". La comparaison est caduque pour une bonne partie du sud-wallon où le type ⌜hape⌝ est absent. Ailleurs, dans l'est-wallon et l'arr. de Marche, la palatalisation de la voyelle tonique est attestée pour les deux cartes.
Pour des attestations anciennes, voir GOOSSE, LXVII-LXVIII.

§ 1.18. On sait qu'en moyen français le groupe *ie* issu de l'évolution de *yod* + *a* a été réduit en *ẽ* après une chuintante, ainsi que derrière *l* et *n* mouillés (BOURCIEZ, § 41 H) : *mercatu* > a.fr. *marchié*, fr.mod. *marché* ; *caru* > a.fr. *chier*, fr.mod. *cher*, etc. Cette évolution a entraîné dans son sillage la réfection de groupes issus du suffixe *-ariu* : *boucher* pour *bouchier*, *berger* pour *bergier*, etc.
Les formes wallonnes présentent une évolution différente : comme pour les suffixes *-ariu*, *-aria* (voir 1.13), il y a eu monophtongaison du groupe *ie* en *ī*, c'est-à-dire au profit du premier élément (accentué) de la diphtongue.
Exemples : *martchî* 'marché' ; *tchîr* 'cher' (1).

C'est donc le schéma accentuel de la diphtongue qui distingue le wallon (accentuation descendante) du français notamment, qui voyait le segment initial non accentué de la diphtongue *ye* absorbé par la consonne précédente. Cette évolution a dû se produire avant l'aboutissement de la diphtongaison du *a* tonique libre (BOURCIEZ, § 41 H). Les attestations anciennes de la monophtongue wallonne datent du XIIe s. (REMACLE, *Ancien wallon*, 48-49), mais la différenciation est certainement antérieure à cette date.

---

(1) D'après les cartes 16 "cher" et 59 "marché" de l'*ALW* 1, l'aire de diffusion du *-î-* est plus étendue pour "marché". Les résultats sont proches de ceux observés pour le suffixe *-ariu* : voir *ALW* 1, c. 13 "charpentier" ; c. 60 "métier".

§ 1.19. Les verbes qui présentent la finale *-iāre*, *-yāre* ont également subi la réduction à *ẽ* en français, dans les conditions énoncées ci-dessus (1.18) : *manducare* > a.fr. *mangier*, fr.mod. *manger* ; **taliare* > a.fr. *taillier*, fr.mod. *tailler* ; **retundiare* > a.fr. *rooignier*, fr.mod. *rogner*, etc. (BOURCIEZ, § 41 H ; NYROP, § 192-193).

Les formes wallonnes de notre région présentent, tantôt une monophtongaison en *i* (de longueur variable), comme en lg. et en nam. (1) ; tantôt la substitution analogique de *-are* à *-yare* (2). Bastogne illustre le premier cas, et Tenneville le second (3).

Exemples : *gadjè* (Bastogne *gèdji*, lg. *ègadjî*) 'gager' ; *boudjè* (Bastogne *-i*, lg. *-î*) 'bouger' ; *tchèrdjè* (Bastogne *-i*, lg. *-î*) 'charger' ; *vindjè* (Bastogne *-i*, lg. *-î*) 'venger' ; *catchè* (Bastogne *-i*, lg. *-î*) 'cacher' ; *coûtchè* (Bastogne *-i*, lg. *-î*) 'coucher' ; *soyè* (Bastogne *-i*, lg. *-î*) 'scier' ; *ployè* (Bastogne *-i*, lg. *-î*) 'plier' ; *machè* (Bastogne *-i*, lg. *mahî* ; < **mixtiare*, *FEW* VI/2, 194a) 'mélanger' ; *cwachè* (Bastogne *-i*, lg. *cwahî* ; a.fr. *coissier*) (4) 'croquer' ; *poûjè* (Bastogne *pûji*, lg. *poûhî*) 'puiser' ; *rawîjè* (Bastogne *-i*, lg. *raw'hî*) ⌜r-aiguiser⌝ ; *moussè* (Bastogne *-i*, lg. *-î* ; a.fr. *mucier*, *FEW* VI/3, 193b) 's'introduire' ou 'habiller' ; *bagnè* (Bastogne *-i*, lg. *-î*) 'baigner' ; *gangnè* (Bastogne *-i*, lg. *-î*) 'gagner' ; *(ra)vôyè* (Bastogne *wayi*, lg. *veuyi*) 'veiller' ; *spiyè* (Bastogne *-i*, lg. *-î* ; litt. "*èpiller*", *FEW* VIII, 498b) ; *chwarcè* (Bastogne *-i*, lg. *hwèrcî*) 'écorcher' ; *abrèssè* (Bastogne *-i*, lg. -*ī*) 'embrasser' ; *abôkiè* 'encombrer' (5) ; *agloumiè* 'cailler (pour le sang)' (6), etc. (7).

---

(1) L'évolution wallonne en *i* est antérieure au XIIe s. (voir 1.13 et 1.18).

(2) Cette explication (qui figure déjà chez MARCHOT, *Phonologie*, 40) doit être préférée à celle qui invoquerait un processus parallèle à celui attesté en français (absorption du yod) ; elle permet de maintenir une explication unique pour l'évolution wallonne de la diphtongue *ie* : monophtongaison en *i*, *ī*.

(3) L'*ALW* 1, c. 80 "puiser" montre que les finales analogiques apparaissent au sud-ouest de l'arr. de Marche, à l'ouest de l'arr. de Bastogne, et dans la moitié est de l'arr. de Neufchâteau, pour l'essentiel. Voir aussi *ALW* 2, c. 78 "coucher" ; NIEDERLÄNDER, § 8 ; MARCHOT, *RPGR* IV, 19 ; *Phonologie*, § 59 ; BRUNEAU, *Etude*, § 75.

(4) Mot à rattacher au lat. **quassiare*, lat. cl. *quassare* (HAUST, *Etymologies*, 65 ; *REW* 6940) ou à **coacticare* (avec influence de **quassiare* et de **coctiare* ; voir *FEW* II, 805b, 806b, 832a, 1435a; *BTD* XV, 278 ; REMACLE, *H secondaire*, 86).

(5) Litt. "*a-bôk-ill-er*", à rapprocher du lg. *bôkī* 'emmitoufler, bourrer' (*DL* 90b), du m.néerl. *bôken* 'frapper' (*FEW* XV/1, 175b ; voir aussi HAUST, *Etymologies*, 32).

(6) Litt. "*a-glum-ill-er*" ; sans doute faut-il rapprocher ce verbe des formes *glumyi* 'sécréter' (LEONARD, 700), *glumyi* 'être visqueux' à Dinant (*DL* 289b, lg. *glumiant* 'gluant'), *glumyī* à Nivelles (COPPENS, 206) ; peut-être du lg. *glome* (*DL ibidem*), *glou* à Celles-lez-Dinant 'substance jaunâtre qui se mêle au lait d'une vache pleine pendant la traite' (HOUZIAUX, 50), *glimouneûs* (avec métathèse vocalique ?) 'gluant, visqueux' à Warmifontaine (*Causans walon II*, 8). Parmi les étymons proposés, relevons *glutinare* (*DL glome*); a.all. *līm*, all.mod. *leim* 'colle, glu', avec croisement de *lim-* avec *glu* pour l'initiale (BAYOT, *RPB* XV, 226) ; *glūten* (*FEW* IV, 170b).

(7) Certains verbes ne présentent pas l'alternance -*è* (Tenneville) / -*i* (Bastogne). Ainsi, nous avons relevé *tchôkè* (a. fr. *chauchier*, *FEW* II, 64a) 'pousser, bourrer' à Tenneville, mais *tchôker* à Bastogne ; *apicè* (de *picè* 'pincer') 'saisir', mais *apicer* à Bastogne. Nous n'avons relevé qu'une seule forme en -*i* pour Tenneville : *fwarci* (Bastogne *idem*, lg. *fwèrci*) 'forcer'. Pour les verbes gaumais en -*īr*, voir FELLER, *Notes*, 257-264 ; à Tenneville, seul *tchīr* (< *cacare*) est de ce type (comme en lg. et en nam.) ; 'crier' se dit *criyè* à Tenneville, *criyer* à Bastogne, mais *crīr* à Saint-Hubert (MARCHOT, *Phonologie*, 44), de même qu'à Lutrebois, Villers-la-Bonne-Eau [B 31], et Livarchamps (où nous avons également relevé *djoûr* 'jouer' et *tûr* 'tuer').

A suivi d'une nasale

§ 1.20. *a* tonique + nasale entravée > *ã*

Exemples : *tchamp* 'champ' ; *mantche* 'manche' ; *tchan.me* 'chambre' ; *ẽfant* 'enfant' ; *foyant* (de *foyẽ* 'fouir' ; FEW III, 664a) 'taupe' (1).
La finale *-ante* du part. prés. rejoint cette évolution : *tchẽssant* 'chassant' ; *cõpant* 'coupant'.

Si l'on compare cette évolution avec celle de *ẽ* et *ẽ* toniques + nasale entravée (voir plus loin 1.30 et 1.43), laquelle aboutit à *ẽ*, on constate que le wallon distingue les aboutissements de ces évolutions, alors que le français les confond ; comp. w. *tins*, fr. *temps* ; w. *tchant*, fr. *chant*.
Notons également les formes *song* 'sang', et *(dji) stronle* '(j')étrangle' (2).

(1) La majeure partie de la Belgique romane atteste le *ã*, avec quelques variantes. Voir *ALW* 1, c. 9 "chambre" ; c. 58 "manche" ; c. 52 "jambe" ; MARCHOT, *Phonologie*, § 69 ; BRUNEAU, *Etude*, § 153 ; NIEDERLÄNDER, § 12 ; GRIGNARD, § 15.
Pour l'évolution en *ẽ* (ou *ē*, dénasalisé) du gaumais (observée également en quelques points du sud de l'arr. de Neufchâteau) lorsque la nasale est entravée par une palatale, voir FELLER, *Phonétique*, § 8 ; GOURDANGE, 12-13 ; BRUNEAU, *Etude*, § 165.

(2) D'après les attestations anciennes citées par BRUNEAU (*Etude*, 275-277), la confusion *ã* / *õ* est attestée dès la fin du XIIIe s. Physiologiquement, seule la projection des lèvres (pour *ã*) distingue ces deux nasales : la confusion est donc aisée, et le même auteur (*Etude*, § 155 et 158) signale non seulement des formes qui présentent cette confusion, mais aussi des attestations de l'évolution (récente) de *ã* vers *õ*. Comp. 1.43 n 1.

§ 1.21. *a* tonique + nasale + voyelle > *ẽ* (1)

Exemples :

1.21.1. *grin* 'grain' ; *strin* (litt. "*ẽtrain*", REW 8287) 'paille'; *vantrin* (a.fr. *devanterain*, FEW XXIV/1, 9b, 10b) 'tablier' ; *dièrin* (a.fr. *derrain*, FEW III, 48b) 'dernier'.

1.21.2. *mwin* 'main' ; *pwin* 'pain' ; *fwin* 'faim'.

1.21.3. *lin.ne* 'laine' ; *fontin.ne* 'fontaine' ; *grin.ne* 'graine'.

1.21.4. *tchin* 'chien' ; *moyin* 'moyen' ; *loyin* 'lien'.

Les formes du 1.21.1 n'entraînent aucune remarque particulière. Le processus est identique en wallon et en français : après la segmentation du *a* en *ae*, le second segment de la diphtongue passe à *i* avant de subir la nasalisation (BOURCIEZ, § 43 H).
La présence du *w* dans 1.21.2 est d'ordre physiologique ; voir plus loin 1.191.
Les formes du 1.21.3 illustrent la différence entre les voyelles dénasalisées du francien en syllabe ouverte, et les nasales du wallon. La différenciation est donc relativement récente, spécialement pour la voyelle *a* (XVIe - XVIIe s.) (2).
L'évolution attestée en 1.21.4 est à mettre en relation avec celle du *ẽ* + *nasale* (voir plus loin, 1.29). Dans les deux cas, on remarque une simplification de la diphtongue *ie*.

Certaines formes, comme le lg. *pan* 'pain', et la forme impér. *djans!* 'allons', qui remonte au lat. *eamus*, s'écartent de l'évolution décrite ici, pour rejoindre celle du 1.20. L. Remacle (*Ancien wallon*, 80) invoque ces formes pour suggérer que la flexion de l'ind. prés. à la 1 p.p., *-ans*, remonte au lat. *-amus* (qui aurait dû donner *-ins*) (3).

---

(1) Voir *ALW* 1, c. 18 "chien" ; c. 39 "faim" ; c. 68 "pain" ; c. 90 "semaine" ; MARCHOT, *Phonologie*, § 64 ; GUSTIN, 45 ; BRUNEAU, *Etude*, § 168 ; NIEDERLÄNDER, § 3 ; FELLER, *Phonétique*, § 6 et 7 ; GOURDANGE, 10-12 ; GRIGNARD, § 3.

(2) La dénasalisation peut encore être observée dans certains parlers : voir notamment BRUNEAU, *Etude*, § 172.

(3) On sait qu'en francien la flexion *-ons* s'est imposée "de très bonne heure" (BOURCIEZ, § 43 R), avant les premiers textes. Les attestations anciennes du w. *-ans* remontent à la seconde moitié du XIIIe s. (REMACLE, *Ancien wallon*, 80). Voir plus loin 2.48.1.

§ 1.22. *-anea* > *èñ*

Exemples : *arègne* 'araignée' ; *grègne* 'grange'.
Les formes de Tenneville attestent l'influence palatalisante du *ñ* sur la voyelle. Cette caractéristique dialectale paraît s'être fait sentir dans les dialectes centraux, sans toutefois y prévaloir (BOURCIEZ, § 45 H ; FOUCHE, 387) (1).

---

(1) Si la palatalisation est générale pour *grègne* dans notre région, on note *aragne* à Saint-Hubert comme en nam. (MARCHOT, *Phonologie*, 49 ; NIEDERLÄNDER, § 12). Voir aussi BRUNEAU, *Etude*, § 38.
Le suffixe *-aneu*, dans *ba(l)neu*, laisse intact le timbre de la voyelle : *bagn* 'bain'.
Enfin, le germ. **fani*, latinisé en **fanium*, présente en toponymie des variantes dénasalisées *-fa*, *-fè*, *-fwè* (HAUST, *Le toponyme ardennais fa* ...).
Exemple : *Baconfwè* 'Baconfoy' (voir *Dès mèstis*, 30-31).
Selon L. Remacle (*Ancien wallon*, 70), la non-nasalisation à la finale des toponymes caractérise nos parlers depuis les environs de 1400.
La forme fém. apparaît dans *fagne* 'fange' : voir 1.189.

E ouvert tonique

E ouvert libre

§ 1.23. *ȩ̀* tonique libre > *ī*

Exemples : *pīre* 'pierre' ; *pīd* 'pied' ; *bī* 'bief' ; *fīve* 'fièvre' ; *tchèyīre* (litt. "*chaire*") 'chaise' ; *līve* 'lièvre' ; *pâpīre* 'paupière' (1).

Suivant un processus déjà rencontré pour les suffixes *-ariu*, *-aria* (voir 1.13) et les groupes *yod* + *a* (voir 1.18 et 1.19), les formes wallonnes présentent une monophtongaison de la diphtongue *ie*, qui a préservé son accentuation descendante.

Les documents anciens attestent cette monophtongue dès 1200 (2).

---

(1) La monophtongue est largement répandue en Belgique romane. Seuls quelques points de l'ouest-wallon, de la Picardie et au sud-ouest de l'arr. de Neufchâteau présentent une diphtongue. Comp. 1.13 et 1.18.
Voir *ALW* 1, c. 73 "pied" ; *ALW* 4, notice 72, c. 37 ; FELLER, *Phonétique*, § 30; MARCHOT, *Phonologie*, § 74 ; BRUNEAU, *Etude*, § 73 ; GOURDANGE, 27-28 ; GUSTIN, 46 ; NIEDERLÄNDER, § 20 ; GRIGNARD, § 22 ; REMACLE, *Ancien wallon*, 48 ; FOUCHE, 267-268, etc.

(2) Voir REMACLE, *Ancien wallon*, 48-49 ; BRUNEAU, *Etude*, 169-170 ; GOOSSE, LXX. Les premières attestations coïncident avec l'époque de consonantification du premier segment de la diphtongue *ie* en francien, consécutive à la modification du schéma accentuel (DE LA CHAUSSEE, 202 ; BOURCIEZ, § 46 H). Signalons toutefois que FOUCHE (266) propose une chronologie différente. Selon lui, le déplacement d'accent en francien est antérieur à l'amuïssement du *d* intervocalique (que Fouché situe dans le courant du IXe s., tandis que Bouciez le place au XIe s.).

E ouvert entravé

§ 1.24. Alors que le français ne diphtongue le *ȩ̀* tonique qu'en syllabe ouverte, les dialectes wallons, le rouchi et une partie de la Picardie française produisent généralement devant *r* et *s* une diphtongue *yè* aux variantes diverses selon les régions (1).

Exemples : *fièsse* 'fête' ; *tièsse* 'tête' ; *fignèsse* 'fenêtre' ; *(dji)gnèsse* 'genêt(s)' ; *bièsse* 'bête' ; *fièr* 'fer' ; *ièbe* 'herbe' ; *tièr* (a.fr. *terne*, *FEW* XIII/1, 242a) 'tertre'; *viène* "verne", 'panne' (t. de charp.) ; *dièle* 'derle' ; *îvièr* 'hiver; neige' (2).

Les attestations anciennes permettent de faire remonter cette diphtongaison au début du XIIIe s. (3).

---

(1) Les cartes 40 "fer" et 95 "tête" de l'*ALW* 1 montrent une large diffusion des formes diphtonguées. Pour le sud-wallon, seul le chestrolais, comme le gaumais, ne présente que des formes non diphtonguées : voir PIERRET, XXXVIII ; GOURDANGE, 28-29 ; FELLER, *Phonétique*, § 30. On rappellera, à la suite de l'*ALW* 1 (153n et 263), que les formes en *-iè-* du sud de la Gaume sont le produit d'une diphtongaison secondaire postérieure à celle connue en wallon. C'est également à partir de cette diphtongue secondaire que s'est produite, dans certains points de l'arr. de Virton, une monophtongaison en *-î-* (*fîr*, *tîte*, etc.).
Dans le sud-wallon, on note des variantes très ouvertes à Saint-Hubert (MARCHOT, *Phonologie*, § 77), qui peuvent même aboutir à *-ia-* (*fiâr*, *tiasse*) à Hatrival et Arville (MARCHOT, *RPGR* IV, 20). Voir aussi *ALW* 4, notice 18, c. 10 ; notice 35, c. 19 ; BRUNEAU, *Etude*, § 5 et 41 ; GUSTIN, 43 ; NIEDERLÄNDER, § 23 ; GRIGNARD, § 25, etc.

(2) Le parler de Tenneville présente quelques formes non diphtonguées : *lantère* 'lanterne', comme dans de nombreux parlers ; mais on relève *lantiène* à Bastogne, dans le centre-wallon (LEONARD, 460 ; BALLE, 188), à Jamioulx (BAL, *Lexique*, 242) ; comme ailleurs en Belgique romane, on trouve *tère* 'terre' et *wèsse* (Bastogne *wèpse*, voir *ALW* 1, c. 48) ; pour *tère*, rappelons l'explication de FOUCHE (353) qui voit dans la non-diphtongaison l'indice d'une simplification de la géminée *rr*, avant que ne se produise la diphtongaison ; pour *wèsse*, on peut conjecturer qu'une diphtongue *ie*, après un *w* initial, aurait entraîné la formation d'un groupe étranger à la structuration syllabique wallonne.
Enfin, pour *couvèrte* 'couverture' (*ALW* 4, notice 90, c. 44), comme pour *lantère*, il convient sans doute de faire appel à une influence française.

(3) Si l'on en croit certaines attestations, le phénomène existait peut-être dès le XIe s. : voir REMACLE, *Ancien wallon*, 49-50. On peut s'accorder avec WÜEST (181) pour considérer que cette diphtongaison est postérieure aux diphtongaisons spontanées en syllabe libre ; par contre, l'argument de

FOUCHE (353), selon lequel cette diphtongaison serait postérieure à la réduction de *ie* en *ī* (voir 1.23), car elle aurait de la sorte échappé à la monophtongaison, n'est pas absolument convaincant : il s'agit en effet de deux diphtongues présentant un schéma accentuel différent. Pour une explication du mécanisme physiologique de cette diphtongaison, voir plus loin 1.52 n 1.

§ 1.25. Le suffixe -*ĕllus* > *ē*

Alors que le français connaît une évolution où le *l* vocalisé a été au départ de la formation d'une triphtongue *ĕaw*, laquelle s'est réduite en une diphtongue *ĕó*, avec accentuation ascendante, les dialectes wallons présentent des aboutissements qui postulent un schème accentuel différent, à l'exception du namurois. Ce dernier atteste lui aussi le déplacement d'accent sur l'élément le plus audible de la triphtongue, d'où *ĕáw*, puis la fermeture progressive du premier segment devenu atone. A la différence du francien (1), il n'y a pas eu vélarisation du *a*. On sait que le déplacement d'accent en français se situe dans la première moitié du XIIe s. (FOUCHE, 336) ; or, les formes namuroises en -*ia* apparaissent dans les documents dès le début du XIIIe s. (REMACLE, *Ancien wallon*, 51). Il est donc plausible que ces formes présupposent un déplacement d'accent.

D'où proviennent alors les formes en *ĕ*, *ē* de l'est-wallon, du sud-wallon (et du gaumais) ? Prolongeraient-elles une évolution semblable à celle que Fouché décrit pour le lorrain, c'est-à-dire la réduction du groupe *ĕls* à *ĕs* avant la vocalisation complète du *l* antéconsonantique (FOUCHE, 319 Rem. II) ? Dans cette perspective, il n'y aurait pas eu d'étape *ĕw*, ni de triphtongue *ĕaw* (2). Ou faut-il faire référence au traitement que certains parlers du nord-ouest et du sud-ouest du domaine d'oïl ont connu, c'est-à-dire le maintien de l'accentuation sur le premier élément (FOUCHE, 336 Rem.) ? La seconde hypothèse aurait l'avantage de faire appel à un processus déjà rencontré à plusieurs reprises dans la diphtongaison wallonne (voir 1.13, 1.18, 1.23).

Exemples : *tchèstê* 'château' ; *pazê* (< *passus*, *FEW* VII, 739b) 'sentier' ; *wachê* (litt. "*vaisseau*") 'cercueil' ; *lonchê* (< **glomiscellum*, *FEW* IV, 162a) 'pelote de laine' ; *ochê* (a.fr. *ossel*, *oissel*, *FEW* VII, 428a) 'os' ; *tortê* (litt. "*tourteau*", *FEW* XIII/2, 110a) 'gâteau' ; *tassê* (de *tas* ; a.fr. *tassel*) 'dizeau' ; *blokê* (de *blok* ; a.fr. *bloqueau*, *FEW* XV/1, 164b) 'billot' ; *flèyê* 'fléau (à battre)' ; *coutê* 'couteau' ; *lècê* (< **lacticellum*, *FEW* V, 113b) 'lait' ; *ènê* 'anneau' ; *cwardê* 'cordeau' ; *pâstê* (de *pâsse* ; a.fr. *pastel*, *FEW* VII, 746a) 'pâtée (pour le bétail)' ; *hoûrlê* (litt. "*hur-el-eau*", de **hūra*, *FEW* IV, 516a ; HAUST, *Etymologies*, 151) 'talus (d'une route) ; dénivellation (entre deux terrains)' (3).

---

(1) L'évolution picarde est parallèle à celle du français. L'aboutissement *-io* représente une prononciation dialectale qui a d'ailleurs concurrencé celle du français jusqu'au XVIe s. dans le parler populaire (BOURCIEZ, § 48 Rem. II).

(2) Notons que même une étape *êw* peut aboutir à *ē* en wallon ; voir plus loin le cas de *êwe* 'eau', 1.135 n 3.

(3) A Tenneville, le timbre de la voyelle est semblable à celui noté pour la finale *-êye* (lat. *-ata*, voir 1.4), et pour le *ē* issu d'un groupe *a* + *yod* (voir 1.12.1). D'où notre représentation en orthographe Feller, qui s'écarte du *ē* de l'*ALW* (qui note cependant *mês*, *ALW* 2, c. 73 "mais"). J. Haust (*ND* 10, 123) note -ê- le produit de *-ĕllus*, pour Awenne (là où l'*ALW* note -é- comme à Tenneville).
Pour les diverses variantes, voir *ALW* 1, c. 11 "chapeau" ; c. 43 "fléau" ; c. 78 "pourceau" ; *ALW* 4, notice 4, c. 2 "château" ; notice 111 "couteau" ; MARCHOT, *RPGR* IV, 21 ; *Phonologie*, § 78 ; BRUNEAU, *Etude*, § 131 ; GUSTIN, 39 ; NIEDERLÄNDER, § 23a ; GRIGNARD, § 26 ; GOURDANGE, 34 ; FELLER, *Phonétique*, § 35. Pour des attestations anciennes, voir REMACLE, *Ancien wallon*, 51-52 ; GOOSSE, LXXIII-LXXIV.

§ 1.26. Le suffixe *-ĕlla* > *al*

Exemples : *rouwale* 'ruelle' ; *èstale* (litt. "*attelle*", *FEW* I, 163a) 'copeau, éclat de bois' ; *fochale* (< *fosse*, REMACLE, *H secondaire*, 85n) 'excavation' ; *purnale* 'prunelle' ; *surale* (dérivé de *seur* 'aigre') 'oseille' ; *bwêçale* (a.fr. *baisselle*, *FEW* I, 196b) 'jeune fille' ; *tcharnale* (litt. "*charm-elle*", *FEW* II/1, 407a) 'charme'.

Les formes en *-ale* sont répandues dans le centre-wallon et l'est-wallon. Les formes en *-èle* se rencontrent principalement dans l'ouest-wallon, ainsi qu'en chestrolais et au nord de l'arr. de Virton (1).
Les formes wallonnes de ce suffixe sont attestées dès le XIIIe s. (REMACLE, *Ancien wallon*, 52).

---

(1) Voir *ALW* 1, c. 87 "ruelle" ; GUSTIN, 29 ; MARCHOT, *RPGR* IV, 21-22 ; *Phonologie*, § 78 ; BRUNEAU, *Etude*, § 6 ; GOURDANGE, 34-35 ; FELLER, *Phonétique*, § 35 ; GRIGNARD, § 26 ; NIEDERLÄNDER, § 23b.
Bastogne présente des formes en *-ale*, sauf *bwêcèle* (comp. lg. *bàcèle*). Le lat. *scutĕlla* donne *chèle* à Tenneville et *skèle* à Bastogne (voir *ALW* 4, notice 145, c. 70).
Ajoutons que *bĕlla* > *bèle* et *novĕlla* > *novèle*.

E ouvert sous l'influence de yod

§ 1.27. ĕ + yod > *ī*

Exemples : *lît* 'lit' ; *pîs* 'pis' (adv.) (1) ; *lîre* 'lire' ; *cèlîje* 'cerise' ; *èglîje* 'église' ; *pîne* (a.fr. *pigne*) 'peigne' (2).

Les formes de Tenneville s'écartent du lg. et rejoignent les résultats observés dans l'ouest-wallon, en chestrolais, en gaumais, en français et en picard. Elles peuvent donc s'expliquer, parallèlement au français, au départ d'une diphtongaison du ĕ tonique (que le yod n'a pas entravée), amenant la constitution d'une triphtongue *ièi* ; celle-ci s'est réduite à *ī* par écrasement de l'élément médial (3).
Pour les formes wallonnes en ẽ, plusieurs hypothèses sont plausibles. On peut invoquer une réduction progressive de la triphtongue par la chute de son premier élément (devenu atone), puis la monophtongaison du *ei* en ẽ (voir FOUCHE, 327 Rem. VII). On peut également supposer que les formes lg. n'ont pas connu de diphtongaison, et que le groupe *ei* a vu le yod s'amuïr, sans influencer le développement ultérieur de la voyelle précédente (4). La première hypothèse présente l'inconvénient de postuler un déplacement d'accent du segment

initial de la triphtongue vers le segment médian, ce qui s'écarte des considérations précédentes sur l'accentuation des diphtongues wallonnes (voir 1.25).
Quoi qu'il en soit, les formes spécifiquement wallonnes sont attestées dès le début du XIIIe s. ; mais il est probable que la différenciation par rapport au francien remonte au-delà de l'an 1000 (5). En effet, les formes en *ẽ* ne doivent pas procéder de la monophtongue *i*, laquelle est antérieure aux premiers monuments littéraires.

---

(1) Alors que le lg. confond en un seul aboutissement *pẽs* les produits de *peius* et de *pectus*, Tenneville distingue *pĩs* 'pis' (adv.) et *pis* 'pis' (s.m.).

(2) L'examen des cartes 8 "cerise" et 55 "lit" de l'*ALW* 1 fait apparaître que la diffusion des formes lg. en -*ẽ*- est nettement plus importante pour la carte "lit", ce qui laisse supposer que certaines formes en -*ĩ*- de la carte "cerise" ont subi l'influence du français. D'après la carte "lit", Tenneville se trouve à la limite de la zone -*ĩ*-, la quasi-totalité de l'arr. de Marche et le nord de l'arr. de Bastogne attestant des formes en -*ẽ*-. Voir aussi MARCHOT, *Phonologie*, § 75 ; GUSTIN, 36 ; BRUNEAU, *Etude*, 128 ; FELLER, *Phonétique*, § 31 ; GOURDANGE, 29 ; GRIGNARD, § 24.
D'autres mots pourraient encore figurer dans ce paragraphe, s'ils n'étaient marqués par la francisation : *chĩj* 'six' ; *dĩj* 'dix' (comp. lg. *sĩh* et *dĩh*). De même *ẽglĩje* est probablement influencé par le français (comp. lg. *ẽglĩhe*) ; la forme "régulière" subsiste dans le toponyme *Glẽhe* (REMACLE, *H secondaire*, 71).

(3) La coïncidence des résultats de l'évolution du *ẽ* tonique avec celle du groupe *ẽ* + *yod* suggère que le yod n'a pas influencé l'évolution de la diphtongue qui le précédait ; celle-ci se serait alors monophtonguée au profit du premier élément (voir 1.23). Le yod aurait connu le même sort que dans le groupe *a* + *yod* (du 1.12.3).

(4) Cette hypothèse est énoncée comme suit par FELLER (*Phonétique*, 24) : "une palatale suivante semble avoir empêché, ou résorbé en wallon la diphtongaison en *iẽ*".

(5) Voir REMACLE, *Ancien wallon*, 53-54 ; GOOSSE, LXXI.

§ 1.28. *ẽ* + yod en hiatus > *ẽy*

Exemples : *lẽy* (< **illaei*) 'elle' (tonique) ; *d(i)mẽy* (< **dimedia*) 'demi' (1).

(1) Voir *ALW* 2, c. 28 "elle" ; MARCHOT, *Phonologie*, § 75 ; FELLER, *Phonétique*, § 31 ; BRUNEAU, *Etude*, § 40 Rem. II ; NIEDERLÄNDER, § 22 ; GRIGNARD, § 24.

E ouvert suivi d'une nasale

§ 1.29. ę tonique libre + nasale finale (ou devenue telle) > ẽ

Exemples : *rin* 'rien' ; *bin* 'bien' ; (*i*) *tint* '(il) tient' ; (*i*) *vint* '(il) vient' (1).

L'évolution wallonne est parallèle à celle du français. Dans les deux cas, le ę s'est diphtongué, puis s'est combiné avec la nasale. La différenciation réside une fois de plus dans l'accentuation de la diphtongue (voir 1.23). La nasalisation portant sur le segment vocalique présentant le maximum d'intensité, le francien a nasalisé le second segment de la diphtongue *ie* (celui-ci passant à ẽ et non à ã, suite à la présence du yod, voir BOURCIEZ, § 51 H), tandis que le wallon a nasalisé le premier segment en ẽ. Les attestations anciennes de ce phénomène remontent au début du XIIIe s. (REMACLE, *Ancien wallon*, 59).

(1) Voir *ALW* 1, c. 3 "bien" ; MARCHOT, *Phonologie*, § 76 ; GUSTIN, 40 ; BRUNEAU, *Etude*, § 162 ; NIEDERLÄNDER, § 21 ; GRIGNARD, § 23.
Pour les formes chestrolaises en ę, lesquelles ont conservé comme le français une diphtongue croissante, par la suite dénasalisée , voir PIERRET, XLIII ; GOURDANGE, 30-31. Comp. avec 1.21.4 (*tchin*, etc.).

§ 1.30. ę tonique + nasale entravée > ẽ

Exemples : *tins* 'temps' ; *vint* 'vent' ; *pinde* 'pendre' ; *djins* 'gens' ; *dint* 'dent' ; *tinde* 'tendre (v.)' ; *frumint* 'froment' ; *parint* 'parent' ; *tinre* 'tendre'.
Le suffixe *-mente* rejoint cette évolution : *âhîmint* 'aisément' ; *vormint* (litt. "*vraiment*", a.fr. *voirement*) 'certainement' ; *brâmint* (altéré de *brâvemint*, *FEW* I, 249b) 'beaucoup' ; *fièr-*

mint (a.fr. *ferrement* 'serpe', *FEW* III, 468a) 'fer usagé' ; *drôl'dimint* (litt. "*drol'dement*", passé dans le fr. régional) 'drôlement' ; *vit'mint* (litt. "*vitement*", passé dans le fr. régional) 'rapidement' (1).

A l'inverse du français, du lorrain et du champenois, qui confondent l'évolution des groupes *a*, *ẹ̆*, *ẹ̄* + nasale entravée en un résultat unique *ã*, le wallon et le picard continuent à distinguer ces évolutions (voir 1.20 et 1.43). Cette différenciation remonte au XIe s. (BOURCIEZ, § 61 H).

---

(1) Voir *ALW* 1, c. 27 "dent" ; c. 28 "descendre" ; c. 94 "tendre" ; *ALW* 3, notice 21, c. 6 "temps". Le *ã* est localisé dans la partie méridionale de la Belgique romane (arr. de Virton,; ouest de l'arr. de Neufchâteau ; sud-ouest de l'arr. de Dinant). Voir aussi FELLER, *Phonétique*, § 34 ; GOURDANGE, 31-32 ; BRUNEAU, *Etude*, § 162 ; MARCHOT, *Phonologie*, § 76 ; GUSTIN, 38 ; GRIGNARD, § 27 ; NIEDERLÄNDER, § 24 ; REMACLE, *Ancien wallon*, 58.
Pour une analyse de l'évolution de *-en-* > *-an-* en référence aux formes dialectales, voir MALMBERG, *Phonétique générale et romane*, 376-381.

E fermé tonique

E fermé libre

§ 1.31. *ẹ* tonique libre aboutit généralement à *ǫ́ẹ*.

Exemples : *teûye* 'toile' ; *ranteûye* (< *aranea tēla*, FEW XXV/2, 79a) 'toile d'araignée' ; *peûre* 'poire' ; *bisteû* (dérivé en *-etum*, fr. *-oi*, de *bestia*, FEW I, 340a) 'bétail' ; *beûre* 'boire' ; *creûre* 'croire' ; *treûs* 'trois' ; *steûle* 'étoile'.

Le parler de Tenneville, comme l'est-wallon, se distingue de l'évolution attestée ailleurs en Belgique romane et en français. Selon L. Remacle (1), le *ǫ́ẹ* de l'est-wallon dériverait d'une diphtongue *œy* (2), que le francien aurait possédée avant 1150. Cette hypothèse - et la chronologie qu'elle postule -, suggèrent qu'après l'étape *ei* (VIe s.), commune au francien et au wallon, ce dernier s'est différencié du dialecte central avant de connaître l'étape *oi* (milieu du XIIe s.), puis s'est monophtongué à une époque que les documents permettent de situer vers la fin du XIIIe s. Nous reviendrons plus loin sur cette hypothèse. Voir 1.32 n 2.

Les cartes de l'*ALW* montrent que Tenneville se situe à l'une des extrémités de la zone des formes en *ǫ́ẹ* (3). Cela explique sans doute les nombreuses formes qui rejoignent l'évolution française, et qui aboutissent à *wè* dans le parler de Tenneville.
Exemples : *pwève* 'poivre' ; *pwès* 'poids' ou 'pois' ; *mwès* 'mois' ; *pwèl* 'poil' ; *cwè* 'coi'.
Enfin, certaines formes présentent un passage de *ǫ́ẹ* à *ǫ̀ẹ* : *seu* 'soif' ; *pareu* 'paroi' ; *aveur* 'avoir' ; *saveur* 'savoir' ; *valeur* 'valoir' ; *p'leur* 'pouvoir' (4).

---

(1) REMACLE, *Ancien wallon*, 54, met l'évolution du *ẹ* tonique libre en parallèle avec celle du groupe *ẹ* + *yod* (voir 1.37), et celle du suffixe *-oriu* (voir 1.64.3).

(2) Le stade *œy*, intermédiaire entre *ei* et *oi* est hypothétique. BOURCIEZ (§ 54 H), DE LA CHAUSSEE (96) et POPE (§ 226)

n'en font pas mention ; FOUCHE (270) le postule, tout comme HAUDRICOURT (*Problèmes de phonologie diachronique* (*français EI > OI*), dans *Lingua*, I, 2 (1948), 209-218) qui considère que le passage de *ei* à *oi* s'explique parallèlement au passage de *ẽ* à *ò*. Quant à NYROP (§ 157 Rem.), il postule, tout comme MEYER-LÜBKE (95), un stade intermédiaire *ai*.

(3) Voir *ALW* 1, c. 38 "étoile" ; c. 75 "poire" ; *ALW* 3, notice 107 "mois" ; *ALW* 4, notice 179 "poivre" ; BRUNEAU, *Etude*, § 45 ; MARCHOT, *RPGR*, IV, 23-24 ; *Phonologie*, § 79 ; GUSTIN, 44 et 49 ; PIERRET, XXXVIII ; GOURDANGE, 35-36 ; FELLER, *Phonétique*, § 40-42 ; NIEDERLÄNDER, § 27 ; GRIGNARD, § 30 ; voir aussi plus haut 1.13.2 n 3.
La majorité des formes rencontrées à Bastogne sont en *wa* (*twaye, bware, pware, pwave, pwal*), mais on trouve *mwès, cwè, pwès* 'pois' ('poids' se dit *pwas*).

(4) L'*ALW* 1, c. 91 "soif" signale *seû* pour Tenneville, et non *seu* comme nous l'avons noté. La même divergence s'observe pour la c. 100 "(il) voit" qui atteste *veût*, alors que nous avons recueilli *veut* dans nos enquêtes ; cette variante est néanmoins confirmée en note, *ALW* 1, 273. Comp. 1.37 n 5.
On trouve des variantes complètement délabialisées (*sè, avèr*, etc.) dans la région de Bastogne, au nord-ouest de l'arr. de Neufchâteau (avec un prolongement dans l'arr. de Dinant) et à l'ouest de Tenneville ; voir *ALW* 1, c. 91 ; MARCHOT, *Phonologie*, § 81.

§ 1.32. *-ēta* > *ó̄y*

Exemples : *sôye* 'soie' ; *manôye* 'monnaie' ; *crôye* 'craie' ; *dôye* 'doigt (de pied)' ; *fôye* 'foie' ; *môye* (< *meta*, *FEW* VI/2, 53a) 'meule' ; *lamprôye* 'lamproie' (1).

Ces formes semblent indiquer que dans l'évolution du *ẽ* tonique en hiatus, le wallon a atteint l'étape *oi* du francien. Il aurait conservé cette diphtongue en maintenant une accentuation descendante (2).
Comp. 1.38.

(1) Voir *ALW* 1, c. 24 "craie" ; MARCHOT, *RPGR* , IV, 22 ; *Phonologie*, § 82 ; BRUNEAU, *Etude*, § 132 ; FELLER, *Phonétique*, § 44 ; GOURDANGE, 37-38 ; NIEDERLÄNDER, § 27 ; GRIGNARD, § 30.

(2) On voit mal pourquoi le wallon de l'est n'aurait pas atteint l'étape *oi* dans l'évolution du *ẽ* tonique libre (hypothèse de L. Remacle, voir 1.31), alors qu'il l'aurait atteinte pour *ẽ* tonique en hiatus. Voir plus loin, 1.42 et 1.64.

E fermé entravé

§ 1.33. *é* tonique devant une entrave d'origine latine ou romane aboutit à *è*.

Exemples : *spès* 'épais' ; *mète* 'mettre' ; *dète* 'dette' ; *crèsse* 'crête' ; *hèsse* (< frq. *hēstr*, HAUST, *BTD* II, 279-282) 'hêtre' ; *sètch* 'sec' ; *lète* 'lettre' ; *ricèpe* (dérivé de *cèp*, lat. *cĭppus*, *FEW* II/1, 693a) 'grande scie'.

Cette évolution, générale en wallon, est également celle du français et du picard. Par contre, le bourguignon, le lorrain, le gaumais, et quelquefois le chestrolais, ont poursuivi l'évolution pour aboutir à *a*. La différenciation est attestée pour le lorrain dès le XIIe s. (1).

(1) Voir REMACLE, *Ancien wallon*, 56 ; FELLER, *Phonétique*, § 49; GOURDANGE, 41 ; MARCHOT, *Phonologie* § 84 ; GUSTIN, 35 ; NIEDERLÄNDER, § 32a ; GRIGNARD, § 34.

§ 1.34. Les suffixes *-ĭttu*, *-ĭtta*

1.34.1. Le suffixe *-ĭttu* > *è*

Exemples : *bokèt* (< *bucca*, *FEW* I, 582a) 'morceau' ; *gayèt* (dérivé de *gây* 'gai') 'taureau' ; *cawèt* (dérivé de *cawe* 'queue') 'poêlon muni d'une queue' ; *lotchèt* (< m.néerl. *locke*, *FEW* XVI, 475a) 'mèche de cheveux' ; *trintchèt* 'tranchet (de cordonnier)'; *ouyèt* 'oeillet (d'une chaussure)' ; *cayèt* (< germ. **skalja*, *FEW* XVII, 91a) 'bibelot'.

1.34.2. Le suffixe *-ĭtta* > *èt* (1)

Exemples : *copète* (< *cuppa* ,*FEW* II, 1555b) 'sommet' ; *palète* (litt. "*palette*") 'petite pelle' ; *bawète* (< *batare*, fr. *béer*, *FEW* I, 285a) 'lucarne' ; *mochète* (litt. "*mouchette*") 'moucheron' ; *croupète* (< germ. **kruppa*, *FEW* XVI, 417b) 'monticule' ; *bètchète* (dérivé de *bètch* 'bec') 'extrémité' ; *chalète* (dérivé de *châle* 'échelle') 'ridelle' ; *chiyète* (< germ. **skilla* 'grelot', *FEW* XVII, 109b) 'sonnette' ; *choum'rète* (dérivé de *choume*, litt. "*ècumerette*") 'écumoire' ; *lipète* (de *lèpe* 'lèvre', m.néerl. *lippe*, *FEW* XVI, 467b) 'lambeau, languette' ; *tîkète* (< m.néerl. *tîke*, *FEW* XVII, 329b) 'taie d'oreiller' (2).

---

(1) MARCHOT (*RPGR* IV, 26) signale une ouverture du timbre en *a* dans un îlot formé de Saint-Hubert, Hatrival et Arville, et ce, pour le seul *-ĭtta*. Comp. 1.24 n 1.

(2) Voir *ALW* 4, notice 117, c. 59 "écumoire" ; notice 96 "sonnette" ; notice 88, c. 42 "TAIE d'oreiller".

§ 1.35. Les suffixes *-ĭssa*, *-ĭtia*, *-arĭcia* (1)

1.35.1. Le suffixe *-ĭssa* > *ès*

Exemples : *mint'rèsse* (de *minti* + *-ator-* + *-ĭssa*) 'menteuse' ; *cins'rèsse* (de *cinse*) 'fermière' ; *pon'rèsse* (de *ponre*) '(poule) pondeuse' ; *ristind'rèsse* (de *ristinde*) 'repasseuse' ; *rot'rèsse* (de *rotè*) 'marcheuse' ; *cov'rèsse* (de *covè*) '(poule) couveuse'.

1.35.2. Le suffixe *-ĭtia* > *ès*

Exemples : *djon.nèsse* 'jeunesse' ; *vîyèsse* 'vieillesse' ; *ritchèsse* 'richesse'.

1.35.3. Le suffixe *-arĭcia* > *rès* (2)

Exemples : *djond'rèce* (de *djonde* 'joindre') 'varlope' ; *coûr'rèce* (de *courou* 'courir') (3) 'riflard' ; *rifind'rèce* (de *rifinde* 'refendre') 'scie' ; *grat'rèce* 'grattoir'.

---

(1) Ces suffixes ont été étudiés par FELLER, *Notes*, 176-221 ; voir aussi HAUST, *Etymologies*, 307-317 ; LEGROS, *PG* XIII, 94 sv. ; REMACLE, *Syntaxe* 1, 68-69 ; MARCHOT, *Phonologie*, § 89 ; NIEDERLÄNDER, § 32d ; GRIGNARD, § 34 ; FELLER, *Phonétique*, § 49.

(2) Le suffixe masc. *-aricius* n'est plus vivant, semble-t-il, dans les parlers wallons d'aujourd'hui. La terminaison ancienne *-erez* (devenue *-ré*, *-rê*, *-ret*) s'est confondue avec d'autres suffixes, notamment *-ê* (< *-ĕllus*) (voir FELLER, *Notes*,

179). Une illustration de cette substitution est le mot *clouk'trê* (dérivé de *clouk'tè*, verbe qui désigne le coassement de ce crapaud) *'alytes obstetricans* (crapaud accoucheur)'.

(3) Comp. a.fr. *courir* 'faire glisser quelque chose' ; *FEW* II/2, 1571a.

§ 1.36. *ẹ* entravé par *l + consonne* aboutit

1.36.1. tantôt à ē : *zês* (z + *illos*) 'eux' (1)

1.36.2. tantôt à è : *tch(i)vè* 'cheveu' (2).

A la différence du français, les formes wallonnes n'ont pas subi d'influence labiale lors de la vocalisation du *l*. Comp. 1.9 et 1.25 (3).

L. Remacle (*Ancien wallon*, 52-53) a relevé des attestations de cette évolution pour le lg. dès la fin du XIIIe s. ; voir aussi GOOSSE, LXXIV.

---

(1) Voir *ALW* 2, c. 29, qui note *zés* (voir 1.25 n 3) ; REMACLE, *Syntaxe* 1, 194n.

(2) Voir *ALW* 1, c. 17.

(3) Souvent les auteurs rapprochent les évolutions de *ẹ* et de *ę* entravés par *l* antéconsonantique, car elles présentent généralement un aboutissement identique : voir notamment MARCHOT, *Phonologie*, § 78 ; NIEDERLÄNDER, § 32c ; GRIGNARD, § 34. Précisons, à la suite de LEGROS, *BTD* XXVII, 173, que certains parlers distinguent ces évolutions par un aboutissement différent; dans notre région, c'est le cas à Bastogne, qui oppose -ê- (*tchèstê, pâzê*) à -è- (*zèls, tch'fè*), et dans une certaine mesure à Tenneville.

E fermé sous l'influence de yod

§ 1.37. *ẹ* + yod aboutit généralement à *œ*

Exemples : *dreût* 'droit' ; *streût* 'étroit' ; *reûd* 'roide' ; *freûd* 'froid' (1).

Nous avons noté certaines formes en *-wè* : *rwè* 'roi' ; *lwè* 'loi'. Comme ces mots ont très probablement subi une influence savante, c'est l'évolution en *œ̀* qui nous paraît la plus représentative (2).

On constate la conformité de cette évolution avec celle du *ẹ* tonique libre (1.31) quant aux résultats obtenus. Si le processus est identique, la différenciation du wallon par rapport au francien remonte à l'étape *œy* (avant 1150) (3).

On notera qu'après une consonne autre que *r* ou une labiale, *ẹ* tonique + yod aboutit à *œ̀* : *teut* 'toit' ; *deut* 'doigt' (4) ; comp. *seu*, *aveur*, etc., 1.31 (5).

---

(1) Voir *ALW* 1, c. 45 "froid" ; BRUNEAU, *Etude*, § 45 ; MARCHOT, *RPGR* IV, 24 ; GUSTIN, 44 et 49 ; FELLER, *Phonétique*, § 47 ; GOURDANGE, 40 ; NIEDERLÄNDER, § 28 ; GRIGNARD, § 31.

(2) Notons qu'en lg., à côté des formes *rwè*, *lwè*, existent les f. archaïques *roy*, *leû* ; cette dernière, dans l'expression "n'avoir ni foi ni loi" *n'avu ni feû ni leû* - ou "ni feu ni lieu" ? -; *DL* s.v. *Feû*.

(3) A condition d'adopter l'analyse proposée par REMACLE, *Ancien wallon*, 54-55.

(4) La forme *deut*, a.fr. *doit* peut être expliquée au départ d'un étymon **dĭtu*, ce qui en fait alors un cas du 1.31.

(5) L'examen de l'*ALW* 4, notice 12, c. 6 "toit" (qui note *teût*, voir 1.31 n 4), en parallèle avec l'*ALW* 1, cartes 45 "froid" et 91 "soif", fait apparaître que des formes en *è* (avec délabialisation complète) sont attestées quelques kilomètres au sud de Tenneville. Les formes en *œ̀* de la région de Tenneville seraient une transition entre la zone du *œ̀* (au nord-est) et la zone du *è* (au sud et au sud-est). Les cartes 61 "miroir" et 100 "(il) voit" confirment globalement cette analyse ; voir aussi MARCHOT, *RPGR* IV, 25.

Tous ces indices amènent à s'interroger sur l'influence réelle que le yod a pu exercer sur les formes wallonnes, qu'elles proviennent de *a + yod* (1.12.3), *ę + yod* (1.27 n 3), ou de *ẹ + yod*.

§ 1.38. *-ĭca* > *òy*

Exemples : *roye* (< gaul. **rĭca*, *FEW* X, 387a) 'sillon' ; (*i*) *ploye* '(il) plie' ; (*i*) *loye* '(il) lie' ; (*i*) *broye* '(il) broie' (1).

Si, pour certains parlers wallons (2), cette évolution coïncide avec celle du suffixe *-ẹta* (voir 1.32), il n'en va pas de même dans notre région (Tenneville, Bastogne et Saint-Hubert). L'explication de Bruneau (*Etude*, 245) selon laquelle la différence de timbre est à mettre en rapport avec l'accentuation paraît infirmée chez nous, où l'on trouve *ployè* et *i ploye* ; *soyè* et *i soye* (comp. lg. *ployî* et *i plôye* ; *soyî* et *i sôye*) (3).

(1) Voir *ALW* 1, c. 89 "scier", et la note suivante.

(2) Notamment en nam. (NIEDERLÄNDER, § 27-28), à Marche (GUSTIN, 61), dans certains parlers ardennais (BRUNEAU, *Etude*, § 132), en gaumais (FELLER, *Phonétique*, § 44), en lg. et dans certains parlers hennuyers (GRIGNARD, § 30-31).

(3) Dans les parlers où *-eta* et *-ĭca* ont un aboutissement identique, on remarquera que le timbre de la voyelle est fermé *ó* ou très fermé *u*. Dans les parlers qui distinguent ces évolutions, les timbres plus fermés correspondent à l'évolution de *-eta*. Cela peut s'expliquer de la manière suivante : à l'étape *oi*, le premier segment s'est en réalité trouvé devant une géminée *yy*, le second yod étant issu de la gutturale pour *-ĭca* (voir plus loin 1.125), étant introduit pour combler l'hiatus dans *-eta* (voir plus loin 1.141). Cette géminée, comme en francien (DE LA CHAUSSEE, 113-114), a sans doute exercé une influence fermante sur les voyelles en contact. Ajoutons que *via* donne *voye* 'voie' et *corrĭgia corôye* 'courroie' à Tenneville (Bastogne : *voye* et *courwa*).

§ 1.39. Les suffixes *-ĭc(u)lu*, *-ĭc(u)la* > *èy*

Exemples : - *somèy* 'sommeil' ; *parèy* 'pareil' ;
- *botèye* 'bouteille' ; *orèye* 'oreille' (1).

Comme en français, il n'y a pas eu de diphtongaison du *ĕ* (suite à une différenciation, voir BOURCIEZ, § 58 Rem. I), lequel connaît le traitement de la voyelle entravée (voir 1.33).

(1) Au lat. *cornĭcula* (avec substitution de la finale, voir FOUCHE, 198 Rem. II) correspond *cwarnaye* à Tenneville et dans la région (à Awenne, Bastogne ; *cornaye* en chestrolais) : cette ouverture du timbre est également notée à Saint-Hubert (MARCHOT, *RPGR* IV, 26 ; *Phonologie*, § 86) où elle affecte également les produits du suffixe *-ĭtta* (voir 1.34.2 n 1) et du *ĕ* entravé par *r* ou *s* (voir 1.24 n 1).
Voir aussi GUSTIN, 42 ; NIEDERLÄNDER, § 31a ; GRIGNARD, § 33.

§ 1.40. Gutturale + *ẽ* tonique > *i*

Exemples : *payis* 'pays' ; *mèrci* 'merci' ; *cire* 'cire' (1).

---

(1) L'évolution wallonne paraît semblable à celle du fr. Après la diphtongaison du *ẽ* en *ei*, le segment initial se serait fermé sous l'action de la palatale qui le précédait : voir BOURCIEZ, § 59 H ; DE LA CHAUSSEE, 110-111. Voir aussi MARCHOT, *Phonologie*, § 81 ; FELLER, *Phonétique*, § 48 ; NIEDERLÄNDER, § 30 ; GRIGNARD, § 33.

E fermé suivi d'une nasale

§ 1.41. *ẽ* tonique libre + nasale finale (ou devenue telle) > *ẽ̃*

Exemples : *plin* 'plein' ; *frin* 'frein' ; *sins* 'sans'.
Cette évolution est parallèle au français (BOURCIEZ, § 60 H) et à celle décrite pour *è* dans le même environnement phonétique (voir 1.29).

§ 1.42. *ẽ* tonique + nasale + voyelle > *õn*

Exemples : *pon.ne* 'peine' ; *von.ne* 'veine' ; *avon.ne* 'avoine' ; *alon.ne* 'haleine'.

La différenciation entre l'évolution wallonne et l'évolution française réside dans le processus de nasalisation. Alors que le francien a nasalisé l'étape *ei*, le wallon a seulement nasalisé l'étape *oi* (1).
En Belgique romane, les formes en *-on.ne* sont répandues dans l'est-wallon, dans la majeure partie du sud-wallon et en gaumais (à part quelques îlots). Le centre-wallon et l'ouest-wallon se rattachent au type central, comme le picard (2).
Pour l'est-wallon, la différenciation est attestée dès le début du XIIIe s. (3).

---

(1) Voir FOUCHE, 376 Rem. I ; BOURCIEZ, § 60 Rem. I ; cette

explication figure également chez REMACLE, *Ancien wallon*, 56 ; pourtant cette évolution affaiblit l'hypothèse d'une évolution du *ẽ* tonique libre excluant l'étape *oi* (voir 1.31). Nous préférons cette explication à celle de FELLER (*Phonétique*, § 46), qui attribue le passage de *ẽ* à *o* à l'influence de la labiale ; pour Tenneville, cette hypothèse est démentie par des formes comme *mwin*, *pwin* (voir 1.21.2) ; pour l'ensemble de l'est-wallon, elle est réfutée par les graphies *-oin-*, attestées dès 1200, et qui concordent avec le passage du *ẽ* tonique à *oi*. Voir aussi BRUNEAU, *Etude*, 303.

(2) Voir *ALW* 1, c. 69 "peine" ; c. 97 "veine" ; MARCHOT, *Phonologie*, § 83 ; GUSTIN, 59 ; BRUNEAU, *Etude*, § 163, 168, 175 ; NIEDERLÄNDER, § 29a ; GRIGNARD, § 32 ; GOURDANGE, 38-40 ; FELLER, *Phonétique*, § 46.

(3) Voir REMACLE, *Ancien wallon*, 56 ; GOOSSE, LXXV-LXXVI.

§ 1.43. *ẽ* tonique + nasale entravée > *ɛ̃*

Exemples : *vinde* 'vendre' ; *finde* 'fendre' ; *prinde* 'prendre' ; *cingue* 'sangle' ; *linwe* 'langue' ; *cinse* (< **censa*, *FEW* II/1, 581a) 'ferme' ; *pinse* '(je) pense' (1).

Cette évolution coïncide avec celle de *ɛ̃* tonique dans le même environnement (voir 1.30), que le wallon et le picard, à l'inverse du français, du lorrain et du champenois notamment, distinguent de celle de *a* tonique dans les mêmes conditions (voir 1.20).

Lorsqu'une dénasalisation se produit, après la simplification d'une nasale double (2), le timbre *ɛ̃* apparaît, ce qui confirme la distinction *ã* / *ɛ̃* du wallon (le fr. dénasalise en *a*).
Exemples : *cène* 'cendre' ; *dîmègne* 'dimanche' ; *fème* 'femme'.
De même pour *ɛ̃* + nasale entravée : *vène* 'vanne' (3).

(1) Voir *ALW* 1, c. 53 "langue" ; MARCHOT, *Phonologie*, § 85 ; BRUNEAU, *Etude*, § 164 ; *La limite*, 152 ; FELLER, *Phonétique*, § 50 ; NIEDERLÄNDER, § 33 ; GRIGNARD, § 35.
Une série de formes, issues de *-ẽmul*, *-ɛ̃mul*, s'écartent de cette évolution : *assone* 'ensemble' ; (*i*) *sone* '(il) semble' ; (*i*) *tronle* '(il) tremble'. La carte 34 "ensemble" de l'*ALW* 1 fait apparaître deux grands types primitifs *-onle* / *-anle*, aux variantes nombreuses, différenciés depuis la fin du XIIe s. (REMACLE, *Ancien wallon*, 79). Cette chronologie écarte l'hy-

pothèse d'un échange *ã* / *õ* tel que celui qui a été invoqué au 1.20, et qui est d'introduction récente.
De plus, il convient d'écarter un rapprochement avec les formes du 1.42 (*von.ne*, *pon.ne*, etc.), lesquelles reposent sur une diphtongaison ; des attestations anciennes comme *sonler* (REMACLE, *ibidem*), et non **soinler*, ne portent pas de trace d'une diphtongaison.

(2) On note le même phénomène en français : voir BOURCIEZ, § 61 Rem. I et § 195 Rem. I.

(3) Voir *ALW* 1, c. 7 "cendre". L'aire occupée par les formes dénasalisées s'étend largement au-delà de Tenneville, sur les arr. de Bastogne, Marche, Dinant et Neufchâteau. Précisons que les formes du type *çane*, qui apparaissent au nord-est de l'arr. de Neufchâteau, ne peuvent être assimilées à l'évolution du français ; elles sont le produit de l'ouverture du *ẽ* en *a* que nous avons déjà signalée pour cette région (voir 1.24 n 1 ; 1.34 n 1 ; 1.39 n 1). Voir aussi MARCHOT, *Phonologie*, § 85 ; BRUNEAU, *Etude*, § 20 et 159.3 ; GRIGNARD, § 35 ; NIEDERLÄNDER, § 33.

I tonique

I libre ou entravé

§ 1.44. *i* tonique, libre ou entravé, conserve généralement son timbre intact dans le parler de Tenneville. Cela est illustré par

1.44.1. les composés de *dies* : *londi* 'lundi' ; *mârdi* 'mardi' ; *mèrcoudi* 'mercredi' ; *djoûdi* 'jeudi' ; *vinr'di* 'vendredi' ; *sèm'di* 'samedi' ; *toudi* 'toujours' (a.fr. *tous dis* ; REMACLE, *Syntaxe* 2, 205 sv.).

1.44.2. le suffixe *-īlis* : *achi* (< **axilis*, FEW I, 189b) 'essieu' ; *avri* 'avril' ; *courti* 'courtil, jardin' ; *fourni* 'fournil'.

1.44.3. le suffixe *-īcius* : *covis'* 'couvi' ; *tchènis'* (de *tchin*) 'rebut' ; *pachis* (dérivé en *-atīcius*, FEW VII, 696a) 'pâtis'.

1.44.4. le suffixe *-ītu* (du part. passé masc. sing.) : *minti* 'menti' ; *fini* ; *rosti* 'rôti' ; *alêdi* 'abandonné (pour un nid, cf. fr. *enlaidir*)'.

1.44.5. la finale *-īre* : *minti* 'mentir' ; *fali* (a.fr. *falir* fr.mod. *faillir*, FEW III, 386b) 'faiblir' ; *stièrni* (a.fr. *esternir*, FEW XII, 259b) 'garnir d'une litière' (1).

1.44.6. *dîre* 'dire' ; *scrîre* 'écrire' ; *rîre* 'rire' (2).

---

(1) Notons quelques formes qui présentent la substitution de la finale du participe passé (en *-ou*) à la finale attendue (en *-i*) (voir plus loin 2.56.2) : *courou* 'courir' ; *sièrvou* 'servir' ; *mourou* 'mourir' ; *v(è)nou* 'venir' ; *covrou* 'couvrir' ; *dwarmou* 'dormir' ; *t(è)nou* 'tenir' ; même finale analogique dans *(ri)wêtou* (litt. "(re)guetter") 'surveiller' (Bastogne *-i*, lg. *-ī*) ; *trouvou* 'trouver' (Bastogne et lg. *trover*). Autre infinitif analogique : *sinte* 'sentir' (comp. *pwate* 'porter', *wâde* 'garder', *rawâde* 'attendre', *acwade* 'accorder' ; Bastogne *pwarter*, *(ra)wârder*, *acwarder*). Par ailleurs, le suffixe *-īce* donne *i* dans *souris*, mais *ü* dans *bèrbu* 'brebis' (Bastogne : *suru*, *bèrbu*). *Pupe* 'pipe' atteste une influence labiale.

(2) L'allongement de la voyelle est contextuel (influence du *r*). En chestrolais et en gaumais, *dîre* présente même une ouverture de la voyelle tonique en *è* : *dère* (voir PIERRET, 459 ; FELLER, *Phonétique*, § 54). On observe un phénomène similaire à Tenneville pour la voyelle du radical dans *chèr(-è)*, litt. "*(dé)chir(-er)*", 'ouvrir démesurément', et ses dérivés : *kichèrè* 'déchirer', *chèrâde*, litt. "*(dé)chir-arde*", 'fête du mardi-gras'.

§ 1.45. *i* tonique en hiatus aboutit généralement à *îy* (1), notamment dans

1.45.1. le suffixe *-îta* (dans les subst. et les part. passés fém.) : *vîye* 'vie' ; *finîye* 'finie'.

1.45.2. le suffixe *-îa* : *maladîye* 'maladie' ; *Marîye* 'Marie' ; *poy'trîye* (dérivé de *poye* 'poule' + *-ittu* + *-erîa*) 'poulailler' ; *djon.n'trîye* (dérivé de *djon.ne*) 'marmaille' ; *troy'rîye* (dérivé de *troye* 'truie' + *-erîa*) 'ordure' ; *(al) Kiviès's'rîye* 'La Converserie' (voir *Dès mèstîs*, 32) ; *bièdj'rîye* 'bergerie' ; *nêzîrîye* (comp. fr. *niaiserie*, *DL* 428b) 'bagatelle, objet sans valeur'.

1.45.3. le suffixe *-îca* : *vèssîye* 'vessie' ; *amîye* 'amie'.

1.45.4. le suffixe *-îc(u)la* : *tch(i)vîye* 'cheville' ; *courbîye* 'corbeille' (2).

Par cette évolution, Tenneville rejoint la majorité des parlers belgo-romans et s'écarte de l'est-wallon, qui présente l'ouverture de la voyelle en *è* (comp. 1.47). L'aire des formes en *è* est cependant très proche de Tenneville, sa limite méridionale passant quelques kilomètres au nord (Champlon, Erneuville) (3).
L'ouverture de la voyelle dans les formes de l'est-wallon est attestée depuis le second quart du XIIIe s. (REMACLE, *Ancien wallon*, 59).

(1) Phonétiquement, le yod qui suit le *î* est difficilement perceptible dans un débit soutenu. Néanmoins, il suffit à provoquer l'apparition de la voyelle épenthétique ou le main-

tien de la voyelle caduque dans un groupe consonantique qui suit : *Marîye rivind tos sès cayèts ; noste amîye sicrît tos lès mwès.* C'est pourquoi notre représentation en orthographe Feller sera *-îye* (et non *-îe*, comme à Bastogne où l'épenthèse ne s'observe pas dans ce cas), parallèlement aux finales *-èye* (< *-āta*) et *-ouye* (< *-ūta*).

(2) Pour la substitution du suffixe *-īcula* au suffixe *-ĭcula* voir FOUCHE, 198 Rem. II.

(3) Cette proximité géographique explique le nombre important des "exceptions" qui présentent l'ouverture en *-èye* dans le parler de Tenneville, à commencer par les continuateurs de la finale *-villa* en toponymie : *Li Noûve Vèye* 'Laneuville' ; *R'teûvèye* 'Ortheuville' ; *T'nîvèye* 'Tenneville' (*Dès mèstîs*, 32-34). De même, *fèye* 'fille', *crèye* (a.fr. *greille*, *FEW* II, 1290b) 'fente, entrebâillement (d'une porte, d'une fenêtre)' (signalé avec un *è* à l'*ALW* 4, notice 33, c. 17).
Signalons que l'*ALW* 1, c. 98 "vie" note *vêye* (sans doute *vèye*) pour Tenneville, alors que nous avons relevé *vîyę*. De même, là où nous avons relevé *awîye* 'aiguille', l'*ALW* 1,c. 1 signale *awèye* pour Tenneville. Peut-être y a-t-il eu évolution entre les deux enquêtes (l'enquête Haust a été effectuée en 1937) ? Cela signifie-t-il que Tenneville se rattachait autrefois à la zone des formes en *è*, tout comme Bastogne qui, à côté des formes actuelles en *-îe*, atteste les mêmes archaîsmes qu'à Tenneville : *fèye*, *-villa* en toponymie (*Tèn'vèye*), et aussi *vèye* 'ville' (*al vèye, d'zeûr la vèye*), *malad'rèye* 'maladrerie'? Faut-il considérer *-villa* en toponymie comme indice probant d'une extension autrefois plus large des formes de l'est-wallon? Dans ce cas, même le chestrolais ferait partie de cette zone. Ou enfin, y a-t-il toujours eu mélange des formes en *-èye*, *-îye*, *-îe* dans notre région ?
Voir aussi MARCHOT, *Phonologie*, § 90-91 ; BRUNEAU, *Etude*, § 40 Rem. II ; § 77b ; GUSTIN, 39, 42 ; FELLER, *Phonétique*, § 52 ; NIEDERLÄNDER, § 37b et 39 ; GRIGNARD, § 37 ; DOUTREPONT, 47.

I suivi d'une nasale

§ 1.46. *i* tonique + nasale (finale ou entravée) > *ẽ*

Exemples : *vin* 'vin' ; *molin* 'moulin' ; *vèhin* 'voisin' ; *sayin* 'saindoux' ; *wayin* (< a.frq. **waida* + *-īmen*, *FEW* XVII, 458a) 'regain' ; *vint'* 'vingt' ; *cink'* 'cinq' (1).

(1) Voir *ALW* 1, c. 19 "cinq" ; c. 82 "regain" ; *ALW* 3, notice 129 "matin" ; MARCHOT, *Phonologie*, § 92 ; BRUNEAU, *Etude*, § 43 et § 172 ; FELLER, *Phonétique*, § 53 ; GOURDANGE, 41-42 ; GRIGNARD,

§ 38 ; NIEDERLÄNDER, § 38 ; pour la dénasalisation en chestrolais (*mati*, *moli*, etc.), voir PIERRET, XLII.

§ 1.47. *i* tonique + nasale + voyelle > *in*

Exemples : *spine* 'épine' ; *rècine* (litt. "*racine*") 'carotte' ; *cûhine* 'cuisine' ; *ansine* (déverbal d'*ansinè* 'fumer la terre') 'fumier' ; *fayine* 'faîne' ; *farine* 'farine' ; *gordine* (litt. "*courtine*") 'rideau'.

Les formes qui présentent l'ouverture en *è* (comp. 1.45) s'observent dans une grande partie de la Belgique romane, mais non dans le sud-wallon ni en gaumais (1). Comme pour *i* tonique en hiatus, les formes lg. sont attestées depuis le second quart du XIIIe s. (2).

(1) Voir *ALW* 1, c. 35 "épine" ; *ALW* 4, notice 45, c. 27 "cuisine" ; MARCHOT, *Phonologie*, § 92 ; BRUNEAU, *Etude*, § 33 ; FELLER, *Phonétique*, § 53 ; GOURDANGE, 42-43 ; GUSTIN, 35 ; NIEDERLÄNDER, § 38 ; GRIGNARD, § 38 ; LEROND, 52n ; DOUTREPONT, 96.

(2) Voir REMACLE, *Ancien wallon*, 59 ; GOOSSE, LXXVI-LXXVII.

§ 1.48. *-īnea* > *iñ* (1)

Exemples : *ligne*, *vigne*.

(1) Lorsque le *ñ* est final, on a l'évolution du 1.46 : *scrin* (arch.) 'écrin', qui subsiste dans le dérivé *scrinî*. Voir MARCHOT, *Phonologie*, § 92 ; NIEDERLÄNDER, § 39 ; GRIGNARD, § 39.

O ouvert tonique

O ouvert libre

§ 1.49. *ò* tonique libre > *ū*

Exemples : *boû* 'boeuf' ; *noûf* 'neuf' ; *oû* 'oeuf' ; *oûve* 'oeuvre' (1) ; *coloûve* 'couleuvre' ; *Moûse* 'Meuse' ; *foû* (< *fŏras*, *FEW* III, 700b) 'dehors' ; *foûre* (< a.frq. **fodar*, *FEW* III, 659b) 'foin' ; *doû* (< *dŏlus*, *FEW* III, 121a) 'deuil' (2).

Le wallon, comme le français, présente une étroite correspondance dans la diphtongaison des voyelles ouvertes *ѐ* et *ò*. Si pour *ѐ* on assistait à une réduction de la diphtongue *ie* au profit du segment initial (voir 1.23), pour *ò*, c'est l'étape *uo* qui a été monophtonguée au profit du segment accentué. Le wallon n'ayant pas connu la "bascule des diphtongues" (voir 1.23, etc.) du francien, c'est donc vers le XIe s. qu'il faut situer la différenciation. La monophtongue wallonne apparaît dans les documents depuis 1179 (REMACLE, *Ancien wallon*, 61), date qui coïncide d'ailleurs avec l'époque de la monophtongaison wallonne du *ie* en *ī*.

La monophtongue *ū* couvre la majeure partie de l'aire wallonne proprement dite. Dans notre région, la totalité des arr. de Marche et de Bastogne s'y rattache. L'arr. de Neufchâteau présente à l'ouest des formes en *ǖ*, mais à l'est, en chestrolais, des formes en *yœ̄* . Le gaumais atteste tantôt *ǖ*, tantôt *ü* (3).
Ajoutons que le *ò* tonique libre en hiatus aboutit au même résultat : *roûwe* (a.fr. *reue*) 'roue' (4).

---

(1) Cette forme arch. ne subsiste plus que dans quelques expressions : *lé oûve* 'cesser le travail', *mwin d' oûve* 'main d'oeuvre' ; ailleurs, elle est remplacée par la f. fr. *eûve*.

(2) Notons quelques formes qui s'écartent de cette évolution : *seûr* 'soeur' ; *keûr* 'coeur' ; il s'agit sans doute de formes ayant subi l'influence fr. (comp. lg.-nam. *soûr*, *coûr*). De même *feû* 'feu' (voir 1.37 n 2) et *djeû* ; peut-être faut-il invoquer

une évolution phonétique semblable à celle des correspondants fr. (voir BOURCIEZ, § 69 rem. III).

(3) Voir *ALW* 1, c. 4 "boeuf" ; MARCHOT, *Phonologie*, § 94 ; *RPGR* IV, 26 ; BRUNEAU, *Etude*, § 84, 104 et 141 ; FELLER, *Phonétique*, § 58 ; GOURDANGE, 43-44 ; PIERRET, XLI ; GRIGNARD, § 41 ; NIEDERLÄNDER, § 41 ; DOUTREPONT, 97.
Les formes chestrolaises procèdent vraisemblablement de **wœ* ; leur accentuation croissante les rapproche du francien, mais l'absence de monophtongaison est une différenciation par rapport au dialecte central qui remonte au XIIIe s. (date de la monophtongaison de *woe* en *oe* pour le francien) ; voir à ce sujet REMACLE, *Ancien wallon*, 61.

(4) L'*ALW* 1, c. 85, note *rou^{w}e* ; le *w* est effectivement moins perceptible dans un débit soutenu, mais il suffit à provoquer l'épenthèse dans un groupe de consonnes qui suit, ou le maintien de la voyelle caduque : *li roûwe riva come i fât*. Par contre, l'allongement de la voyelle nous paraît constant.

§ 1.50. Les suffixes *-iŏlu*, *-iŏla*

1.50.1. *-iŏlu* > *u* (1)

Exemples : *mouyou* 'moyeu' ; *tiyou* 'tilleul' ; *fiyou* 'filleul' ; top. *roupçou* (2).

1.50.2. *-iŏla* > *ūl*

Exemples : *fiyoûle* 'filleule' ; *bat'roûle* (dérivé de *bate* + *-er-* + *-iŏla*, *FEW* I, 295a) 'batte à beurre' ; *bout'roûle* (dérivé de **bod-*, *FEW* I, 421a) 'nombril'.

(1) Voir *ALW* 1, c. 65 "moyeu" ; BRUNEAU, *Etude*, § 35, 116, et les références du 1.49 n 3.
Malgré la variation de longueur, l'évolution de ce suffixe est celle du *ŏ* tonique libre ; on trouve d'ailleurs *linçoû* 'linceul'. Par contre, *capriolu* donne *chèvreû* 'chevreuil' (forme empruntée, cf. lg. *tchivrou*) et **scuriŏlu* donne *skiron* 'écureuil', avec substitution de suffixe.

(2) Il s'agit d'un dérivé en *-icĕŏlu* du flam. *roppen* 'arracher' (*FEW* XVI, 735a ; GESCHIERE, 231) ; on trouve le même radical à Grand-Halleux, Arbrefontaine (*roupi*), La Gleize (*roupèye*), Longlier (*ropçieu*) etc. Voir *BTD* VIII, 459.

O ouvert entravé

§ 1.51. *ò* tonique, entravé par une géminée ou par *st*, conserve généralement son timbre.

Exemples : *clotche* 'cloche' ; *dos* 'dos' ; *gros* 'gros' ; *nosse* 'notre' ; *vosse* 'votre' ; *trop* 'trop' (1).

Le suffixe -*ŏtta* rejoint cette évolution : *corote* 'canal d'écoulement' (2) ; *manote* 'menotte, poignée' ; *lum'rote* 'petite lumière, luciole' ; *fligote* (< all. *flicke*, *FEW* XV/2, 143a) 'déchet, lambeau' ; *ratchote* (d'une onom. *rakk-*, *FEW* X, 35a) 'jet de salive, crachat'.
De même, -*ŏttu* : *miyot* (< **miliu*, *FEW* VI/2, 93b) 'oiseau de proie' ; *galiot* (a.fr. *galie*, fr.mod. *galiote*, *FEW* IV, 27b) 'chariot'.

---

(1) Voir *ALW* 2, c. 52 "notre" ; MARCHOT, *Phonologie*, § 96 ; NIEDERLÄNDER, § 44a ; GRIGNARD, § 44 ; FELLER, *Phonétique*, § 61 ; GUSTIN, 52.

(2) L'étymologie de ce mot pose problème : voir REMACLE, *BTD* XLV, 135-152.

§ 1.52. *ò* tonique, entravé par *r*, aboutit généralement à *wa*.

Exemples : *pwate* 'porte' ; *mwart* 'mort' ; *cwade* 'corde' ; *cwars* 'corps' ; *twade* 'tordre' ; *chwace* 'écorce' ; *wadje* 'orge' ; *gwadje* 'gorge' ; *pwatche* 'porche' ; *fwace* 'force' ; *cwane* 'corne, coin' ; *acwade* 'accorder'.

Le parallèle est évident avec l'évolution de *ẹ̀* entravé par *r* ou *s* (1) (voir 1.24).
Cette évolution caractérise les dialectes wallons proprement dits, face au français, au rouchi, au chestrolais et au gaumais (2). Quoique les graphies anciennes soient relativement peu probantes, il semblerait que le nam. *wa* soit attesté dès le XIIIe s. (REMACLE, *Ancien wallon*, 63). Bruneau (*Etude*, 115) a relevé une forme ardennaise en *wa* au XIVe s.

(1) Une forme comme *cwasse* 'côte' paraît également présenter une diphtongaison du *ò* au contact de *s*. Mais nous n'avons noté que cette seule illustration, d'autres mots dans le même environnement présentant l'évolution décrite en 1.51. Ajoutons que Bruneau (*Etude*, 116) voit dans *cwasse* une formation analogique (sur le modèle de *chwace*, p.e.). Il nous semble que cette explication est plus pertinente pour une forme comme *nwace* 'noce'.
Selon Fouché (351-353), cette diphtongaison conditionnée est due à "l'action ouvrante des consonnes implosives". A l'origine, *r* et *s* étaient articulés avec la pointe de la langue soulevée contre la région dentale ou alvéolaire. Ces variantes apicales entraînaient une position relativement abaissée du dos de la langue : c'est alors que le *ò* a pu se segmenter en *òo*, puis évoluer en *uo* (par fermeture du premier segment), *wò* (avec modification du schème accentuel, probablement vers le début du XIe s., BOURCIEZ, § 66 H), d'où *wè* (délabialisation et antériorisation du second élément), et enfin *wa*.
On sait par ailleurs que l'articulation du *r* et du *s* s'est modifiée, entraînant, suite à l'abaissement de l'apex, un relèvement du dos de la langue : c'est alors que la segmentation du *è* a été possible.
Les hypothèses de Fouché réclament quelques réserves. Le changement d'articulation du *r* et du *s*, sur lequel il fonde son explication, n'est sans doute que d'introduction récente en wallon : Warnant (59 et 77) a encore noté l'articulation apicale ; voir plus loin 3.7 et 3.20. En outre, certains phonéticiens ne signalent la modification dans l'articulation du *r* qu'à partir du XVe s., et dénient à cette modification toute influence sur des phénomènes phonétiques antérieurs à cette époque (voir DE LA CHAUSSEE, 103-104).

(2) Les formes en *-wè-* se rencontrent schématiquement dans le domaine lg., la limite méridionale de cette zone passant par Beffe [Ma 24], Dochamps [Ma 29], et Mont-le-Ban [B 9]. Dans la carte 5 "borgne" de l'*ALW* 1, on note quelques îlots, notamment à Awenne [Ne 9] et à Forrières [Ma 46]. Les formes en *-wa-* se rencontrent dans le centre-wallon, le sud de l'arr. de Marche, le nord de l'arr. de Neufchâteau, et la plus grande partie de l'arr. de Bastogne (excepté la pointe septentrionale). Dans le sud du Luxembourg, on observe des formes non diphtonguées, à l'exception de celles du sud de la Gaume, qui présentent une diphtongaison secondaire du *-ô-* : voir PIERRET, XXXVII-XXXVIII ; GOURDANGE, 47 ; FELLER, *Phonétique*, § 62 (qui suggère que les formes gaumaises pourraient néanmoins provenir d'une diphtongaison du *ò*, par les étapes *uo*, *wò*, *ô* ; cette hypothèse rompt le parallélisme avec l'évolution du *è* entravé par *r* ou *s*, lequel ne se diphtongue pas en gaumais) ; voir aussi *ALW* 1, c. 62 "mort" ; c. 63 "morte" ; MARCHOT, *RPGR* IV, 26 ; *Phonologie*, § 98 ; BRUNEAU, *Etude*, § 18, 125, 136c ; NIEDERLÄNDER, § 44a ; GRIGNARD, § 44.

§ 1.53. *ò* entravé par *l* + *consonne* > *ō*

Exemples : *cô* 'cou' ; *côp* 'coup' ; *fô* 'fou' ; *pôce* 'pouce' ; *vôte* (a.fr. *volte*, *FEW* XIV, 621b) 'crêpe' (1).
Parallèlement à l'évolution de *è* entravé par *l* antéconsonantique (voir 1.25), la différenciation entre le francien et le wallon est issue d'un traitement divergent de l'étape *óu*. Alors que le francien a monophtongué cette diphtongue en *u* dans le courant du XIIIe s. (BOURCIEZ, § 74 H), le wallon est passé à la monophtongue *ō* (2), évolution qui est attestée dès le XIIIe s. (3).
Les formes en *-ô-* couvrent la majeure partie de la Belgique romane, avec quelques variantes (4).

---

(1) Quelques mots s'écartent de cette évolution, notamment *coude* 'cueillir', et *moûre* 'moudre'.

(2) Fouché (312, Rem. III) suggère que l'évolution du wallon oriental est semblable à celle qu'il décrit pour le lorrain et le picard, c'est-à-dire un passage à *ō* par les intermédiaires *al*, *au*. Cette hypothèse nous paraît difficilement acceptable car, comme nous l'avons vu (voir 1.9), la vocalisation du *l* n'a pas modifié le timbre du *a*. Nous rejoignons par là la position de Bruneau (*Etude*, 239-240), selon laquelle *ō* provenant d'un *a* latin suivi de *l* antéconsonantique, n'est pas à proprement parler le résultat d'une coalescence, mais le produit régulier en wallon de l'évolution secondaire d'un *a* fermé après la disparition du *l* (Bruneau a posé comme règle que tout *a* fermé dans les dialectes qu'il a observés aboutit à *ō*, *Etude*, § 126). Bruneau ne fait donc pas appel à la vocalisation du *l* pour rendre compte d'une modification de timbre et, en outre, il considère que les graphies anciennes *-au-* (invoquées par FOUCHE, *ibidem*, à l'appui de sa thèse) sont dues à une influence savante, française ou latine.
Précisons toutefois que l'entrave par un *l* antéconsonantique est à distinguer, dans ses résultats, des autres types d'entrave : voir plus loin, 1.180.
Une fois de plus, il nous paraît plus plausible de rendre compte de l'évolution wallonne en la fondant sur la préservation du schème accentuel descendant de l'étape *óu*, monophtonguée au profit de l'élément tonique (voir 1.49, etc.).

(3) Voir REMACLE, *Ancien wallon*, 64 ; BRUNEAU, *Etude*, 239.

(4) Voir MARCHOT, *Phonologie*, § 99 (qui note un timbre intermédiaire *ó/u*) ; NIEDERLÄNDER, § 44b (qui note *u*, produit d'une transformation du *ō*, plutôt que d'une évolution identique au fr.) ; GRIGNARD, § 44 ; FELLER, *Phonétique*, § 61 ; GOURDANGE, 48 ; GUSTIN, 57.

O ouvert sous l'influence de yod

§ 1.54. *ò* + yod (d'origine latine ou romane) > *ü*, *ǖ*

Exemples : *ädjoûrd'u* 'aujourd'hui' ; *nut'* 'nuit' ; *uch* 'huis'; *cûr* 'cuir' ; *ût'* 'huit' ; *cûre* 'cuire' ; *vûde* 'vide' (1).

On peut postuler pour ces formes (2) une évolution parallèle au francien jusqu'à l'étape *üi* : diphtongaison du *ò*, réduction de la triphtongue qui s'est constituée à partir de là par effacement de l'élément médian, et palatalisation du segment initial sous l'influence du yod. Ensuite, le wallon a monophtongué la diphtongue au profit du segment initial (tonique) ; ce processus est attesté dans les documents depuis le milieu du XIIIe s. pour le domaine lg. (3). Comp. 1.27 ; 1.71.

---

(1) Voir *ALW* 1, c. 26 "cuir" ; *ALW* 3, c. 47, notice 136 "nuit" ; *ALW* 4, notice 148, c. 71 ; MARCHOT, *Phonologie*, § 97 ; BRUNEAU, *Etude*, § 92, 107 et 142 ; FELLER, *Phonétique*, § 59 ; NIEDERLÄNDER, § 43a ; GRIGNARD, § 43 ; FOUCHE, 329 Rem. III.

(2) Par contre, des formes comme *troye* 'truie' (lg. *trôye*), *coche* (litt. "*cuisse*") 'branche (coupée)', *ôle* 'huile', *dispôy* 'depuis' (Bastogne *dupû*) s'écartent de cette évolution.

(3) Voir REMACLE, *Ancien wallon*, 68 ; GOOSSE, LXXX.

§ 1.55. *ò* + *l mouillé*

Les formes que nous avons relevées attestent que, malgré le groupe *ly*, la diphtongaison s'est produite, en wallon comme en français (BOURCIEZ, § 70) ; l'aboutissement est identique à celui noté pour *ò* tonique libre (1.49), avec des variations de longueur.

Exemples : *fouye* 'feuille' ; *cièrfou* 'cerfeuil' ; *oûy* 'oeil' ; *orloûy* 'orgelet (1).

---

(1) Selon Haust (*Etymologies*, 225), ce sont les formes sans yod en finale qui représentent l'évolution spécifiquement wallonne (comp. traitement du suffixe *-acŭlu*, 1.15). A l'appui de cette thèse, signalons la forme *û* 'oeil' à Bastogne (comme

en malmédien), et peut-être *sû* 'seuil' à Tenneville. Cette forme, confirmée par nos témoins, se distingue de *soû* noté dans l'*ALW* 4, notice 34, c. 18 ; en outre, alors que Haust (*ibidem*) considère que l'étymon *solium* est à la base des formes wallonnes, l'*ALW* 4 renvoie plutôt à *solum* pour le type attesté à Tenneville, ce qui en fait un cas du 1.49.
Le timbre *ü* est caractéristique du chestrolais et du gaumais ; il est présent, sporadiquement, à Bastogne (*û*, *sû*, mais *fouye*) ; voir *ALW* 1, c. 42 "feuille" ; MARCHOT, *Phonologie*, § 97 ; BRUNEAU, *Etude*, § 35, 40, 94, 105, 141 Rem. 1, 150 ; GRIGNARD, § 43 ; NIEDERLÄNDER, § 43a ; GUSTIN, 65.

O ouvert suivi d'une nasale

§ 1.56. *ò* + nasale entravée
+ nasale finale (ou devenue telle) > *õ*

Exemples : *long*, *bon*, *conte* 'contre' ; *ponre* 'pondre' ; *tonde* 'tondre' (1).

En français comme en wallon, la nasalisation du *ò* n'est pas parallèle à celle du *è* ; ce dernier a subi une diphtongaison (voir 1.29) qui paraît absente de l'évolution du *ò* devant nasale (2).

(1) Voir MARCHOT, *Phonologie*, § 100 ; BRUNEAU, *Etude*, § 178, 179, 181 ; NIEDERLÄNDER, § 42 et 44c ; GRIGNARD, § 42 et 44 ; FELLER, *Phonétique*, § 60 et 61 ; GOURDANGE, 53-54.

(2) D'après les documents anciens, il semblerait pourtant qu'il y ait eu amorce de diphtongaison en francien (cf. *buona* dans *Eulalie*; *uem*, *cuens*) ; mais elle a été contrariée, soit par l'analogie de formes proclitiques (*on*, *bon*), soit par un bouleversement dans l'accentuation syntagmatique : voir BOURCIEZ, § 71 H ; DE LA CHAUSSEE, 131 ; FOUCHE, 354-355.

§ 1.57. *ò* + nasale + voyelle se dénasalise.

Exemples : *bone* 'bonne' ; (*i*) *sone* '(il) sonne' ; (*i*) *tone* '(il) tonne' (1).

(1) Voir *ALW* 3, notice 63 "il TONNE" ; NIEDERLÄNDER, § 42 ; GRIGNARD, § 42 ; FELLER, *Phonétique*, § 60 ; GOURDANGE, 52-53. Dans notre région, les formes en *ò* sont généralement attestées ; *u* apparaît, en chestrolais, dans l'arr. de Virton et au sud de l'arr. de Dinant ; *boune* 'bonne' est attesté dès Bastogne.

O fermé tonique

O fermé libre

§ 1.58. *ó* tonique libre > *óe*

Exemples : *eûre* 'heure' ; *cheûre* (< *excŭtere*, *FEW* III, 287a) 'secouer' ; *gueûye* 'gueule' ; *fleûr* 'fleur' ; *leû* 'loup' ; *d(i)zeû* (a.fr. *deseur*) 'dessus' ; *nèveû* 'neveu' ; *tchand'leûse* 'chandeleur' ; *seû* 'seul' ; *keûse* 'coudre' (1).

L'évolution wallonne est parallèle à celle du francien (2). L'absence de distinction contextuelle *œ́* (syll. ouverte)/ *œ̀* (syll. fermée) en wallon est un archaïsme qui le distingue du français depuis le XVIe s. environ (BOURCIEZ, § 72 H).

---

(1) Voir *ALW* 3, notice 140 "heure" ; MARCHOT, *Phonologie*, § 101 ; NIEDERLÄNDER, § 46 ; GRIGNARD, § 46 ; FELLER, *Phonétique*, § 64 ; GOURDANGE, 48-49 ; BRUNEAU, *Etude*, § 91 et § 143 (où il signale des formes en *u*; voir note sv.) ; DOUTREPONT, 97-98.

(2) Cette évolution peut s'accommoder des formes en *u* notées par BRUNEAU (*ibidem*). Ce dernier suggère qu'elles sont le produit d'une diphtongaison incomplète (?), et que *ó* accentué libre est passé à *u* vers le XIIIe s., en même temps que *ó* tonique entravé. Nous préférons l'hypothèse avancée par MALMBERG (*Phonétique générale et romane*, 354 sv.) selon laquelle la diphtongue *óu* a subi un double traitement : d'une part une tendance phonétique d'assimilation, analogue à celle qui intervient dans la simplification de toute diphtongue *òu* (issue de *ol* + consonne, etc.), et qui fait passer cette diphtongue à la voyelle *u* (ce qui rendrait compte des formes signalées par Bruneau) ; d'autre part, une tendance phonétique de différenciation, amenant les éléments de la diphtongue à préserver leur individualité par le passage à *ōe*, *òe* (ce qui rend compte des formes françaises et wallonnes).

§ 1.59. Les suffixes *-atōre*, *-ōre*

1.59.1. *-atōre* > *œ́*

Exemples : *tchèsseû* 'chasseur' ; *pècheû* 'pêcheur' ; *tchanteû* 'chanteur' ; *soyeû* 'scieur' ; *chay'teû* (dérivé de *chaye* 'ardoise') 'couvreur' ; *conteû* 'conteur' ; *bribeû* (de *bribè*) 'mendiant' ; *creûseû* 'ouvrier qui creuse (les sabots)' (1).

1.59.2. -*ōre* > *óe* ou *óer* (2)

Exemples : - *mèyeû* 'meilleur'
- *mayeûr* 'maire' ; *souweûr* 'sueur'
- *neûreûr* 'noirceur' ; *rodjeûr* 'rougeur' ; *blankeûr* 'blancheur' ; *spècheûr* 'épaisseur' ; *êreûr* (litt. "*air-eur*" ; *ALW* 3, notice 130, c. 45) 'lueur (de l'aube)' (3).

---

(1) Voir *ALW* 1, c. 14 "chasseur" et les références du 1.58 n 1.

(2) Pour le non-amuïssement du *r* final, voir plus loin 1.176.2.1. Ailleurs, notamment en lg., ce suffixe est concurrencé par -*sté* : voir plus haut 1.5 n 2 ; REMACLE, *Syntaxe* 1, 69-71. Au lat. *pavōre* correspond *poûr* 'peur' à Tenneville, comme à Bastogne et à Anlier (voir *FEW* VIII, 86a). Le lg. a *paou*, *pawou* (*DL* 465a), avec le maintien de la prétonique ; cf. aussi a.fr. *paour*. Ces formes rappellent celles notées par Bruneau (voir plus haut, 1.58 n 2).

(3) L'*ALW* 3 a noté la forme *êre* pour Tenneville.

§ 1.60. -*ōsu*, -*ōsa* aboutissent à *óe*, *óes*

Exemples : *coradjeûs*, -*eûse* 'courageux, -euse' ; *têheûs*, -*eûse* 'qui se tait, taciturne' ; *grigneûs* (< a.frq.**grînan*, *FEW* XVI, 67b) 'grincheux, -euse' ; *hoûreûs*, -*eûse* (< **hūra* 'hure', *FEW* IV, 517a) 'hérissé (de froid)' ; *dandj'reûs*, -*eûse* 'dangereux, -euse (adj.) ; sans doute (adv.)'.

O fermé entravé

§ 1.61. Une grande diversité règne sur l'évolution du *ó* entravé, qui aboutit tantôt à *ò*, tantôt à *u* (1).

1.61.1. *ó* entravé par une géminée, ou par un groupe consonantique dont le premier élément est autre que *r* ou *l*, aboutit généralement à *ò*.

Exemples : *tote* 'toute' ; *crosse* 'croûte' ; *acope* (m.fr. *acouple*, *FEW* II/2, 1160a) 'longe, courroie' ; *rodje* 'rouge' ; *dobe* 'double' ; *moche* 'mouche' ; *sope* 'soupe' ; *gote* 'goutte' (2).

On peut considérer que ces formes, par rapport au français, manifestent un archaïsme qui remonte au XIIIe s. (3).

1.61.2. *ó* entravé par *r + consonne* > *u*, parfois *ò* (4).

Exemples : *boûse* 'bourse' ; *foûme* 'forme' ; *(i) toûne* '(il) tourne' ; *djoû* 'jour' ;
mais *fotche* 'fourche' ; *for* 'four' (2).

---

(1) Bruneau (*Etude*, 227) conclut de la coexistence des formes en *ò* et en *u* qu'une confusion s'est produite entre *ó* entravé, qui a dû présenter un timbre très fermé (du moins à l'initiale) et *u*. Lorsque les deux sons ont été à nouveau distingués, les parlers ont procédé à une répartition réglée par le seul hasard, ce qui expliquerait l'anarchie actuelle. Cette explication ne nous paraît pas valable pour le parler de Tenneville qui n'atteste pas de palatalisation du *u* (voir 1.69). On voit mal pourquoi la réinterprétation en *ò* des formes en *u* dont parle Bruneau, n'aurait pas également affecté les formes wallonnes issues du *u* étymologique, a fortiori dans le cas d'une répartition aussi hasardeuse que celle qu'il évoque. Nous pensons plutôt que les formes en *ò* du parler de Tenneville représentent un stade antérieur à la fermeture du *ó* étymologique.

(2) Voir *ALW* 1, c. 25 "croûte" ; c. 64 "mouche" ; *ALW* 3, notice 120, c. 41 "jour" ; *ALW* 4, notice 162 "soupe" ; MARCHOT, *Phonologie*, § 104 ; NIEDERLÄNDER, § 49 ; GRIGNARD, § 49 ; BRUNEAU, *Etude*, § 119 ; GOURDANGE, 51-52 ; FELLER, *Phonétique*, § 67 ; GUSTIN, 52.

(3) C'est à cette date que BOURCIEZ, § 73 H, situe le passage du *ó* entravé français à *u* ; DE LA CHAUSSEE, 106, et FOUCHE, 208, parlent du XIIe s.
Précisons qu'en postulant une évolution parallèle pour le francien et le wallon jusqu'à cette date, on rencontre la difficulté suivante : le francien est passé du *ō* lat. (fermé et long) au *u* par une étape intermédiaire *ŏ́* (fermé et bref) ; le wallon, s'il a suivi une progression similaire, présente donc une ouverture du *ó*. Pour mémoire, signalons que Fouché (208) distingue deux variétés de *ó* fermés en gallo-roman : l'une brève, l'autre longue ; des formes comme *tot* et *gote* se rattachaient primitivement à la première série.

(4) BRUNEAU, *Etude*, § 134 et 144, parle de l'influence fermante du *r* antéconsonantique sur la voyelle qui précède ; il ne peut s'agir que d'un phénomène relativement récent : voir DE LA CHAUSSEE, 104.

§ 1.61.3. *ó* entravé par *l + consonne* > *ū*

Exemples : *(i) choûte* '(il) écoute' ; *moûde* (a.fr. *moldre*, *FEW* VI/3, 198b) 'traire' ; *poûde* 'poudre'.

Le wallon traite donc différemment les produits de *ó* et de *ò* entravés par *l + consonne* (voir 1.53), ce qui le différencie du français (1).

---

(1) On peut se demander pourquoi le wallon n'a pas monophtongué en *ō* la diphtongue *ou* issue de *ó* fermé devant *l +* consonne, alors qu'il l'avait fait pour *ò* ouvert dans le même environnement. Nous pensons que les formes de Tenneville ont effectivement connu une étape *ō* (attestée dans d'autres parlers ardennais, voir MARCHOT, *Phonologie*, § 105 ; BRUNEAU, *Enquête*, § 1598, ainsi qu'en malm. or., voir *BSW* L, 555), puis la fermeture en *u*. Les formes du 1.62 nous paraissent confirmer cette hypothèse.

§ 1.62. -*ŭlla* > *ōl*

Exemples : *mẽyõle* (a.fr. *meolle*) 'moëlle' ; *bẽyõle* (a.fr. *beole*, *FEW* I, 346a) 'bouleau'.

O fermé sous l'influence de yod

§ 1.63. *ó* + yod aboutit, tantôt à *œ̄*, tantôt à *wẽ* (1).

Exemples : - *neûj* 'noisette' ; *creû* 'croix' ; *beûsse* 'boîte, manchon' ; *breûsse* 'brosse' ; *treûte* (a.fr. *troite*, *FEW* XIII/2, 325b) 'truite' ;

- *vwẽs* 'voix' ; *bwẽs* 'bois' ; *bwẽsse* (doublet de *beûsse*) 'boîte'.

Cette évolution coïncide, dans son processus et ses résultats, avec celle de *ẽ* + yod (voir 1.37). Voir 1.64.

---

(1) Voir *ALW* 4, notice 139, c. 69 "boîte" ; MARCHOT, *Phonologie*, § 102 ; BRUNEAU, *Etude*, § 45 et 142 ; NIEDERLÄNDER, § 48 ; GRIGNARD, § 48 ; FELLER, *Phonétique*, § 66 ; GOURDANGE, 49-50.

§ 1.64. Les suffixes *-atōriu, -ōriu* > *oē*
-atōria, -ōria > *œ̄ r*

1.64.1. *-atōriu*

Exemples : *mireû* 'miroir' ; *coleû* (fr. arch. *couloir*) 'passoire pour le lait' ; *trêteû* (litt. "*traitoir*", FEW XIII/2, 187b) 'entonnoir' ; *sêweû* (d'un verbe équivalent à l'a.fr. *essever*, FEW III, 258b) 'évier' ; *ovreû* 'ouvroir'.

1.64.2. *-ōriu*

Exemples : *rèzeû* 'rasoir' ; *fosseû* 'fossoir' ; *crameû* 'terrine dans laquelle le lait crème'.

1.64.3. *-atōria*

Exemple : *forneûre* (< *furnus*, FEW III, 905b) 'pelle (à enfourner le pain)'.

1.64.4. *-ōria*

Exemple : *tchèteûre* (< **captoria*, FEW II, 333a) 'ruche'.

Cette évolution du groupe *ō + yod* est à mettre en parallèle avec celle de *ē* tonique libre (voir 1.31) et du groupe *ē + yod* (voir 1.37). Rappelons que L. Remacle (*Ancien wallon*, 54) explique ces évolutions wallonnes au départ d'une diphtongue *œy* que le francien aurait possédée avant 1150. Cette étape intermédiaire entre les diphtongues *ei* et *oi* du français implique que la différenciation entre le wallon et le français soit antérieure à l'étape *oi* (voir 1.31). Or, l'évolution de la finale *-ēta* (voir 1.32) paraît indiquer que l'étape *oi* a été atteinte, comme pour *-ēna* (voir 1.42). Quant à l'évolution du groupe *ō + yod*, elle nous paraît reposer également sur une étape *oi*, quelle que soit l'explication avancée (2). Cette convergence nous amène à suggérer que, même pour *ē* tonique libre, il est plausible d'envisager la différenciation wallonne au départ de la diphtongue *oi*, suivant un des processus décrits pour le groupe *ō + yod* (voir note 2).

(1) Le parler de Tenneville confond donc les évolutions de -*ōriu* et de -*ōre* (1.59). Ainsi, *sèmeû* désigne à la fois le semeur et le semoir. Cette confusion (également présente en lg.) est évitée par le nam. qui distingue *óe* (< -*ōre*) et *wè* (< -*ōriu*), à La Gleize qui présente *œr* (< -*ōre*) et *œ* (< -*ōriu*), et à Bastogne qui oppose *œ* (*tchèsseû*, *tchanteû*) et *è* (*mirè*, *colè*, *rèzè*). Comp. 1.31 et 1.37.
Voir *ALW* 1, c. 61 "miroir" ; *ALW* 4, notice 119, c. 60 "entonnoir" ; notice 105, c. 51 "évier" (qui note *lâveû* à Tenneville); MARCHOT, *RPGR* IV, 26-27, et les références du 1.63 n.

(2) On s'accorde généralement pour situer au XIIIe s. le moment où le suffixe -*ōriu* a rejoint la diphtongaison du *ẹ́* tonique libre en francien. A partir de l'étape *oi*, on peut considérer que le wallon a connu un développement parallèle au français, jusqu'à l'étape *wè*, celle-ci étant par la suite labialisée en *woe*, puis simplifiée en *œ* (voir FOUCHE, 283 Rem. VIII). Une autre hypothèse part de la constatation que l'anticipation du yod (si elle a eu lieu) ne semble pas avoir influencé les formes wallonnes issues de -*ōriu*, puisqu'elles présentent le même aboutissement que le *ó* tonique libre : la même remarque a déjà été formulée pour l'évolution de *ẹ̆* + *yod* (voir 1.27 n 3) et de *a* + *yod* (voir 1.12.3).
Ajoutons que les documents anciens cités par L. Remacle (*Ancien wallon*, 55) attestent la monophtongue wallonne dès la fin du XIIIe s. (au passage, notons que L. Remacle, *ibidem*, 124-125, interprète la graphie "oi" comme représentant le son *œ* dans les archives anciennes). Cette datation affaiblit la première hypothèse qui se fonde sur un développement ultérieur de l'étape *wè* (que certains auteurs situent à la fin du XIIIe s., sinon au XIVe s. ; voir DE LA CHAUSSEE, 202 ; SCHOGT, 7 sv.). Par contre, elle concorde avec l'hypothèse d'une évolution non marquée par l'influence du yod, semblable à celle du *ó* tonique libre, lequel passe à *œ* dans la seconde moitié du XIIe s. (BOURCIEZ, § 72 H).

§ 1.65. -*ŭc(u)lu* > *ò*

Exemple : *gno* 'genou' (1).

(1) Voir *ALW* 1, c. 46.
Au lat. *pedŭculu* 'pou' correspond *pèw* à Tenneville, *peû* à Saint-Hubert, *pûw* à Bastogne, etc.

O fermé suivi d'une nasale

§ 1.66. *ó* + nasale entravée
+ nasale finale (ou devenue telle) > *õ*

Exemples : *grognon* (< *gruniu* + *-ōne*, *FEW* IV, 294a) 'groin' ; *mohon* 'maison' ; *pèchon* 'poisson' ; *rudion* (d'une onom. *rud-* + *-illon*, *FEW* X, 539b) 'grelot' ; *coron* (a.fr. *coron*) 'bout, extrémité' (1) ; *ramon* (fr. arch. *ramon*, *FEW* X, 41b) 'balai' ; *tchèdron* 'chardon' ; *ronche* 'ronce' ; *bègnon* (< **benna*, *FEW* I, 325b) 'tombereau' ; *sovronde* (< *suggrŭnda*, *FEW* XII, 418a) 'séveronde' ; *aronde* 'aronde, hirondelle' ; *ongue* 'ongle' ; *chayon* 'échelon' ; *adon* (a.fr. *adonc*, *FEW* III, 179a) 'alors' (2).

---

(1) Phonétiquement, ce dérivé de *cornu* (*FEW* II/2, 1199a) devrait présenter une diphtongaison conditionnée du *ò* ouvert devant *r* (voir 1.52 et 1.100) ; comp. lg. *cwè* (mis pour *cwèr*, *DL* 190b) et *cwane*, *cwarnî* à Tenneville.

(2) Voir *ALW* 1, c. 56 "maison" ; c. 76 "poisson" ; c. 84 "ronce" ; *ALW* 4, notice 13, c. 7 "séveronde" ; MARCHOT, *Phonologie*, § 103 et 106 ; NIEDERLÄNDER, § 47 et 49d ; GRIGNARD, § 47 et 49 ; BRUNEAU, *Etude*, § 155, 178, 179, 180 et 181 ; pour les finales *-ån*, *-an* du chestrolais et du gaumais, voir PIERRET, XLI ; GOURDANGE, 53 ; FELLER, *Phonétique*, § 65 et 67.

§ 1.67. *ó* + nasale + voyelle se dénasalise en *ò*

Exemples : *courone* 'couronne' ; *pèrsone* 'personne' (1).

---

(1) Voir BRUNEAU, *Etude*, § 119 Rem. II et § 140 ; GOURDANGE, 52-53, et les références du 1.66 n 1.

§ 1.68. *ó* + nasale + yod (final ou entravé) > *õ*

Exemples : *lon* 'loin' (1) ; *pont* 'point' ; *djonde* 'joindre' ; *ponte* 'pointe'.

Lorsque le *n* mouillé est toujours articulé, il se produit une dénasalisation (voir 1.67) qui aboutit à *ò* ou à *u* : *sogne* (a.fr.

soigne) '(be)sogne' ; *cougn* 'coin' ; *pougn* 'poing' (2).

---

(1) Il n'est peut-être pas nécessaire de postuler pour ce mot l'étymon *longus*, comme le fait le *FEW* V, 413b, ce qui en ferait un cas du 1.66. Une fois de plus, le yod ne paraît pas avoir influencé le développement de la voyelle précédente (voir 1.64 n 2) ; les formes wallonnes ont sans doute maintenu une accentuation descendante pour l'étape *òy*, laquelle a vu son segment initial se nasaliser, puis s'est réduite à õ (alors qu'en francien, la diphtongue devenait ascendante après le XIe s. : voir BOURCIEZ, § 78 H).
Voir aussi MARCHOT, *Phonologie*, § 106 ; NIEDERLÄNDER, § 48 ; GRIGNARD, § 48 ; BRUNEAU, *Etude*, § 174 ; FELLER, *Phonétique*, § 67 ; GOURDANGE, 54-55.

(2) La coexistence de *ò* et de *u* comme produits de la dénasalisation du õ ne doit pas surprendre. Bruneau (*Etude*, 254) l'a notée en expliquant que les voyelles dénasalisées dans les parlers ardennais tendent à se fermer. Ajoutons qu'en français, à côté de la dénasalisation attendue en *ò*, s'est manifesté un courant de prononciation qui dénasalisait le õ en *u* : *houme* à côté de *homme*, *coume* pour *comme*, etc. Mais il n'a pas prévalu : voir BOURCIEZ, § 77 H.

U tonique

U libre ou entravé

§ 1.69. *ū* latin tonique libre conserve généralement son timbre. Exemples : *cou* 'cul' ; *nou* 'nu' ; *crou* 'cru, humide' ; *(i) soûwe* '(il) sue'.

Les suffixes *-ūtu*, *-ūta* rejoignent cette évolution ; ils aboutissent respectivement à *u*, *uy*.

Exemples : *pièrdou, -ouye* 'perdu, -ue' ; *vindou, -ouye* 'vendu, -ue' ; *spârdou, -ouye* 'épandu,-ue' ; *v'nou, -ouye* 'venu, -ue' ; *raboudrou, -ouye* (d'un rad. *bod-*, *FEW* I, 423a ; XXIII, 208b) 'courtaud, -e' ; *batouye* (litt. "*battue*") 'sentier battu, dégagé (de la neige, des buissons)' ; *crawiyou, -ouye* (dérivé de l'a.frq. **krawa*, *FEW* XVI, 380a) 'contrefait, difforme'. C'est aussi le cas de *u* tonique en hiatus : *roûwe* 'rue' ; *tchèroûwe* 'charrue' (1).

On considère généralement que la palatalisation du *ū* latin s'est opérée en francien avant l'apparition des premiers monuments littéraires (2). Comme on peut écarter l'hypothèse selon laquelle la présence du *u* en wallon serait due à une reconstruction (voir REMACLE, *Ancien wallon*, 64-65), l'évolution wallonne qui remonte au-delà de l'an 1000 (3), apparaît donc comme un archaïsme par rapport au français.

Si le parler de Tenneville rejoint les formes de l'est-wallon dans le maintien du timbre vélaire de la voyelle, par contre il s'en écarte dans le traitement de la voyelle en hiatus (et naturellement, pour *-ūta*). Le lg., comme pour l'évolution de *ī* tonique dans le même environnement (voir 1.45), ouvre le timbre de la voyelle, d'où les formes *nowe* 'nue', etc. Cette altération est attestée dès le début du XIVe s. (REMACLE, *Ancien wallon*, 65 ; GOOSSE, LXXXIV).

---

(1) Voir *ALW* 1, c. 71 "perdu" ; c. 72 "perdue" ; c. 86 "rue"

(qui note *roûʷe* ; voir 1.49 n 4) ; MARCHOT, *Phonologie*, § 107 ; BRUNEAU, *Etude*, § 83 ; GUSTIN, 60, 63 ; NIEDERLÄNDER, § 51 ; GRIGNARD, § 51 ; FELLER, *Phonétique*, § 69 ; GOURDANGE, 57-59 ; MARCHOT, *RPGR* IV, 28 ; LEROND, 53 ; DOUTREPONT, 48. Tenneville se situe à la limite méridionale de la zone des formes avec voyelle vélaire. Seul *fistu* 'fétu' s'écarte de l'évolution générale ; l'*ALW* 1, c. 41 montre d'ailleurs que les variantes palatalisées pour ce mot se rencontrent au-delà de Tenneville, dans l'arr. de Marche.

(2) Voir BOURCIEZ, § 79 H ; DE LA CHAUSSEE, 192.

(3) Cette chronologie ne peut être confirmée par des attestations anciennes, la graphie "u" y étant équivoque : voir GOOSSE, LXXXIV ; REMACLE, *Ancien wallon*, 65.

§ 1.70. *ū* tonique au contact de *r* connaît des aboutissements divers (1).

1.70.1. *-ūru*

Exemples : - *ma(w)our* 'mûr' ; *mour* 'mur' ;
- *deur* 'dur' ; *seur* 'sûr, aigre' ;
- *asgur* (< *secūrus*, *FEW* XI, 389a) '(de) niveau'.

1.70.2. *-ūra* > *òer*

Exemples : *keure* 'soin' (litt. "*cure*") ; *costeure* 'couture' (2) ; mais *mèzure* 'mesure'.

1.70.3. *-atūra* > *óer*

Exemples : *spiteûre* (dérivé de *spitè*) 'éclaboussure' ; *soyeûre* 'sciure' ; *dobleûre* 'doublure' ; *rompeûre* (litt. "*romp-ure*") 'hernie' ; *traveûre* (dérivé de *trabs* 'poutre', *FEW* XIII/2, 137a) 'gerbier' ; *gouj'teûre* 'copeau fait avec la gouge' ; *creûseûre* 'déchet de bois obtenu en creusant le sabot' ; *spèneûre* (dérivé de *spènè* 'ébrancher') 'ramille' ; *(ri)lâveûre* '(re)lavure, rinçure' ; *chafieûre* (dérivé de *châfe* 'coquille (d'oeuf)'), a. frq. **kaf*, *FEW* XVI, 294b) 'écale, pellicule'.

(1) Cette diversité caractérise une bonne partie du domaine wallon, et notre région en particulier. Voir MARCHOT, *RPGR* IV,

27 ; *Phonologie*, § 108 ; BRUNEAU, *Etude*, § 80 ; GUSTIN, 50 ; FELLER, *Phonétique*, § 70 ; NIEDERLÄNDER, § 51c ; GRIGNARD, § 51 ; DOUTREPONT, 100. Malgré L. Remacle (*Ancien wallon*, 64) qui pose un point de départ unique (la voyelle vélaire) pour les évolutions de *-ūdu*, *-ūtu*, *-ūta*, *-ūra*, *-ūru*, nous pensons que les formes en *óe*, *òe* du parler de Tenneville, que l'on peut attribuer à l'influence ouvrante du *r*, postulent un passage préalable à la palatale *ü*, puisque le *r* implosif est responsable de la seule ouverture, et non de la palatalisation. Sur ce point, nous ne suivons pas Warnant (*BDW* XXII, 192) lorsqu'il attribue au *r* apical la possibilité de faire passer les voyelles vélaires vers la série des antérieures (outre la modification d'aperture) ; en effet, on reconnaît généralement qu'en ancien et en moyen français le *r* exerce une influence ouvrante sur les seules voyelles antérieures (voir FOUCHE, 348-351 ; DE LA CHAUSSEE, 104). Bruneau (*Etude*, 175) rejoint notre analyse en situant le passage à *oe* vers les XIII-XIVe s. (date postérieure à la palatalisation du *ū* latin). Voir aussi MEYER-LÜBKE, § 59.

(2) L'*ALW* 1, c. 23 note *costère* pour Tenneville.

(3) Comme le suggérait Legros (*BTD* XXVII, 170), nous avons distingué les produits de *-ūra* et de *-atūra*. Cette distinction est valable, non seulement pour le chestrolais (voir LEGROS, *ibidem*), mais aussi à Tenneville, Bastogne (*cure*, *costure* face à *spiteûre*, *soyeûre*, etc.), et Saint-Hubert (MARCHOT, *Phonologie*, § 108 ; *RPGR* IV, 28-29).

U sous l'influence de yod

§ 1.71. *u* + yod > *ü* ou *ǖ* (variante contextuelle)

Exemples : *lu* 'lui' ; *disdut* (litt. "*déduit*", *FEW* III, 171a) 'vacarme' ; *brut* 'bruit' ; *distrûre* 'détruire' ; *lûre* 'luire'(1).

Comme pour le groupe *ò + yod* (voir 1.54), au fr. *-ui-* correspond la monophtongue wallonne *ü*. Comp. 1.23.

La réduction wallonne de la diphtongue *üi* est attestée dès le milieu du XIIIe s., pour le domaine lg. (2).

(1) Voir *ALW* 2, c. 27 "lui" ; *ALW* 3, notice 4, c. 2 "le soleil LUIT" ; MARCHOT, *Phonologie*, § 110 ; NIEDERLÄNDER, § 53 ; GRIGNARD, § 53 ; BRUNEAU, *Etude*, § 107b ; FELLER, *Phonétique*, § 71 ; GOURDANGE, 59-60 ; FOUCHE, 288 Rem. III.

(2) Voir REMACLE, *Ancien wallon*, 68 ; GOOSSE, LXXXV.

U suivi d'une nasale

§ 1.72. *ū* + nasale entravée
+ nasale finale (ou devenue telle) > *õ*

Exemples : *on* 'un' ; *apronte* 'emprunt' (1).

Cette évolution est à mettre en relation avec la préservation du timbre vélaire du *ū* latin (voir 1.69). A la suite de Meyer-Lübke, L. Remacle (*Ancien wallon*, 66) fait remarquer que le *õ* wallon postule au départ un timbre vélaire, et non la palatale *ü* du francien (BOURCIEZ, § 82 H). Cette différenciation remonte dès avant l'apparition des plus anciennes chartes wallonnes (2).

On note plusieurs emprunts aux formes françaises : *brun* (comp. lg. *bron, breun*') ; *alun* (lg. *alon*) ; *jun* 'juin' (3).

---

(1) Voir *ALW* 1, c. 96 "un" ; BRUNEAU, *Etude*, § 184 ; NIEDERLÄNDER, § 52 ; GRIGNARD, § 52 ; PIERRET, XLII-XLIII (formes dénasalisées pour ⌜un⌝) ; GOURDANGE, 61 ; GUSTIN, 60 ; FELLER, *Phonétique*, § 70.

(2) L. Warnant (*BDW* XXII, 199-203) s'accorde avec L. Remacle pour considérer que l'évolution de *-ūnu* en *õ* suppose une vélaire comme point de départ. Cependant, il conteste l'étape d'une nasalisation de ce *u* vélaire (postulée par L. Remacle comme étape transitoire avant l'aboutissement *õ*), et parle plutôt d'une évolution du *u* vélaire vers *ò*, lequel serait nasalisé en *õ*.

(3) Dans ce mot, le *n* mouillé en finale a donné naissance, par réfraction, au groupe *üi*, avec un premier segment palatal ; étant accentué, celui-ci a subi la nasalisation.

§ 1.73. *ū* + nasale + voyelle aboutit

- tantôt à *u*, devant la nasale *m* : *ploume* 'plume' ; *choume* 'écume' ; (*i*) *foume* '(il) fume' (mais *èglume* 'enclume') ;
- tantôt à *ü*, devant la nasale *n* : *lune, prune* (1).

---

(1) La distinction *-ūma/-ūna* est soulignée par L. Warnant (*BDW* XXII, 194-198), sur base de considérations physiologiques. Com-

parant ces évolutions avec celle du suffixe *-ūra* (voir 1.70), il considère qu'il faut opposer les linguales *n* et *r* à la labiale *m*. Même s'il distingue *-ūma* et *-ūna* dans leur aboutissement, le parler de Tenneville ne confirme pas le rapprochement avec *-ūra*. De plus, notre forme *prune* a de fortes chances d'être un emprunt au fr. : elle est en tout cas ressentie comme telle face à *bioke*, plus fréquente ; quant à *lune*, son authenticité n'est pas certaine (comp. lg. *leune*).
Voir *ALW* 1, c. 32 "écume" ; c. 74 "plume" ; MARCHOT, *RPGR* IV, 27-28 ; *Phonologie*, § 109 ; BRUNEAU, *Etude*, § 80.2, 119 Rem. II, 140 Rem. III ; GUSTIN, 50 ; FELLER, *Phonétique*, § 72 ; GOURDANGE, 61 ; NIEDERLÄNDER, § 52 ; GRIGNARD, § 52 ; DOUTREPONT, 100.

§ 1.74. *ū* entravé > *ü*

Exemples : *(i) purdje* '(il) purge' ; *jusse* 'juste' ; *djus* (a.fr. *jus*, *FEW* III, 44a) 'en bas (de)' (1).

(1) Voir MARCHOT, *Phonologie*, § 111 ; NIEDERLÄNDER, § 54 ; GRIGNARD, § 54 ; FELLER, *Phonétique*, § 73.

AU tonique (1)

§ 1.75. Dans de nombreux cas, AU tonique se réduit à *ǿ*.

Exemples : *pôve* 'pauvre' ; *ôr* 'or' ; *raclôre* 'renfermer', etc.

Il en va de même au contact d'une vélaire : *trô* 'trou' ; *pô* 'peu'. Ces dernières formes rejoignent l'évolution du *ò* + *l* antéconsonantique (voir 1.53). Suite à l'effacement du *k* intervocalique, on a eu le groupe *auu*, lequel s'est réduit à *ôu*.

§ 1.76. AU tonique se diphtongue devant *s*

Exemples : (*dji*) *ripwêse* '(je) repose' ; (*dji*) *wase* '(j')ose'. Ce traitement rejoint l'évolution du *ò* tonique entravé par *r* (ou *s*) : voir 1.52.

Devant *r*, on trouve *fôdje* 'forge' à Tenneville, mais *fwadje* à Bastogne et Saint-Hubert (MARCHOT, *Phonologie*, 21).

Tchôse 'chose' est un emprunt au français (comp. lg. arch. *tchwè*).

§ 1.77. AU + yod

Au lat. *auca* correspond *âwe* 'oie' (a.fr. *oue*) ; mais *gaudia* donne *djôye* 'joie'.

---

(1) Voir *ALW* 3, notice 199 "PÂQUES CLOSES" ; MARCHOT, *Phonologie*, § 112-114 ; NIEDERLÄNDER, § 56 ; GRIGNARD, § 56 ; GOOSSE, LXXXVI ; GUSTIN, 33 et 57.

2. Les voyelles initiales

A initial (ă et ā en latin classique)

§ 1.78. *a* initial, libre ou entravé, reste généralement intact. Exemples : *avon.ne* 'avoine' ; *parint* 'parent' ; *arègne* 'araignée' ; *ramon* 'balais' ; *malâde* 'malade' ; *avou* 'avec'.

§ 1.79. *a* initial en hiatus se maintient généralement (1). Exemples : *awous'* 'août' ; *ma(w)our* 'mûr' ; *sayin* 'sain(doux)' ; mais *poûr* 'peur'.
Voir aussi les formes du 1.84.

La différenciation par rapport au français remonte au début du XIVe s. (BOURCIEZ, § 91.1).

---

(1) Voir *ALW* 1, c. 66 "mûr" ; MARCHOT, *Phonologie*, § 115 ; NIEDERLÄNDER, § 13 ; GRIGNARD, § 16 ; BRUNEAU, *Etude*, § 8.

§ 1.80. *a* initial aboutit parfois à è

Exemples : *rècine* 'carotte' ; *tèrère* 'tarière' ; *trèpsin* (litt. "*traversin*" ; HAUST, *Etymologies*, 258 ; *FEW* XIII/2, 221a) 'palonnier (simple)' ; *èrère* 'charrue' ; *brèssine* 'brasserie' ; *sèm'di* 'samedi' ; *ènê* 'anneau' (1).
Voir aussi les formes du 1.81.
Cette évolution est particulièrement fréquente après l'affriquée č : *tchèteûre* 'ruche' ; *tchèsseû* 'chasseur' ; *tchèstê* 'château' ; *tchètê* (< *capitĕllum*, *FEW* II, 259a) 'ligneul' ; *tchèv'nè* (altération de **tchèrbènè*, litt. "*charbonner*" ; *FEW* II/1, 357b) (2) 's'affairer' ; *tchèyîre* 'chaise' ; *tchèmîje* 'chemise' ; *tchèminêye* 'cheminée' (3).
Voir aussi les formes du 1.81.2 (4).

---

(1) BRUNEAU, *Etude*, § 37, souligne que la confusion *è/a* est fréquente lorsque le *a* étymologique se trouve en contact avec *r*.

(2) A moins qu'il ne s'agisse d'un dérivé de **capu*, à rattacher à la famille du lg. *tchèvi*, *tchèvihant* (*DL* 642-643), très proche sémantiquement.

(3) L'affriquée sonore *ĝ* ne paraît pas influencer le développement de l'initiale, comme sa correspondante sourde ; *djavè* 'javelle' ; *djâzè* (litt. "*jaser*") 'parler'.

(4) Voir *ALW* 1, c. 14 "chasseur" ; *ALW* 4, notice 4, c. 2 "château" ; MARCHOT, *Phonologie*, § 115 ; BRUNEAU, *Etude*, § 31 ; NIEDERLÄNDER, § 15b ; GRIGNARD, § 18.
On notera encore *tchap'lèt* 'chapelet', *tchapê* (voir *ALW* 1, c. 11 "chapeau"), *tchacâ* 'chabot', etc., où le *a* étymologique subsiste malgré l'affriquée.

§ 1.81. Le groupe étymologique *ar* + consonne aboutit

1.81.1. tantôt à *ār* (1)

Exemples : *ârmê* 'armoire' ; *tchârlî* 'charron' ; *tchârnîre* 'charnière' ; *chârdè* (< a.frq. **skarda* 'esquille', *FEW* XVII, 97a) 'ébrécher' ; *bârîre* 'barrière'.

1.81.2. tantôt à *èr* (1)

Exemples : *tchèrbon* 'charbon' ; *tchèdron* 'chardon' ; *tchèrdjè* 'charger' ; *tchèrète* 'charrette' ; *tchèrpètî* 'charpentier' ; *tchèroûwe* 'charrue'.

Pas plus que pour l'évolution de *a* tonique (1.10), il n'y a ici de vélarisation au contact de *r* entravé. L'occurrence des formes en *è* derrière l'affriquée (voir 1.80) confirme pour notre parler que le *r* entravé n'affecte pas l'évolution de la voyelle précédente. Comp. 1.82.

---

(1) Voir *ALW* 1, c. 13 "charpentier" ; *ALW* 4, notice 78, c. 39 "armoire" ; MARCHOT, *Phonologie*, § 117 ; BRUNEAU, *Etude*, § 126a ; NIEDERLÄNDER, § 16 ; GRIGNARD, § 19 ; FELLER, *Phonétique*, § 27. 2 ; voir aussi GOOSSE, LXII.

§ 1.82. Le groupe étymologique *al* + consonne aboutit généralement à *ā*.

Exemples : *tchâfè* 'chauffer' ; *sât'lè* 'sauter' ; *sânî* 'saunière' ; *tchâssè* 'chausser' ; (*i*) *fârè* '(il) faudra' (1) ; mais *tchôkè* 'bourrer'.

Pas plus que pour *a* tonique + *l* antéconsonantique (1.9), il n'y a de modification du timbre de la voyelle. On note seulement un allongement, comme pour les formes toniques et celles du 1.81.1.

(1) Voir MARCHOT, *Phonologie*, § 119 ; NIEDERLÄNDER, § 16a ; GRIGNARD, § 19 ; FELLER, *Phonétique*, § 27.2.

§ 1.83. Le *a* wallon à l'initiale n'est pas toujours étymologique.

Exemples : *samin.ne* 'semaine' ; *marèdè* (a.fr. *marende*, *FEW* VI/2, 27a) ; 'dîner' ; *manôye* 'monnaie' ; *machè* 'mélanger'.

Il s'agit là d'un phénomène caractéristique du wallon (quoiqu'il présente une large diffusion au Moyen Age), attesté dès la fin du XIIIe s. (REMACLE, *Ancien wallon*, 42 ; GOOSSE, LXI-LXII) (1).

(1) L'évolution wallonne est à distinguer chronologiquement d'une tendance similaire observée en francien dès les origines de la langue, pour des mots comme *travail* (< *tripaliu*), *sauvage*, etc., que le wallon atteste également ; *travâ*, *sâvadje* : voir BOURCIEZ, § 94 ; FOUCHE, 453-454.
Pour expliquer cette "prédisposition" wallonne pour le *a* à l'initiale, Bruneau invoque l'influence de la nasale pour des formes comme *manôye*, *samin.ne* (*Etude*, § 10a). Voir aussi *BTD*, VIII, 453 ; XIV, 279 ; plus loin, 1.88.3.

§ 1.84. *a* initial + yod (primaire ou secondaire) présente

1.84.1. tantôt des formes en *è* : *lècê* 'lait' ; *trêteû* 'entonnoir' ; *flèyê* 'fléau' ; *lècète* (s.f.) 'lacet' ;

1.84.2. tantôt des formes où le timbre du *a* est intact :

- *fayine* 'faîne' ; *payè* 'payer' ; *payis* 'pays' ; *sayin* 'sain-(doux)' ; *wayin* '(re)gain' ;
- *bachè* 'baisser' ; *wachê* 'cercueil' ; *acrachè* 'engraisser'.

Le parallèle avec l'évolution du *a* tonique + yod est évident (voir 1.12). Tantôt le yod s'est combiné avec la voyelle ; tantôt il n'a pas exercé d'influence : c'est le cas devant chuintante et dans les formes qui présentent un yod dont la fonction est de combler l'hiatus (1).

---

(1) Voir *ALW* 1, c. 33 "engraisser" ; c. 43 "fléau" ; c. 82 "regain" ; *ALW* 4, notice 119, c. 60 "entonnoir" ; MARCHOT, *Phonologie*, § 118 et 120 ; BRUNEAU, *Etude*, § 8 et 9 ; FELLER, *Phonétique*, § 27.1 ; GOURDANGE, 22 ; NIEDERLÄNDER, § 17 ; GRIGNARD, § 20.
Pour les formes avec yod, voir plus loin 1.112.

§ 1.85. Le préfixe *ad-* en composition se réduit à *a-* (1).

Exemples :

1.85.1. *amon* (**a-mohon*, *FEW* VI/1, 241b) 'chez' ; *addê* (< *ad de latus*, *FEW* V, 204b) 'près de' ; *acwade* 'accorder' ; *ablokè* (litt. "*a-blok-er*", *FEW* XV/1, 167a) 'ébaucher (la forme du sabot)'.

1.85.2. *ad + cum* : *ac'lèvè* 'élever' ; *ac'sûre* (de *sûre* 'suivre') 'atteindre, blesser' ; *ac'sègnè* (de *sègnè* 'signer') 'enseigner, expliquer'.

1.85.3. *re + ad* : *radoûci* 'radoucir' ; *ratinde* "r-attendre" ; *ranokè* 'renouer' ; *raprôpriyè* (litt. "*r-approprier*") 'remettre en ordre'.

1.85.4. *ad + ex* : *asblâwi* (dérivé du germ. **blaud*, *FEW* XV/1, 153a) 'éblouir' ; *asmète* 'amouiller, se préparer à mettre bas (pour la vache et la truie)' (2).

1.85.5. *as-*, avec *s* non étymologique, voir 1.95.

Précisons dès maintenant que le préfixe *in-* en composition (voir 1.95) a le même aboutissement que le *ad-*.

---

(1) Voir REMACLE, *Syntaxe* 2,11-16 ; MARCHOT, *Phonologie*, § 122.

(2) Dans un premier temps, J.H. (*DL* 39a) a proposé pour ce verbe l'étymon *ad* + *ex* + *mittere* (litt. "commencer à expulser"), solution reprise par le *FEW* VI/3, 339b. Plus loin, J.H. (*DL* 735) a préféré l'étymologie **s' amète* 'se mettre à, se préparer à', d'où *s' asmète* avec un *s* analogique (voir 1.95). Cette seconde hypothèse nous semble déforcée par les formes gaumaises qui, sans présenter ailleurs de *s* analogique, attestent également *asmète* (et non **amète*) : voir MASSONNET, *BSW* LXXV, 264 ; *Gl. gaumais*, 51.

§ 1.86. *a* initial étymologique peut devenir voyelle caduque.

Exemples : *tch(i)vô* 'cheval' ; *tch(i)vè* 'cheveu' ; *tch(i)vîye* 'cheville'. Voir plus loin, 1.108.

§ 1.87. *a* initial + nasale entravée > *ã* (1).

Exemples : *plantchî* 'étage' ; *tchantè* 'chanter' ; *tchampiè* (dérivé de *tchamp*) 'picorer (dans les champs)'.

Parfois, on observe la nasale en lieu et place d'un *ā* : *gangnè* 'gagner' ; *ranlè* 'râler' (2).

---

(1) Voir MARCHOT, *Phonologie*, § 121 ; NIEDERLÄNDER, § 18 ; GRIGNARD, § 21.

(2) Ces formes sont très répandues. Bruneau (*Etude*, § 160) les interprète comme de fausses corrections.

E initial (ĕ, ē et ĭ en latin classique)

§ 1.88. *E* initial connaît des aboutissements divers (1).

1.88.1. > *è*

Exemples : *mèyeû* 'meilleur' ; *lèvè* 'lever' ; *rèsponde* 'répondre' ; *cèlîje* 'cerise' ; *nèveû* 'neveu' ; *mèstî* 'métier' ; *sèyê* 'seau' ; *fètchîre* 'fougère' (2).

1.88.2. > *i* (3)

Exemples : *fignèsse* 'fenêtre' ; *minè* 'mener' ; *fistu* 'fétu'. Voir aussi les préfixes *re-* (1.94) et *de-* (1.92).

1.88.3. > *a*

Exemples : *marèdè* 'dîner' ; *djalè* 'geler' ; *djârmè* 'germer' ; *machè* 'mélanger'. Voir 1.83.

1.88.4. > *ü*

Exemples : *prustè* 'prêter' ; *fumèle* 'femelle' (4).

---

(1) Selon Marchot (*Phonologie*, § 123), ces divers aboutissements sont en relation : après un passage généralisé à *è*, s'est produite une bifurcation menant tantôt à *i*, puis à *ü*, tantôt à *a*. Marchot propose d'ailleurs le même schéma pour le traitement du préfixe *com-* (voir 1.102).
Pour le traitement du E initial dans les autres parlers, voir notamment *ALW* 1, c. 41 "fétu" ; c. 60 "métier" ; c. 8 "cerise" ; *ALW* 4, notice 35, c. 19 "fenêtre" ; NIEDERLÄNDER, § 25b et 34 ; GRIGNARD, § 28, 29 et 36 ; FELLER, *Phonétique*, § 51 ; GOURDANGE, 23 ; BRUNEAU, *Etude*, § 10 et 99 ; GUSTIN, 31.

(2) Les formes wallonnes ont maintenu un timbre moins effacé que le français, semblable à celui du E initial entravé. La même fermeté s'observe là où le E initial en hiatus s'est maintenu : *vèyou* 'vu' ; *sèyê* 'seau'. Comp. 1.79.

(3) E. Legros, dans une communication à la Commission de toponymie et de dialectologie (dont un bref compte rendu figure dans *BTD*, XXXVII, 3), a étudié pour certaines formes le passage du E initial à *i* (et de O à *u*, voir 1.98). Il considère qu'il s'agit d'un phénomène récent, dû à l'influence de la voyelle tonique. Bruneau (*Etude*, § 67) relève que *è* initial suivi de *n* mouillé passe régulièrement à *i*. Comp. *bètchète*, *fètchîre*, *bègnon* à Tenneville, face à *bitchète*, *fitchîre*, *bignon* à Bastogne ; *pînè* pour Tenneville, *pîgni* à Bastogne, mais parfois *pégne* dans l'est-wallon, etc.

(4) Cette évolution est probablement due à l'influence des consonnes labiales (voir BRUNEAU, *Etude*, § 99 ; pour un phénomène semblable en français, voir FOUCHE, 451).

§ 1.89. ȅ initial entravé par *r* + consonne se diphtongue généralement.

Exemples : *piȅrdou* 'perdu' ; *hiȅrdî* (litt. "*herdier*") 'bouvier' ; *fiȅrmint* 'fer usagé' ; *viȅrtîre* (dérivé de *vertere*, *FEW* XIV, 318a) 'charnière' ; *ciȅrfou* 'cerfeuil' ; *piȅtri* 'perdrix' ; *piȅrzin* (< *petroselīnu*, *FEW* VIII, 325a) 'persil' (1).

Il y a concordance avec le traitement du ȅ tonique dans le même contexte phonétique (voir 1.24). Devant *s*, il n'y a généralement pas de diphtongaison : *vȅsprêye* 'soirée' ; *vȅssîye* 'vessie' (2).

(1) Voir *ALW* 1, c. 71 "perdu" ; c. 72 "perdue" ; MARCHOT, *Phonologie*, § 124 ; BRUNEAU, *Etude*, § 41 ; GUSTIN, 43 ; NIEDERLÄNDER, § 25b ; GRIGNARD, § 29 ; GOURDANGE, 35 ; FELLER, *Phonétique*, § 38.

(2) Quelques formes ne se diphtonguent pas devant *r* : *bȅrbu* 'brebis' ; *chȅrbin* (< all. *scherbe*, *FEW* XVII, 33b) 'fendis'. Pour le malm. *hiȅrbin* (LEROND, 151), voir REMACLE, *H secondaire*, 121.

§ 1.90. ē initial + yod dans les dérivés ne s'écarte pas du traitement de la tonique dans les formes de base (voir 1.37 sv.).

Exemples : *loyin* 'lien' ; *soyȅ* 'scier' ; *broyȅ* 'broyer' ; *loyȅ* 'lier' ; *ployȅ* 'plier' ; *royîre* (dérivé de *roye*) 'sillon' ; de même *(ra)streûti* 'rétrécir' ; *(ra)freûdi* 'refroidir', etc.

Notons toutefois *priyȅ* 'prier', *nȅyȅ* 'noyer' (1).

Enfin, devant une chuintante, le yod étymologique ne se combine pas avec la voyelle initiale : *mȅch'nȅ* (litt. "moissonner") 'glaner' ; *pȅchon* 'poisson'. Comp. 1.84.2.

(1) *Nèyè* a probablement subi l'influence de *nèye* '(je) noie' ; *priyè* est également une formation analogique ; cf. a.fr. *proier*, refait en *prier* par analogie avec *prie* (BOURCIEZ, § 95 Rem. II).

§ 1.91. *E* initial + nasale entravée > *ẽ* (1).

Exemples : *vinr'di* 'vendredi' ; *intrè* 'entrer' ; *inflè* 'enfler'; *singlè* 'sanglier' ; *dinrêye* (litt. "*denrée*") 'céréales, récolte'.

Mais les voyelles prétoniques subissent généralement une dénasalisation en *è* : *tchèrpètî* 'charpentier' ; *marèdè* 'dîner'. On retrouve ce phénomène dans la région proprement wallonne, et dans les parlers ardennais (2). Selon L. Remacle, cette caractéristique isole le wallon depuis le XIIe s. (*Ancien wallon*, 69).

L'équivalent du fr. *en*, *è* (*ènn'*, < *inde*, *FEW* IV, 635b) est à rapprocher de cette évolution. Son timbre paraît indiquer que cet adverbe est traité syntactiquement comme une prétonique (3).

Ces évolutions correspondent au traitement de la tonique dans le même contexte : voir 1.30 et 1.43.

(1) Voir MARCHOT, *Phonologie*, § 126 ; BRUNEAU, *Etude*, § 164 ; NIEDERLÄNDER, § 26 et 35b ; GRIGNARD, § 29 et 36.

(2) En lg., vu sa position, la voyelle dénasalisée va même jusqu'à s'amuïr : *tchèp'tî*. Voir *ALW* 1, c. 13 "charpentier", qui note au nord-est de l'arr. de Neufchâteau des cas d'ouverture en *a*, phénomène que nous avons déjà maintes fois rencontré dans cette région (voir 1.43 n 3) ; voir aussi GUSTIN, 37 ; BRUNEAU, *Etude*, § 36 ; PIERRET, 126.
A Tenneville, *boulanjer* est une forme fr. ; comp. lg. *boledjî*, *bol'djî*.

(3) Voir *ALW* 2, c. 41 ; REMACLE, *Syntaxe* 1, 246 sv. ; FELLER, *Phonétique*, § 51 ; BRUNEAU, *Etude*, § 36.

§.1.92. Le préfixe *de-* > *d(i)*

Exemples : *d(i)mwin* 'demain' ; *d(i)mèy* 'demi' ; *div'nou* 'devenir' ; *d(i)zos* 'dessous' ; *d(i)zeû* 'dessus' (1).
Voir plus loin 1.108.
Pour *dispôy* (avec *s* analogique), voir 1.95.

---

(1) Voir MARCHOT, *Phonologie*, § 128 ; NIEDERLÄNDER, § 34a ; GRIGNARD, § 36 ; REMACLE, *Syntaxe* 2, 17-20.
Notons un cas intéressant de substitution de *ki-* à *di-* : *k(i)chèrè* 'déchirer' ; voir PIERRET, 152n.

§ 1.93. Le préfixe *dĭs-* > *dis-* (1)

Exemples : *discrèche* 'décroître' ; *distchâssè* 'déchausser' ; *dismantchè* 'démancher' ; *discôpè* 'découper' ; *discrèpè* 'enlever les aspérités en râclant' (2) ; *discoplè* 'découpler' ; *disreûdi* 'déroidir' ; *d(is)loyè* 'délier' ; *d(is)lachè* (dérivé de *lache* 'laisse') 'détacher' ; *d(is)halè* 'débarrasser, déblayer' (3).

---

(1) Dans certains verbes, le groupe *is* peut tomber, facultativement, derrière voyelle : *po disloyè* ou *po d'loyè* ; *po dislachè* ou *po d'lachè* (voir 1.108). Pour ces verbes, nous utilisons la graphie *d(is)-*.
Parfois, le *s* est absent : *(si) dimèsfiyè* (litt. (se) "*démèfier*") '(se) méfier' ; métathèse ou substitution au profit du préf. *di-* ? Voir à ce sujet REMACLE, *Syntaxe* 2, 17 sv. ; PIERRET, 356n.

(2) A rattacher à l'a.frq. **skrepan* selon le *FEW* XVII, 133b ; au m. néerl. *schrapen* d'après VALKHOFF, *Etude*, 100 ; GESCHIERE, 84, 236-237 ; voir aussi *DL* 347a *kèrpiner*.

(3) Pour J.H. (*DL* 245a), il s'agit d'un type "*dé-hal-er*", 'débarrasser la halle (de marchandises)', comme *ahalè*, litt. "*en-hal-er*", 'garnir la halle', d'où 'encombrer, embarrasser' ; le *FEW* XVI, 132b, en fait un dérivé de l'a. germ. **halon* 'amener à soi', fr. mod. *haler*.

§ 1.94. Le préfixe *re-* > *r(i)*

Exemples : *r(i)prinde* 'reprendre' ; *r(i)vinde* 'revendre' ;

r(i)fé 'refaire' ; *r(i)paché* 'repaître' ; *r(i)bank'tè* (litt. "*re-banquet-er*") 'prendre le dernier repas de la journée (avant d'aller se coucher)' ; *r(i)kî* (litt. "*re-quérir*") 'rechercher, chercher (pour amener vers soi)' ; *r(i)candjè* 'rechanger' ; *r(i)trossè* 'retrousser' ; *r(i)vèy* 'revoir', etc. (1).
Voir plus loin, 1.108.

En composition, on trouve *re-* + *ad* > *ra-* : voir 1.85.3.
re- + *in* > *ra-* : voir 1.95.

Parfois, le préfixe *re-* a rejoint la série des préfixes en *ra-* : *ravôyè* 'réveiller' ; *rapwèzè* 'reposer' (à côté de *ripwêzè*) ; *rakeûse* 'recoudre' ; *rafreûdi* 'refroidir' ; *ratinre* ou *rat'nou* 'retenir'.
Pour *rascontrè* (avec *s* analogique), voir 1.95.

---

(1) Voir MARCHOT, *Phonologie*, § 127 ; FELLER, *Phonétique*, § 39 ; REMACLE, *Syntaxe* 2, 7 sv.

§ 1.95. Le préfixe *in-* > *a-*

Exemples : *acrachè* 'engraisser' ; *adâmè* 'entamer' ; *(s')afagnè* 's'enliser dans la *fagne*' ; *assone* 'ensemble' ; *afoumè* 'enfumer' ; *aprontè* 'emprunter' ; *acramiè* (dérivé de *crama*, *FEW* II, 1312b) 'emmêler' ; *agnondè* (a.fr. *enunder*, *FEW* IV, 785a) 'démarrer' ; *afornè* 'enfourner' ; *amantchè* 'emmancher'.

Ce préfixe présente donc le même aboutissement que *ad-* (voir 1.85) (1). L'évolution *a-* se rencontre dans une grande partie de la province de Luxembourg, plus précisément dans l'arr. de Bastogne (à l'exception de la pointe septentrionale), la partie orientale de l'arr. de Neufchâteau, l'arr. de Virton, et dans le sud-ouest de l'arr. de Neufhcâteau. Tenneville et Ortho sont les seuls points de l'arr. de Marche à présenter le *a-* (2).

Les formes lg. en *è-* sont attestées depuis le début du XIIIe s. (voir REMACLE, *Ancien wallon*, 57). Quant aux formes en *a-*, elles remontent à la fin du XIIIe s. (BRUNEAU, *Etude*, 109).

Comment expliquer ce *a-*, correspondant au *ẽ-* wallon ? Dans ses commentaires accompagnant les textes de J. Calozet, Haust tient à distinguer les produits du lat. *ad-* et du lat. *in-* (3). Mais L. Remacle remet en question la filiation *in* > *a-* (*Syntaxe* 2, 362 Rem.). Si l'on considère les formes lg. en *ẽ-* comme le produit d'une dénasalisation (voir 1.91), les formes en *a-* ne pourraient se justifier que dans la région où nous avons constaté une ouverture du timbre de la voyelle, c'est-à-dire au nord-est de l'arr. de Neufchâteau. Pour Tenneville, où la dénasalisation est toujours en *ẽ-*, il nous semble que l'hypothèse d'une substitution du préfixe *ad-* à *in-* (suggérée par REMACLE, *ibidem*) est à retenir (4).

Ajoutons que *re-* + *in-* > *ra-* : *rassẽrẽ* 'renfermer' ; *raclõre* 'renfermer' ; *ragnondẽ* 'reprendre son élan' ; *ranawiyẽ* (litt. "*r-en-aiguiller*") 'ravauder' ; *ranov'lẽ* (litt. "*r-en-nouvel-er*") 'renouveler (des souvenirs), rappeler à la mémoire' ; *rapâm'lẽ* (litt. "*r-em-paum-el-er*") 'braser, souder en rejoignant les extrémités' ; *ramantchẽ* 'remmancher', etc. Comp. 1.85.3.

Enfin, les parlers de notre région présentent régulièrement un *s* non étymologique à l'initiale des verbes présentant le préfixe *a-* (< *in-* ou de *ad-*) : *aspẽtchẽ* 'empêcher' ; *aspoyẽ* 'appuyer' ; *asclawẽ* (litt. "*en-clouer*") 'clouer' ; de même avec le préfixe *ra-* : *rascontrẽ* 'rencontrer' (5).
Ce phénomène est à mettre sur le compte d'une tendance analogique à partir des verbes où le *s* est étymologique (cf. *astokẽ* 'caler', *astantchẽ* 'entraver' ; *rastrinde* 'restreindre', *rastreûti* 'rétrécir' ; *ristinde* 'repasser', etc.), et peut-être même du préfixe *dis-* (voir 1.93) : *dispẽtchẽ* peut influencer *aspẽtchẽ* 'empêcher' (6).

---

(1) Cette confusion pourrait amener certaines ambiguïtés sémantiques. Ainsi, *afilẽ* peut signifier 'effiler' et 'enfiler'; *atinde* peut signifier 'attendre' et 'entendre' ; dans ce cas, on évite la confusion en recourant aux synonymes *õre* 'entendre' et *choûtẽ* ou *ratinde* 'attendre'.

(2) C'est sans doute cette position-limite qui explique la présence de formes présentant le *ẽ-* lg. : *ẽglume* 'enclume' ; *ẽfant* 'enfant' ; *ẽvoye* (< *in via*) 'en route, parti' ; *ẽtîr* 'entier' (à Bastogne *afant*, *atîr*). Voir *ALW* 1, c. 33 "engrais-

ser" ; c. 34 "ensemble" ; MARCHOT, *Phonologie*, § 126 ; GUSTIN, 37 ; NIEDERLÄNDER, § 35b ; GRIGNARD, § 36 ; FELLER, *Phonétique*, § 51 ; BRUNEAU, *Etude*, § 12. A noter, pour "engraisser", des formes en *a-* dans certains parlers de l'ouest-wallon.

(3) Voir *ND* 1, 134 ; *ND* 6, 80-81 ; *ND* 10, 122.

(4) Par contre, pour le parler de Bastogne, certains indices nous amènent à préférer l'explication donnée pour les parlers du nord-est de l'arr. de Neufchâteau (ouverture en *a*). En effet, *inde* y aboutit à *a* ; la dénasalisation est tantôt en *è* comme dans *cène* 'cendre', tantôt en *a* comme dans *vane* 'vanne', *fame* 'femme', etc.
Voir aussi la note de J. Feller chez GRIGNARD, 417-418, où il considère comme acquis que la diffusion du *a-* (issu de *in-*), présent à Saint-Hubert, Beauraing, ... s'étend en Ardenne, en Famenne, pour rejoindre l'ouest-wallon.

(5) Notons pour Bastogne d'autres formes avec un *s* analogique : *rascouler* 'reculer' (Tenneville : *rècoulè*) ; *raspwazer* 'reposer' (pour lequel il n'est pas nécessaire de recourir, comme le fait Bruneau, *Etude*, 390, à un groupe préfixal *re* + *ad* + *ex-* pour rendre compte du *s*) (Tenneville : *rapwêzè*) ; la forme *asclèri* 'éclaircir' pose problème : s'agit-il, comme pour *aclèri* à Tenneville et en lg. notamment, d'un dérivé de *clèri* (litt. "*a-clair-ir*"), où le *s* serait analogique, ou d'un verbe avec préfixe *ad* + *ex-* (1.85.4), litt. "*as-clair-ir*" (comp. ard.-lg. *hlèri*, à rattacher à **exclariare*, *FEW* III, 274 sv.) ? Voir *ALW* 3, notice 38 ; REMACLE, *H secondaire*, 77.

(6) D'autres éléments peuvent être pris en considération : l'influence du préfixe *ex-* (voir HAUST, *BDW* XIII, 65), la haute fréquence d'apparition des groupes médiaux disjoints dont l'élément initial est *s* (voir WARNANT, 233 sv. ; REMACLE, *BTD* XXXI, 234).

I initial (ī en latin classique)

§ 1.96. *i* initial reste généralement intact (1).

Exemples : *vi(y)adje* 'village' ; *mireû* 'miroir' ; *tiyou* 'tilleul' ; *fiyou* 'filleul' ; *scrinî* 'menuisier' ; *îvièr* 'hiver ; neige'.

Parfois le timbre *ü* apparaît, sous l'influence d'une consonne labiale : *lum'çon* 'limaçon' ; peut-être *chuflè* (2) 'siffler'. Comp. 1.88.4.

---

(1) Voir cependant 1.44 n 2.

(2) L'étymologie de ce mot ne fait pas l'unanimité. Voir REMACLE, *H secondaire*, 87n ; LEROND, 107n.

§ 1.97. *i* initial + nasale entravée > *ẽ*

Exemples : *linçoû* 'linceul' ; *cinkante* 'cinquante' ; mais *prẽtins* 'printemps'.
Comp. 1.46.

O initial (ŏ, ō et ŭ du latin classique)

§ 1.98. O initial, libre ou entravé, aboutit tantôt à *ò*, tantôt à *u* (1).

1.98.1. O initial libre ou entravé > *ò*

Exemples : *novê* 'nouveau' ; *sovint* 'souvent' ; *ovradje* 'ouvrage' ; *molin* 'moulin' ; *coradje* 'courage' ; *covè* 'couver' ; *coleû* 'passoire pour le lait' ; *bokèt* 'morceau' ; *bocâ* 'trou (dans une haie)' ; *botèye* 'bouteille' ; *copète* 'sommet' ; *fosseû* 'fossoir' ; *sovronde* 'séveronde' ; *porète* (a.fr. *po-*, *pourète*, *FEW* IX, 195b) 'poireau' ; *scrotè* (litt. "*é-crott-er*") 'décrotter' ; les composés du préf. *for-* (indiquant un excès) (2), tels *forboûre* 'ébouillanter', *(si) formougnè* 'manger en s'empiffrant'; *(si) forson.nè* 'devenir exsangue (en saignant abondamment)' ; *(si) forpougnè*, proprement 'donner une poignée trop grosse', 'se blesser (au poignet) en forçant' ; *(si) fordènè* 'se tromper en donnant les cartes'.

1.98.2. O initial libre ou entravé > *u*

Exemples : *courone* 'couronne' ; *ouvrî* 'ouvrier' ; *souris* 'souris' ; *loumè* 'nommer' ; *toudi* 'toujours' ; *couvêrte* (litt. "*couverte*", *FEW* II, 1144b) 'couverture' ; *courti* 'courtil, jardin' ; *voul'tî* 'volontiers' ; *fourni* 'fournil'.
Comp. 1.51 et 1.61.

---

(1) Voir MARCHOT, *Phonologie*, § 130 ; BRUNEAU, *Etude*, § 119 ; NIEDERLÄNDER, § 45a et 50 ; GRIGNARD, § 45 et 50 ; FELLER, *Phonétique*, § 63 et 68.
A Bastogne, les formes en *ò* sont plus nombreuses qu'à Tenneville : *corone*, *ovrî*, *todi*, *covièt e*, *forni*, *corti*, *vol'tî*. Voir la communication d'E. Legros à propos de la confusion *ò*/*u* protoniques, *BTD* XXXVII, 3 ; voir plus haut, 1.88 n 3.

(2) Du lat. *foris*, a.fr. *fors* (w. *foû*) ; voir REMACLE, *Syntaxe* 2, 185 sv.

§ 1.99. O initial + yod dans les dérivés ne s'écarte pas du traitement des voyelles toniques correspondantes dans les formes de base (voir 1.54, 1.63 et 1.105) (1).

Exemples :

1.99.1. *vûdè* 'vider' ; *cûhine* 'cuisine'.

1.99.2. *neûjî* 'noisetier' ; *creûj'lè* 'croiser.

---

(1) Voir *ALW* 4, notice 45, c. 27 "cuisine" ; notice 149 "vider" ; MARCHOT, *Phonologie*, § 132 ; BRUNEAU, *Etude*, § 107 ; GRIGNARD, § 45 et 50 ; NIEDERLÄNDER, § 45b et 50c.

§ 1.100. *ǒ* initial entravé par *r* + consonne se diphtongue généralement en *wa* (1).

Exemples : *warbîre* 'ornière' ; *cwardê* 'cordeau' ; *cwapî* 'cordonnier' ; *dwarmou* 'dormir' ; *mwartî* 'mortier' ; *cwarnaye* 'corneille' ; *cwarbâ* 'corbeau (2) ; *cwarnî* (litt. "*corn-ier*", *FEW* II/2, 1195a) 'coffin'.

Comp. 1.52.

---

(1) Voir MARCHOT, *Phonologie*, § 133 ; BRUNEAU, *Etude*, § 18b ; GUSTIN, 33 ; NIEDERLÄNDER, § 45b ; GRIGNARD, § 45.
On relève plusieurs formes non diphtonguées : *courbîye* 'corbeille' (comp. *cwarbîe* à Bastogne, *cwèrbèye* en lg.) ; *pourcê* 'porc' (comp. *pwarfi*, dérivé de *porcus* + *ficus*, *FEW* III, 497a, 'panaris, phlegmon').

(2) J. Haust (*Enquête*, 52) a relevé pour Berguème (hameau de Tenneville) le blason populaire *cwèrbâ* (voir aussi *Dès mèstîs*, 27). Cette forme lg. a disparu aujourd'hui au profit de *cwarbâ*.

§ 1.101. *ó* initial entravé par *l* antéconsonantique aboutit généralement à *u* (1).

Exemples : *choûtè* 'écouter, attendre' ; *coutê* 'couteau' ; *mounî* 'meunier' ; *poûssîre* 'poussière'.

Comp. 1.61.3.

(1) Voir *ALW* 1, c. 79 "poussière" ; MARCHOT, *Phonologie*, § 134 ; GUSTIN, 63 ; NIEDERLÄNDER, § 50c ; GRIGNARD, § 50.

§ 1.102. Le préfixe *com-* aboutit tantôt à *k(i)-*, tantôt à *ca-* (1).

Exemples :

1.102.1. *k(i)tayè* 'tailler menu' ; *k(i)machè* 'mélanger de fond en comble' ; *k(i)toûrnè* 'tourner en tous sens' ; *k(i)tapè* 'taper çà et là' ; *k(i)mincè* 'commencer' ; *k(i)twade* 'tordre en tous sens, tortiller' ; *kichâde* 'ortie' (2) ; *k(i)bèzècè* 'manipuler, remuer' (3).
Voir plus loin, 1.108.

1.102.2. *cacheûre* 'secouer vigoureusement' ; *cabolêye* 'bouillie (pour le bétail)' ; *caboleû* 'chaudière (pour cuire la *cabolêye*)' ; *capiche* (dérivé de *pichè* 'pisser', REMACLE, *DBR* IX, 54-56) 'fourmi' ; *calboncè* 'balancer' (4).

---

(1) Marchot (*Phonologie*, 114) postule pour ce préfixe la même évolution que celle décrite pour E initial (1.88 n 1). Feller (*Notes*, 222 sv.) adopte une position proche, en considérant *ca-* comme une simple variante de *co-*, partant, de *ki-*. Une série d'études plus récentes s'écartent de cette hypothèse, sans pouvoir trancher le problème. On en trouvera un panorama succinct chez GESCHIERE, 49-51. Voir aussi *ALW* 4, notice 134, c. 68 "chaudière" ; notice 136 "chaudronnée" ; BRUNEAU, *Etude*, § 140 Rem. II ; GRIGNARD, § 50 ; NIEDERLÄNDER, § 50a ; FELLER, *Phonétique*, § 68.

(2) Rejetant l'hypothèse d'une origine onomatopéique (dérivé en *-arde* de *kich-*), L. Remacle (*DBR* IX, 54-71) a montré qu'il fallait rattacher ce mot au lat. *excaldare* 'échauder', avec préf. *con-* (d'où le rapprochement avec *capiche*, voir 1.102.2); litt. "*con-(é)chauder*", w. *kichârdè* 'piquer (par des orties)'.

(3) Comme le nam. *cobèsacî* (LEONARD, 108), dérivé de *bisaccia* à ajouter au *FEW* I, 378 ; comp. lg. *bèzècî* (*DL* 79a) 'porter la besace ; trimer'.

(4) Les variantes de ce mot, relevées dans l'est-wallon et le sud-wallon (voir *FEW* I, 363a ; *DFL* *balancer*, *balançoire* ; MARCHOT, *Phonologie*, 54 ; BORCY, 53) permettent de restituer l'évolution au départ de *cabalancè*, par les stades intermédiaires *cablancè*, *calbancè* (avec métathèse), *calboncè* (confu-

sion ã / õ, voir 1.20 n 2), tous attestés aujourd'hui encore ; pour le chestrolais *calibancè*, c'est le préf. *cali-*, *cari-* (var. de *ca-* ; cf. fr. *chari-*, *cali-*, dans *charivari*, *califourchon*) qui participe à l'évolution (comp. *calibostê* 'petit compartiment', PIERRET, 318) ; voir aussi BRUNEAU, *Enquête* n° 104 et 105.

§ 1.103. O initial + nasale entravée > õ

Exemples : *sondjè* 'songer' ; *fontin.ne* 'fontaine' ; *montè* 'monter' ; *bontè* 'bonté'.

D'autres formes attestent à l'initiale le traitement de la tonique correspondante : *djondant* 'joignant' ; *sognè* 'soigner' ; *tonîre* 'tonnerre' ; *pougnêye* 'poignée'.

Comp. 1.56, 1.57, 1.66, 1.67 et 1.68.

U initial (ū du latin classique)

§ 1.104. U initial maintient généralement son timbre vélaire, même en hiatus (1).

Exemples : *foumè* 'fumer' ; *touwè* 'tuer' ; *souwè* 'suer' ; *coulîre* 'culière' ; *loumè* 'éclairer' ; *hoûreûs* 'hérissé (de froid)' ; *hoûrlê* 'dénivellation (entre deux terrains) ; 'talus' ; *rouwale* 'ruelle'.
Comp. 1.69.

---

(1) Voir *ALW* 1, c. 87 "ruelle" (où la diffusion des formes avec la vélaire *u* est plus importante que pour la voyelle tonique ; comp. c. 86 "rue") ; MARCHOT, *Phonologie*, § 139 ; BRUNEAU, *Etude*, § 110 ; GUSTIN, 64 ; NIEDERLÄNDER, § 55 ; GRIGNARD, § 55 ; FELLER, *Phonétique*, § 74.

§ 1.105. U prétonique + yod > *ū̂* (1)

Exemples : *distrûjeû* 'destructeur' ; *mènûjî* 'menuisier'.

Comp. 1.71 et 1.99.1.

---

(1) Voir BRUNEAU, *Etude*, § 107b ; FELLER, *Phonétique*, § 74 ; NIEDERLÄNDER, § 55c ; GRIGNARD, § 55.

§ 1.106. U initial + nasale entravée > õ

Exemples : *londi* 'lundi' ; *aprontè* 'emprunter'.

Comp. 1.72.

AU initial

§ 1.107. AU initial peut se diphtonguer (sous l'influence des formes fortes), ou se monophtonguer.

1.107.1. AU se diphtongue

Exemples : *wazeur* 'oser' ; *rapwêzè* 'reposer' ; *wèzîre* (s.f.) 'osier' (1).

Il s'agit pour ces formes d'une diphtongaison devant *s* : comp. 1.51 et 1.76.

1.107.2. AU se monophtongue

Exemples : - *orèye* 'oreille' ; *torê* 'taureau' ; *ohê* 'oiseau' (2) ;
- *trawè* 'trouer' ; *clawè* 'clouer' (comp. 1.7).

---

(1) La diphtongue *wè* rappelle le traitement lg. du correspondant tonique ; on attend plutôt *wa* à Tenneville.

(2) Devant *h* dit secondaire (ou chuintante), le yod disparaît sans se combiner avec la voyelle précédente : comp. 1.84, 1.12.3.

3. PHÉNOMÈNES PARTICULIERS DU VOCALISME

LA VOYELLE CADUQUE

§ 1.108. Le timbre des voyelles caduques wallonnes diffère sensiblement du schwa français. On note *i* à Tenneville, comme en lg., dans les arr. de Dinant, Marche, et au nord de l'arr. de Bastogne (excepté quelques points dans le prolongement de l'arr. de Verviers). Par contre, Bastogne, Saint-Hubert et la partie septentrionale de l'arr. de Neufchâteau présentent le timbre *ü* (1).

Les parlers wallons se sont distingués par rapport aux dialectes centraux dès le XIIIe s., si l'on en croit les attestations anciennes (2). Il est certain que la différenciation a dû être nette avant le XVe s., date à laquelle le *e* central est passé à *oe* dans la langue populaire (FOUCHE, 514). Ajoutons que les aires anciennes de répartition du *i* et du *ü* dans le domaine wallon ne coïncidaient pas avec celles observées aujourd'hui : *ü* était attesté à l'ouest de Liège, dans une zone où le *i* est répandu aujourd'hui (2).

Comme en français, les origines de la voyelle caduque sont diverses (3).

Exemples : *tch(i)vè* 'cheveu' ; *s(i)mince* 'semence' ; *d(i)mwin* 'demain' ; *k(i)nuche* 'connaître', etc.

On la rencontre également

- dans certains préfixes : *d(i)-* (voir 1.92 : *d(i)mèy* 'demi', *d(i)zos* 'dessous', etc.) ; *d(is)-* (voir 1.93 : *d(is)halè* 'débarrasser' ; *d(is)châs* 'déchaux') ; *k(i)-* (voir 1.102.1 : *k(i)ssoukè* 'frapper à coups de corne' ; *k(i)tayè* 'hacher menu', etc.) ; *r(i)-* (voir 1.94 : *r(i)vèy* 'revoir', *r(i)clawè* 'reclouer', etc.) ;

- dans certains pronoms et adjectifs monosyllabiques : *dj(i)* 'je', *l(i)* 'le', *m(i)* 'mon', *s(i)* 'se', *c(i)* 'ce', etc.

Parfois, la voyelle caduque présente le timbre *è* à Tenneville :

- dans des mots où le *a* étymologique suit l'affriquée *ĉ*, comme *tch(è)minêye* 'cheminée', *tch(è)mîje* 'chemise' (voir 1.80) (4) ;

- dans une série de formes telles que *p(è)tit* 'petit', *t(è)nou* 'tenir', *v(è)nou* 'venir', etc. ;

- dans des mots comme *pèzè* 'peser', *crèvè* 'crever', *kèrton* 'creton, lardon', *prèmî* 'premier', etc., où elle est stable.

On rapprochera ces formes en *è* des cas d'épenthèse vocalique dans la flexion de certains verbes (voir 1.110).

---

(1) Voir *ALW* 1, c. 17 "cheveu" ; c. 22 "connaître" ; c. 54 "le"; MARCHOT, *Phonologie*, § 140 ; GUSTIN, 48 ; BRUNEAU, *Etude*, § 315.

(2) Voir REMACLE, *Ancien wallon*, 40 et 122n ; GOOSSE, LVIII-LIX.

(3) Précisons que la voyelle caduque n'est pas le prolongement phonétique direct des voyelles étymologiques. Il y a là une différence essentielle avec le français, si l'on admet pour ce dernier la thèse de l'affaiblissement général des voyelles non toniques en un *e* dit central (voir FOUCHE, 514 ; BOURCIEZ, § 20 ; DE LA CHAUSSEE, 88-89).

(4) Tenneville présente peu d'exemples pour cette évolution. Par ailleurs, il est difficile d'apprécier dans quelle mesure ce trait découle de l'environnement phonétique. La présence de l'affriquée à l'initiale n'est pas déterminante, puisque l'on observe également le *i* caduc après elle : *tch(i)vô* 'cheval', *tch(i)vîye* 'cheville', *tch(i)noule* 'occiput', etc. Ajoutons que dans d'autres régions, c'est la voyelle *è* qui est la voyelle caduque "normale" : voir LEROND, 59n ; GOURDANGE, 22-23, et les références de la note 1.

LA VOYELLE EPENTHETIQUE

§ 1.109. Dans les dialectes centraux, dès le bas-latin, s'est développée une voyelle prothétique devant les groupes initiaux *s + consonne*. C'est l'évolution qui caractérise le français, le picard, le lorrain et le champenois.

Le processus présenté par les dialectes wallons est différent.

Il se caractérise par un double mouvement :

- après une finale vocalique, le wallon conserve des formes sans voyelle adventice : *po sbarè* 'pour effrayer' ; *po scrîre* 'pour écrire' ; *lès spales* 'les épaules' ; *deûs stofes* 'deux étoffes' ; *po stronlè* 'pour étrangler'.

- après une finale consonantique, le wallon a développé une voyelle épenthétique, identique quant à son fonctionnement et à son timbre, à la voyelle caduque (1). On trouve donc *pol sibarè, dol sicrîre, vosse sipale, dol sitofe, pol sitronlè* à Tenneville.

A propos du premier mouvement, il est intéressant de noter qu'en francien, à l'époque primitive de la langue, la voyelle prothétique avait une certaine instabilité. Dans les manuscrits du XIe et du XIIe s., elle n'apparaît généralement pas derrière une finale vocalique. Son usage ne s'est généralisé en gallo-roman septentrional qu'à partir du XIIe s. (voir BOURCIEZ, § 154 H ; FOUCHE, 695). C'est donc à cette époque que remonte l'archaïsme de la conservation par le wallon des formes sans voyelle adventice. Quant à la substitution de la voyelle épenthétique à la voyelle prothétique, elle est attestée depuis le XIVe s., mais elle pourrait être antérieure à cette date (2).

---

(1) Schématiquement, la voyelle prothétique apparaît en Belgique romane dans certains parlers de l'ouest-wallon et en gaumais. Dans certains parlers de l'arr. de Neufchâteau, on observe simultanément la présence de la voyelle prothétique (comme en gaumais), et le maintien du *s-* initial dans les groupes *s + consonne* (trait wallon, face au gaumais où *s* tombe). Les mêmes formes hybrides sont courantes dans l'ouest-wallon. Voir *ALW* 1, c. 35 "épine" ; c. 38 "étoile" ; BRUNEAU, *Etude*, § 231 ; *La limite*, 173-175 ; FELLER, *Phonétique*, § 39 et 81 ; GOURDANGE, 69 ; MARCHOT, *RPGR* IV, 30 sv. ; GRIGNARD, 386 ; NIEDERLÄNDER, § 36.

(2) Voir REMACLE, *Ancien wallon*, 42 ; BRUNEAU, *Etude*, 389.

§ 1.110. On peut considérer qu'il y a également épenthèse vocalique dans la flexion des verbes en *consonne + -ler, -rer,* à l'indicatif présent et futur simple, au conditionnel présent, à l'impératif présent et au subjonctif présent.

Exemples : *i chofèle* (de *choflè*) 'il souffle' ; *il infèle* (de *inflè*) 'il enfle' ; *i sâkèl'rè* (de *sâclè*) 'il sarclera' ; *intère !* (de *intrè*) 'entre !' ; *ki dj' mostère* (de *mostrè*) 'que je montre' ; etc. (1).

Diverses explications ont été avancées pour ces formes, généralement en rapport avec les contraintes de syllabation (à l'oeuvre tant pour le maintien de la voyelle caduque que pour l'apparition de la voyelle épenthétique). Par contre Bruneau (*Etude*, 364-366, 382) suggère plutôt qu'il s'agit d'une transformation d'un *r voyelle* ou d'un *l voyelle* (2). L. Remacle invoque pour les verbes en *consonne + -ler* une influence analogique des formes en -ELER (3). Quant à Doutrepont (53-54), il lie l'épenthèse vocalique dans les verbes en *consonne + -ler* à des phénomènes de prononciation tels que *bouk(e)l* pour *boucle* dans le fr. parlé par les Allemands (4). On peut également songer à l'influence de contraintes morphologiques, préservant un radical reconnaissable (5).

---

(1) Voir *ALW* 2, c. 87 "il ENFLE" ; c. 88 "MONTRE-moi" ; *ALW* 3, notices 71-74 ; MARCHOT, *Phonologie*, § 141.

(2) Pour Bruneau, *r voyelle* est un phonème *exceptionnel (?)* qui manifeste un état instable (mais nécessaire) entre deux sons plus nets. Issu d'un groupe *re*, il aboutit par métathèse à *er*. Parallèlement, le *l voyelle*, issu d'un groupe *le*, aboutit à *el*.
Cette hypothèse nous semble s'accommoder difficilement de la diversité des timbres de la voyelle épenthétique.

(3) Voir *ALW* 2, 239b. Au passage, L. Remacle estime peu convaincante l'hypothèse d'un "germanisme phonétique", avancée par W. von Wartburg.

(4) Cette proposition rejoint l'analyse, proposée par H. ANDERSEN (37), de certains cas de diphtongaisons séquentielles.

(5) Au lieu de *gonfèle*, *mostère*, on aurait des formes *gonfe*, *gonfle*, *mosse*, *mousse*, que l'on trouve attestées dans l'ouest-wallon (*ALW* 2, c. 87 et 88).

L'HIATUS

§ 1.111. L'hiatus résulte de la chute de certaines consonnes étymologiques se trouvant en position intervocalique. Il s'agit de G + *e*, *i* (voir 1.121) ; de K, G + *o*, *u* (voir 1.128) ; de T, D (voir 1.141) ; de B, V + *o*, *u* (voir 1.160) et de certaines formes issues de K + *e*, *i* (voir 1.118). La situation est moins claire pour K, G + *a* (voir 1.125) : lorsque la voyelle qui précède est une vélaire, il semble bien qu'il y ait eu amuïssement de la gutturale (comme en français) ; lorsque la voyelle précédente est une palatale, il est difficile de déterminer si la semi-voyelle des formes actuelles est le prolongement historique du yod issu de la gutturale, ou l'élément qui a été introduit pour résorber l'hiatus consécutif à la chute du yod. La majorité des études dialectologiques penchent pour la seconde hypothèse (1).

Les semi-voyelles *y* et *w* dans la majorité des cas n'ont donc aucun rapport direct avec les consonnes étymologiques qui se sont amuïes ; elles relèvent plutôt d'une nécessité organique (2) : faciliter l'articulation d'un groupe difficile. Leur présence relève donc du contexte phonétique.

On rencontre les semi-voyelles à l'initiale, à l'intérieur du mot, et en finale. Les cas d'hiatus à l'initiale ressortissent à la phonétique syntactique (type *la y ôt* 'là haut'). Nous allons seulement envisager les deux autres positions.

---

(1) Voir HORNING, *ZRP* XIV, 385 ; MARCHOT, *Phonologie*, 119 ; BRUNEAU, *Etude*, 320 ; FELLER, *Phonétique*, 57 ; GUSTIN, 100 ; NIEDERLÄNDER, § 94.
Par contre, MEYER-LÜBKE (§ 436) et FOUCHE (615 et 645) s'opposent à cette hypothèse. Voir aussi DOUTREPONT, 46.

(2) Une référence à la structure syllabique-type (voir plus loin 2.43) éclaire le fonctionnement de l'hiatus. La contiguïté de deux voyelles, autrement dit de deux sommets syllabiques, est évitée grâce à l'introduction d'un segment qui, par sa caractérisation [- vocalique], s'écarte de la voyelle

optimale et introduit de la sorte un contraste entre une attaque de syllabe et son sommet.

§ 1.112. La semi-voyelle Y

1.112.1. Y résorbe un hiatus en finale de mot

après *-ê-* : *anêye, valêye, bouwêye, montêye* (voir 1.4) ;
après *-î-* : *vîye, maladîye, vèssîye* (voir 1.45) ;
après *-ou-* : *pièrdouye, vindouye* (voir 1.69).

1.112.2. Y résorbe un hiatus à l'intérieur du mot

après *-a-* : *fayine, payis, tayan* ;
après *-è-* : *sèyê, tchèyîre, mèyôle* ;
après *-i-* : *niyâ.*

§ 1.113. La semi-voyelle W

1.113.1. W résorbe un hiatus en finale de mot

après *-oû-* : *roûwe, tchèroûwe* ;
après *-a-* : *cawe, sawèri.*

1.113.2. W résorbe un hiatus à l'intérieur du mot

après *-ou-* : *rouwale, touwè, souwè* ;
après *-a-* : *bawè, trawè, clawè.*

§ 1.114. Du bref inventaire qui précède se dégagent deux tendances pour le parler de Tenneville :

- l'insertion de Y se produit le plus souvent après une voyelle antérieure non labiale (*e* et *i*) ;

- l'insertion de W se produit le plus souvent après une voyelle vélaire labiale (*u*).

S'écartent de ce constat le produit de *-ūta* (pour lequel on peut invoquer l'influence analogique des autres part. passés fém. où Y est présent) et la voyelle *a* dont on sait par ailleurs qu'elle présente schématiquement deux variantes, l'une antérieure, l'autre vélaire ; il n'est donc pas étonnant qu'elle soit suivie, tantôt de Y, tantôt de W (1).

Chronologiquement, l'insertion des semi-voyelles remonte à l'époque romane : elle est antérieure à la chute du *e* central (issu du *-a* lat. final) en francien, laquelle remonte au XIIIe s. (2).
Le phénomène est encore observé aujourd'hui dans le fr. régional, où l'on entend *tèyâte*, *tuwer*, *trouwer*, *gèyant*, *liyer*, etc.

---

(1) Les variantes sont nombreuses, dans les parlers wallons, par rapport à la situation décrite pour Tenneville. Voir *ALW* 1, c. 72 "perdue", c. 81 "queue", c. 86 "rue", c. 87 "ruelle" ; MARCHOT, *Phonologie*, § 142 ; BRUNEAU, *Etude*, § 187 et 198 ; FELLER, *Phonétique*, § 84 et 86 ; GUSTIN, 60-61, 104 ; NIEDERLÄNDER, § 59 et 65b ; GRIGNARD, § 59 et 65 ; GOURDANGE, 73-76.
N'était cette variété, le parler de Tenneville pris isolément atteste une régularité fondée non seulement sur le timbre de la voyelle qui précède, mais sur l'antériorité ou la vélarité de la consonne étymologique qui s'est amuïe. Ainsi s'expliquerait Y dans la finale *-uta*, où /t/ est non vélaire, et W dans la finale *-uga*, où /g/ est vélaire, vu la présence de la voyelle /u/. De même, dans *fagina*, *page(n)se*, *tabone*, etc., on a affaire à des consonnes non vélaires (d'où *fayine*, *payis*, *tayan*) ; tandis que dans **traucare*, p.e., l'environnement est vélaire.
Y a-t-il plus qu'une coïncidence ? Peut-être, mais comment expliquer les importantes variations entre les parlers ?

(2) Voir plus loin, 1.128 n 1 ; FOUCHE, 517. Pour des attestations anciennes du phénomène, voir REMACLE, *Ancien wallon*, 65 ; GOOSSE, LVIII ; voir aussi NYROP, § 279 ; BRUNEAU, *Etude*, 320 et 337.

CHAPITRE II

LE CONSONANTISME

H

§ 1.115. On sait que dès le bas-latin, la fricative laryngale sourde H du latin classique s'est amuïe. Les invasions du Ve s. ont réintroduit des mots contenant un H germanique, lequel s'est prononcé durant un millénaire environ. Dans la zone francienne, il a cessé d'être sensible vers la fin du Moyen Age (BOURCIEZ, § 111 H). Il a également disparu en hennuyer et en namurois (1), mais il se maintient dans les dialectes de l'est, en lg., dans les parlers ardennais de l'est et en gaumais (2). Tenneville présente une situation analogue à celle de l'est-wallon.

1.115.1. A l'initiale, H germanique est encore audible

- devant voyelle : *haye* 'haie' ; *hawê* 'houe' ; *hèpe* 'hache' ; *hèsse* 'hêtre' ; *halcotè* 'osciller, ballotter (pour une roue, un chariot)' (3) ; *hârkê* (de la famille de l'a. bas frq. **hard*, voir *FEW* XVI, 154b note 3 ; REMACLE, *Les noms du porte-seaux en Belgique romane*, 142 sv.) 'porte-seaux, joug à porteur' ; *hèv'lè* (de la famille du frq. *heven*, *FEW* XVI, 207b) 'creuser (une rainure)' ; *(a) hope* (< m. néerl. *hoop*, *FEW* XVI, 224b) '(à) pleins bords, bien rempli' ;

- devant voyelle épenthétique pour le groupe *hn-* : *hèna* (< germ. **hnapp*, *FEW* XVI, 214b) 'lampée' (arch.) ; *hanète* 'nuque' (4).

1.115.2. En position intervocalique, H germanique est encore attesté dans certaines formes.

Exemples : *bahou* (< a.h.all. *bûh*, *FEW* XV/2, 2b) 'fane (de pomme de terre)' ; *cahote* (< *ca-* + a.frq. **hotta*, HERBILLON, *DBR* XXI, 71-87) 'sachet' ; *crahê* 'mâchefer' (5) (6).

Nous avons encore observé un cas de maintien du H germanique intérieur après consonne : *mèhin* (a.fr. *meshain*, de l'a.frq. **maidhanjan*, *FEW* XVI, 501a) 'infirmité'.

Par contre, en finale, H germanique est devenu inaudible (7).

---

(1) Un "souvenir" du H germanique en nam. est l'hiatus constitué par l'absence de liaison entre l'initiale et la consonne précédente. La même situation s'observe à Bastogne, où le *h* de *hèsse* n'est plus audible, mais où le syntagme *dès hèsses* se prononce sans liaison. De plus en plus, le parler bastognard tend néanmoins à résorber cet hiatus, stade intermédiaire avant l'élimination définitive de toute trace du H germanique. Précisons toutefois qu'il ne s'agit pas là d'un phénomène affectant toutes les occurrences du H, mais d'une évolution liée à certains mots déterminés. Ainsi, à côté de *awê*, où l'on n'observe même plus d'hiatus, on note un *h* légèrement audible dans *hèye* 'haie'. Le parler de Tenneville présente une situation plus nette, surtout à l'initiale : le H germanique y est encore perceptible.

(2) Voir *ALW* 1, c. 49 "hache" ; c. 50 "haie" ; c. 51 "herse" ; MARCHOT, *Phonologie*, § 1 ; BRUNEAU, *Etude*, § 203 ; NIEDERLÄNDER, § 93b ; GRIGNARD, § 94 ; GOURDANGE, 72-73 ; REMACLE, *H secondaire*, 63-67.

(3) Mot à rapprocher de l'a.frq. **hariôn* 'gâter, gâcher' (*FEW* XVI, 166b) ; comp. a.fr. *harigoter* 'mettre en lambeaux', fr. pop. *haricoter* 'agir en affaires d'une manière étroite et mesquine', ainsi que le fr. *haricot* 'morceau' (haricot de mouton, p.ex.) ; le rapprochement sémantique entre cette famille et notre verbe apparaît plus clairement dans le dérivé *halcotî* 'mauvais ouvrier, qui gâche la besogne'.

(4) L'étymologie exacte de ce mot ne fait pas l'unanimité (encore que tous les étymons proposés présentent le groupe *hn-* à l'initiale) ; on le rattache, tantôt à la famille du germ. *hnapp* 'coupe', tantôt à celle du germ. *hnak* 'nuque' : voir REMACLE, *H secondaire*, 65 ; *FEW* XVI, 214-215.

(5) Selon J. Haust (*BDW* XII, 146), suivi par le *FEW* XVI, 352 et 761b, il s'agit d'un dérivé en *-ê* du m.h.all. *krâhe* 'corneille' ; il y aurait eu un transfert sémantique dû à une métaphore reposant sur la couleur. Voir aussi LEGROS, *BTD* XXXII, 320 ; CORIN, *BDW* XIX, 23-24. Des variantes de ce mot sont égarées sous l'étymol gaul. **crodios* 'dur', du *FEW* II/2, 1358a.

(6) Certains parlers ardennais présentent une forme *tahon*, dérivée de l'a.frq. **thâho* (voir HAUST, *Etymologies*, 236-237 ; *FEW* XVII, 391a ; REMACLE, *H secondaire*, 65 ; *ALW* 4, notice 104, c. 50 ; notice 145, c. 70) ; le mot *tachon* 'récipient' qui apparaît à Tenneville, malgré sa ressemblance phonétique avec le précédent, correspond au fr. *tesson*.

(7) Le lg. notamment présente en finale des fricatives qui prolongent un H introduit en wallon à des époques diverses. Il ne s'agit plus, à proprement parler, du H germanique introduit durant le Haut Moyen Age, mais d'un son d'introduction récente, lequel s'est adapté au système phonologique du wallon. Exemple : l'all. *harzpech* donne le lg. *hårpih* (*-îh*, *-ik*, *-îk*); à Tenneville *hârpî* 'poix (de cordonnier)'. Voir REMACLE, *H secondaire*, 66n-67n.

LES GUTTURALES LATINES

K + e, i

§ 1.116. K + *e*, *i* à l'initiale aboutit à *s*.

Exemples : *cingue* 'sangle' ; *cène* 'cendre' ; *cèlîje* cerise' ; *cièrfou* 'cerfeuil' ; *cinse* 'ferme' (1).

Le wallon a rejoint l'évolution de la majeure partie du domaine d'oïl, le picard excepté. La différenciation a pris naissance au départ de l'étape *ty*, laquelle a évolué en *tŝ*, puis *ŝ* en picard, mais en *ts*, puis *s* en français et en wallon. Elle remonte au XIIIe s., date de la réduction des affriquées en français (BOURCIEZ, § 114 H), pour son aboutissement final; mais le processus initial remonte peut-être déjà à l'époque des grandes invasions.

(1) Voir *ALW* 1, c. 7 "cendre" ; c. 8 "cerise" ; MARCHOT, *Phonologie*, § 8 ; GUSTIN, 80 ; NIEDERLÄNDER, § 60a ; GRIGNARD, § 60; REMACLE, *Ancien wallon*, 70.

§ 1.117. K + *e*, *i* intérieur derrière consonne

Comme en français, l'évolution wallonne est complexe.

1.117.1. Lorsque K est précédé d'une occlusive ou d'une liquide, il aboutit à *s* (comp. 1.116), sans qu'un élément palatal puisse filtrer au travers du groupe consonantique.

Exemples : *moncê* 'monceau' ; *pourcê* 'pourceau' ; *chwace* 'écorce' ; *rècine* 'carotte' (1).

1.117.2. Le groupe SK + *e*, *i*, prétonique ou posttonique, aboutit à *ŝ*, suivant un processus que l'on peut reconstituer comme suit : *stsy* > *ssy* > *ysy* > *ys* > *ŝ* (2).

Exemples : a) devant l'accent : *wachê* 'cercueil' ; *mochon* (de **muscione*, *FEW* VI/3, 259b) 'moineau' ; *crèchant* 'croissant' ; *bouchè* (cf. fr.mod. *bûcher*, a.fr. *buschier*, *FEW* I, 649a) 'frapper' ; *pach'nè* 'paître' (3) ;

b) après l'accent : *crèche* 'croître' ; *k(i)nuche* 'connaître' (4).

Comp. l'évolution de SK devant *a* (1.124.2) et devant *o*, *u* (1.127.2).

1.117.3. La finale -CE des proparoxytons après consonne s'est amuïe ou est passée à *s* (5).

Exemples : a) *sâ* 'saule' ; *fâ* 'faux' (outil) ; *hîpe* 'herse' ;
b) *panse* 'panse' ; *pôce* 'pouce'.

---

(1) Voir *ALW* 1, c. 78 "pourceau" ; MARCHOT, *Phonologie*, § 8 ; GUSTIN, 82 ; NIEDERLÄNDER, § 60a ; GRIGNARD, § 60.
Pour l'évolution spécifique du groupe *rs* en gaumais, voir REMACLE, *Ancien wallon*, 72 (qui la relève dans des attestations anciennes remontant au XVe s.) ; REMACLE, *H secondaire*, 291-294 (pour l'explication du phénomène) ; BRUNEAU, *Etude*, 398 ; FELLER, *Phonétique*, 68 ; LEGROS, *PG* XI, 30-31 ; HAUST, *Etymologies*, 63 ; GOURDANGE, 79-81 ; *ALW* 3, notice 143 "hier" ; PIERRET, XXXIX.

(2) Cette reconstitution est proposée par L. Remacle (*H secondaire*, 332), à la suite d'E. Richter. Pour obtenir l'aboutissement lg. (H secondaire), il faut ajouter le procès suivant : *ŝ* > "*xh*" > h_s (ceci étant une notation théorique indiquant que

h_s correspond au *ŝ* ard. et nam., tout comme h_z correspond au *ẑ* ard. et nam.). Cette reconstruction pose divers problèmes pour le parler de Tenneville. On verra plus loin qu'au H secondaire lg., le parler de Tenneville fait correspondre, tantôt *h*, tantôt une chuintante (*ŝ* ou *ẑ*). Or, dans l'évolution du groupe *sifflante + yod* qui paraît à la base du H secondaire, L. Remacle postule une chuintante qui serait antérieure au *h* final. On serait donc tenté de voir dans les chuintantes qui apparaissent aujourd'hui dans les parlers nam. et ard. un stade antérieur au *h* liégeois. Or, on observe en Ardenne lg., notamment dans la région de Vielsalm, une évolution que L. Remacle décrit comme suit : *ŝ* > "*xh*" > *hy* > *ŝ* (*H secondaire*, 320).
Il y a là un curieux mouvement d'aller-retour qui coexiste avec l'évolution directe. Auquel de ces deux processus se rattache le parler de Tenneville ? L. Remacle (*ibidem*, 323) suggère que les régions où le H secondaire n'a probablement jamais existé ont connu l'évolution directe, tandis que les zones où règne - ou a régné - le H secondaire ont plutôt connu le mouvement d'aller-retour, avant d'atteindre la chuintante. Cette évolution conviendrait donc pour Tenneville.
Dès maintenant, soulignons un autre problème : qu'est devenu le yod précédant la sifflante à l'étape *ys* ? En français, il s'est combiné avec la voyelle précédente, mais en wallon il n'a, semble-t-il, laissé aucune trace. Y a-t-il eu une diphtongue décroissante qui s'est réduite au profit du premier élément (phénomène maintes fois évoqué pour le vocalisme) ? Y a-t-il eu effectivement "anticipation" du yod ?
Nous reviendrons sur cette question tout au long de l'étude des processus menant au H secondaire ou à ses équivalents.

(3) Composition sur base de *pachè*, présent dans *ripachè* 'repaître' ; comp. *stikè*/*stik'nè* 'ramer (les pois)', *ribrazè*/*ribraz'nè* (litt. "*re-bras-er*" et "*re-bras-ener*") 'braser de nouveau'.

(4) Voir *ALW* 1, c. 22 "connaître" ; c. 76 "poisson" ; MARCHOT, *Phonologie*, § 19 ; *RPGR* IV, 29-30 ; BRUNEAU, *Etude*, § 237 ; GUSTIN, 71; NIEDERLÄNDER, § 71a ; GRIGNARD, § 71 ; FELLER, *Phonétique*, 67-68 ; GOURDANGE, 72 ; REMACLE, *H secondaire*, 74, 207 sv.

(5) Voir *ALW* 1, c. 51 "herse" ; MARCHOT, *Phonologie*, § 9 ; BRUNEAU, *Etude*, § 233 Rem. II ; NIEDERLÄNDER, § 60a ; GRIGNARD, § 60.
Ronche 'ronce' devrait figurer dans ce paragraphe. La chuintante finale laisse supposer qu'au lieu de s'amuïr, la pénultième atone s'est maintenue, ce qui en fait un cas du 1.118.2. Voir *ALW* 1, c. 84.

§ 1.118. K + *e*, *i* intérieur derrière voyelle (1).

Cette évolution est parallèle à celle du francien pour les premières étapes. On a donc la progression *tsy* > *dsy* > *ydzy* > *yzy* > *yz*. A ce stade, le wallon a évolué vers la chuintante à la suite de laquelle s'est développé le H secondaire (et ses équivalents dans le parler de Tenneville) (2).

1.118.1. K + *e*, *i* prétonique

Exemples : *ohê* (arch.), à côté de *oyê* 'oiseau' ; *vèhin* 'voisin' ; *cûhine* 'cuisine' ; *rapâj'tè* 'apaiser' (de **re + ad + pacentare*, *FEW* VIII, 94a) ; *âhi* 'aisé, facile'.

1.118.2. K + *e*, *i* posttonique

Exemples : *neûj* 'noix' ; *âje* 'aise' ; *dîj* 'dix'.
Parfois, la chuintante s'est amuïe : *piètri* 'perdrix' ; *bèrbu* 'brebis' ; *creû* 'croix', mais *creûj'lâde* 'croisement', *creûj'lè* 'croiser' (3).

1.118.3. Dans la flexion de verbes tels que *dîre* 'dire', *lûre* 'luire', *têre* 'taire', *cûre* 'cuire', etc., les formes présentent, tantôt *h*, tantôt une semi-voyelle.

Exemples : *cûhante* à côté de *cûwante* ; *têyez v'* à côté de *têhez v'* ; de même *on têheûs* (litt. "*taiseux*") 'un taciturne'.

On le voit, une grande confusion règne dans le parler de Tenneville à propos de la répartition des produits de K + *e*, *i* derrière voyelle. Les formes avec H secondaire sont concurrencées par les chuintantes, et sont souvent ressenties comme archaïques. Quant aux formes avec semi-voyelle (*cûwante*, *oyê*, etc.), il ne faut pas les considérer comme une évolution phonétique du H secondaire, mais comme l'indice d'un amuïssement du *h* ayant entraîné un hiatus, lequel a été résorbé au moyen d'une semi-voyelle (4).

---

(1) Voir *ALW* 4, notice 45, c. 27 "cuisine" ; MARCHOT, *Phonologie*, § 8 ; BRUNEAU, *Etude*, § 243 ; NIEDERLÄNDER, § 60b ; GRIGNARD, § 60 ; FELLER, *Phonétique*, § 85.2 ; REMACLE, *H secondaire*, 67-69.

(2) Voir BOURCIEZ, § 116 H ; REMACLE, *H secondaire*, 332. A la différence du francien, le yod dégagé vers l'avant ne semble pas avoir influencé la voyelle précédente. Voir 1.117 n 2.

(3) Comp. les formes lg. *bèrbih* (Flémalle-Souxhon), *creû(h)*, *piètrih* (REMACLE, *H secondaire*, 67-68).

(4) Cette explication peut rendre compte également de l'amuïssement du *h* germanique intérieur (voir 1.115.2) dans des formes telles que *crâyê*, *mèyin*, *cayote*, que nous avons notées à Bastogne (Tenneville : *mèhin*, *crahê* et *cahote*).

§ 1.119. K + yod intérieur, derrière voyelle et derrière consonne.

1.119.1. K + yod intérieur aboutit généralement à *s*, après une série d'étapes : *ty* > *tty* > *ttsy* > *ts* > *s* (1).

Exemples : a) *glèce* 'glace' ; *lurson* 'hérisson' ; *loce* 'louche' ; *lès'* 'lacs' (2) ; voir aussi les suff. *-īcius* (1.44.3), *-aceu* et *-acea* (1.17) ;

b) *bèzèce* 'besace' ; *tchâsse* 'chausse'.

1.119.2. Lorsque la consonne qui précède KY est *s*, l'évolution rejoint celle décrite en 1.117.2.

Exemple : *niche* (a.fr. *nice*, lat. *nescius*, *FEW* VII, 105a) 'sale'.

(1) Voir BOURCIEZ, § 117 H ; FOUCHE, 911. Les formes wallonnes posent le problème du changement de timbre du *a* tonique (voir 1.17), lequel a subi une palatalisation. Faut-il postuler une étape **yttsy* où le yod wallon aurait franchi le barrage d'une occlusive géminée ? Non, sans doute, puisqu'alors se serait formé un groupe *yod + sifflante* qui aurait abouti au H secondaire.
Voir aussi MARCHOT, *Phonologie*, § 10 ; NIEDERLÄNDER, § 60c ; GRIGNARD, § 60 ; GUSTIN, 82.

(2) Dans *brès* 'bras', le *s* final s'est amuï dans toute notre région ; comp. lg. *brès'*. Voir BRUNEAU, *Enquête*, n° 193.

G + e, i

§ 1.120. G + *e*, *i* ou yod initial aboutit à *ĝ*.

Cette évolution rejoint en partie celle de K dans le même contexte (voir 1.116 et 1.117). Après avoir subi une palatalisation, la consonne a évolué vers *dy*, puis *dž* (par assimilation progressive). C'est au cours du XIIIe s. que le français a réduit *dž* en *ž* (BOURCIEZ, § 118 H).

Exemples : *djins* 'gens' ; *djalè* 'geler' ; *djoû* 'jour' ; *djignèsse* 'genêt' (1).

A l'intérieur, derrière consonne, on note le même traitement : *ârdjint* 'argent'.

(1) Voir *ALW* 1, c. 46 "genou" ; MARCHOT, *Phonologie*, § 11 ; BRUNEAU, *Etude*, § 250, 275 et 283 Rem. II ; GOURDANGE, 65-66.

§ 1.121. G + *e*, *i* ou yod, derrière voyelle (1).

Après sa palatalisation, G se transforme très tôt en yod, en wallon comme en français. Ce yod se combine éventuellement avec les sons environnants ou s'efface.

Exemples : a) *mêsse* 'maître' ; *mês* 'mais' ;
b) *payis* 'pays' ; *fayine* 'faîne' ; *saye* 'essai' ; *sayin* 'sain(doux)' (2).

(1) Voir MARCHOT, *Phonologie*, § 12 ; NIEDERLÄNDER, § 65b ; GRIGNARD, § 65 ; GUSTIN, 101.

(2) Pour *-y-* dans *payis*, *sayin*, etc. voir 1.111 et 1.112.

K, G + a

§ 1.122. K + *a* à l'initiale

Comme pour K + *e*, *i*, il se produit une palatalisation, mais à une époque plus tardive (milieu du VIe s.). Après les étapes *ky* > *ty*, l'évolution aboutit à l'affriquée *ĉ*, en wallon comme en français, tandis que le picard et la majeure partie du normand ne présentent pas d'altération du K devant *a*. Le français a réduit l'affriquée dans le courant du XIIIe s. (1).

Exemples : *tchâr* 'chair' et 'char' ; *tchèt* 'chat' ; *tchôd* 'chaud' ; *tchantè* 'chanter' ; *tchan.me* 'chambre' ; *tchâsse* 'chausse' ; *tchèrpètî* 'charpentier' (2).

---

(1) Voir BOURCIEZ, § 120 H ; REMACLE, *Ancien wallon*, 70-71 ; *ALW* 1, c. 9 à 18 ; MARCHOT, *Phonologie*, § 3 ; GUSTIN, 72 ; NIEDERLÄNDER, § 58a ; GRIGNARD, § 58 ; FELLER, *Phonétique*, § 75 et 76 ; GOURDANGE, 64 ; BRUNEAU, *Etude*, § 248.

(2) Plusieurs formes du parler de Tenneville ne présentent pas d'affriquée à l'initiale, notamment *gatiè* 'chatouiller' ; *candjè* (arch., cède la place à *tchandjè*) 'changer' et *ricandjè* 'rechanger'. Voir BRUNEAU, *Etude*, 433-434 ; FOUCHE, 556 Rem. V et 558 Rem. II. Il n'est sans doute pas nécessaire d'invoquer une influence picarde à propos de ces formes qui présentent la gutturale dans les autres parlers wallons également. Pour des attestations anciennes, voir GOOSSE, XC.

§ 1.123. G + *a* à l'initiale

Cette évolution est parallèle à celle de K + *a* ; elle aboutit à l'affriquée *ĝ*.

Exemples : *djan.me* 'jambe' ; *djène* 'jaune' ; *djaye* (de **gallica*, *FEW* IV, 37a) 'noix' (1).

---

(1) Voir *ALW* 1, c. 52 "jambe" ; BOURCIEZ, § 121 H ; REMACLE, *Ancien wallon*, 70-71 ; MARCHOT, *Phonologie*, § 11 ; GUSTIN, 74 ; NIEDERLÄNDER, § 65a ; GRIGNARD, § 65 ; BRUNEAU, *Etude*, § 248. *Jate* 'jatte' est un emprunt récent au fr.

§ 1.124. K, G + *a* intérieurs derrière consonne

1.124.1. L'évolution est généralement identique à celle rencontrée à l'initiale : en wallon, elle aboutit donc le plus souvent à ĉ et ĝ.

Exemples : a) *fotche* 'fourche' ; *martchî* 'marché' ; *plantche* 'planche' ; *clotche* 'cloche' ;

b) *lâdje* 'large' ; *purdjè* 'purger' ; *fôdje* 'forge' ; *vèdje* 'verge' (1).

1.124.2. Lorsque la consonne qui précède la gutturale est *s*, l'évolution wallonne (comme en français) rejoint celle de K + *e*, *i* dans le même environnement (voir 1.117.2) (2).

Exemples : a) prétonique : *pèchè* 'pêcher' ; *marchâ* 'maréchal' ;
b) posttonique : *moche* 'mouche'.

La mouillure de K, G + *a* est postérieure à celle de K, G + *e*, *i* ; pour le groupe SKA, elle est postérieure aux invasions germaniques (3). En français, cette différence de chronologie s'est concrétisée par un traitement divergent de la voyelle précédente : alors que pour une forme comme *poisson* il y a eu transfert vers l'avant d'un élément palatal, la voyelle initiale de *pêcher* n'a pas été modifiée (BOURCIEZ, § 122 Rem. I). Le wallon, quant à lui, ne présente pas cette différenciation, l'élément palatal se combinant avec la sifflante, et non avec la voyelle initiale. La comparaison des formes fr. telles que *poisson*, *vaisseau* avec les correspondants w. *pèchon*, *wachê*, permet de supposer que la fusion du yod avec la sifflante dans les formes wallonnes a précédé le passage du *ei* initial à *oi*, et de *ai* à è (voir REMACLE, *H secondaire*, 332n).

1.124.3. Lorsque K s'est trouvé derrière consonne suite à l'amuïssement d'une voyelle atone, il aboutit tantôt à ĉ, tantôt à ĝ selon la date d'amuïssement de cette voyelle (4).

Exemples : a) *mantche* 'manche' ; *astantchè* (de **stanticare*, *FEW* XII, 232b) 'endiguer' (5) ;

b) *bièrdjî* 'berger' ; *tchèrdjè* 'charger' ; *vindjè* 'venger'.

(1) Voir *ALW* 1, c. 20 "cloche" ; c. 59 "marché" ; MARCHOT, *Phonologie*, § 4 et 11 ; GUSTIN, 73 et 75 ; NIEDERLÄNDER, § 58b ; GRIGNARD, § 59 ; BRUNEAU, *Etude*, § 248.
Comme à l'initiale, certaines formes présentent à l'intérieur du mot, une gutturale, et non une affriquée. Exemples : *tchôkè* 'pousser, bourrer' ; *broke* 'broche, cheville' et son dérivé *brokè* 'foncer, s'élancer' (comp. *brotchè* 'jaillir, faire éruption' ; tous deux correspondent à l'a.fr. *brochier*, *FEW* I, 544a). Voir MEYER-LÜBKE, § 410.

(2) Si le groupe SK aboutit au même résultat dans l'est-wallon (H secondaire ou ses équivalents), et ce, devant *e*, *i*, tout comme devant *o*, *u* et *a* (à la différence du français), cela ne signifie pas que les évolutions qui mènent à cet aboutissement unique coïncident. Il faut au minimum distinguer l'évolution de SK + *e*, *i* (laquelle rejoint la catégorie *sifflante + yod*) des autres évolutions qui se confondent avec elle suivant un processus qu'on est loin d'avoir élucidé. L. Remacle, après une longue analyse des principales hypothèses qui ont été formulées sur le sujet, notamment à la lumière de considérations géographiques, conclut que l'évolution de SK, quel que soit l'environnement, repose sur la palatalisation romane de K (*H secondaire*, 208-216 ; 294-303 ; 380-384).

(3) Cette chronologie est confirmée par le fait que les mots franciques sont englobés dans l'évolution de SK (voir REMACLE, *H secondaire*, 337).

(4) Alors que la pénultième atone tombait généralement de bonne heure (a), l'intertonique s'est maintenue plus longtemps (b), permettant ainsi la sonorisation du K : voir BOURCIEZ, § 122 H.

(5) A côté d'une évolution en č (type *mantche*), laquelle présuppose un amuïssement de la pénultième atone, la finale *-ica* connaît, dans des mots comme *dîmègne* 'dimanche', *grègne* 'grange', *pîce* 'perche' une évolution où c'est le K intervocalique qui s'est amuï, entraînant des groupes *consonne + -ia* (*n + -ia*; *t + -ia*). Cette évolution se rencontre principalement dans le centre-wallon et l'est-wallon. Dans notre région, les parlers des arr. de Marche et de Bastogne se rattachent au traitement de l'est-wallon ; dans l'arr. de Neufchâteau, c'est généralement une évolution parallèle au fr. qui est observée. Voir *ALW* 1, c. 29 "dimanche" ; c. 70 "perche" ; LEROND, 362 ; BRUNEAU, *Etude*, § 233 Rem. II ; NIEDERLÄNDER, § 59c ; STRAKA, *Mélanges Henry*, 303-311. Comp. avec *-icu*, voir 1.129 n 1.

§ 1.125. K, G + *a*, intérieurs derrière voyelle.

A la différence du français qui distingue deux évolutions selon la nature de la voyelle qui précède, le wallon paraît présenter un processus unique : l'amuïssement de la gutturale. La nature de la voyelle interviendrait seulement dans le choix de la semi-voyelle qui résorbe l'hiatus (1).

Exemples : a) *payè* 'payer' ; *nèyè* 'noyer' ; *playe* 'plaie' ;
b) *djouwè* 'jouer' ; *louwè* 'louer' ; *tchèroûwe* 'charrue'.

---

(1) Il est probable que l'amuïssement de K, G intervocaliques derrière une voyelle palatale est passé par la transformation en yod. Par la suite, celui-ci a pu se combiner avec la voyelle précédente pour quelques formes (voir 1.12.1), ou, le plus souvent, s'amuïr. La semi-voyelle actuelle n'est sans doute pas le prolongement historique des gutturales étymologiques, mais un cas de résorption de l'hiatus (voir 1.111). Voir MARCHOT, *Phonologie*, § 2 et 12 ; BRUNEAU, *Etude*, § 187 et 198 ; GUSTIN, 102 ; NIEDERLÄNDER, § 59 et 65b ; GRIGNARD, § 59 ; FELLER, *Phonétique*, § 84.

K, G + o, u

§ 1.126. K, G + *o*, *u* à l'initiale sont restés intacts (1).

Exemples : *cwars* 'corps' ; *keûde* 'coude' ; *cawe* 'queue' ; *côp* 'coup' ; *cûr* 'cuir' (2) ;
gueûye 'gueule' ; *gote* 'goutte' ; *gostè* 'goûter'.

---

(1) Voir *ALW* 1,c. 22, 23, 26 ; NIEDERLÄNDER, § 61a et 65a ; GRIGNARD, § 61 et 65 ; GUSTIN, 66-67.

(2) Mais *gordine* (litt. "*courtine*") 'rideau' ; comp. 1.130.

§ 1.127. K, G intérieurs derrière consonne

1.127.1. K, G intérieurs derrière consonne se maintiennent généralement.

Exemples : *angoche* 'angoisse' ; *mèrcoudi* 'mercredi'.

1.127.2. Lorsque la consonne qui précède est *s*, on retrouve l'évolution du groupe SK déjà décrite plus haut (1.117.2 et

1.124.2). La conjugaison inchoative du type **finisco* en est une illustration. Mais alors qu'en lg., cette évolution est encore perceptible (cf. *i finih, i noûrih*), elle ne l'est plus à Tenneville, l'équivalent du H secondaire lg. étant devenu inaudible en finale (comp. 1.118.2) : *i fini, i noûri* (1). Phonétiquement, SK devant une voyelle vélaire rejoint l'évolution de X (KS) : voir plus loin, 1.134.

Exemple : *frèch* (litt. "*frais*", *FEW* XV/2, 178a) 'humide, mouillé' (2).

---

(1) Voir REMACLE, *H secondaire*, 74, 76, 299-300 ; BRUNEAU, *Etude*, § 237 ; BOURCIEZ, § 125 Rem. ; WÜEST, 310-311.

(2) Voir cependant REMACLE, *H secondaire*, 300 n 2.

§ 1.128. K, G intérieurs s'effacent derrière voyelle.

Exemples : *awous'* 'août' ; *djeû* 'jeu' ; *pô* 'peu' ; *fawê* 'fouteau' ; *fistu* 'fétu' (1).

Comp. 1.125.

---

(1) La comparaison du type *fistu* (sans semi-voyelle) et du type *tchèroûwe* (1.125) fournit un repère chronologique quant à l'insertion de la semi-voyelle. Celle-ci est postérieure à la chute de *o*, *u* en finale, mais antérieure à l'amuïssement complet de *a* final. Dans le premier cas, il n'y a pas d'hiatus à combler ; mais dans le second, la présence de la semi-voyelle est nécessaire pour résorber l'hiatus qui se crée entre la voyelle tonique et la voyelle finale qui se maintient.
Voir aussi *ALW* 1, c. 41 "fétu" ; MARCHOT, *Phonologie*, § 2 et 12 ; NIEDERLÄNDER, § 61b et 65b ; GRIGNARD, § 61 et 65 ; FELLER, *Phonétique*, § 84.
Pour l'évolution du *k* intervocalique dans *asgur* 'stable, de niveau' (de *securus*, *FEW* XI, 389a), comp. les formes fr. *dragon*, *cigogne*, *second*, etc. : voir BOURCIEZ, § 126 Rem. II ; pour des attestations anciennes, voir *BTD*, XXXVIII, 261-262 ; GOOSSE, XCI.

§ 1.129. K + *o*, *u* en finale ou derrière consonne aboutit à ĉ.

C'est la finale -*ccu* qui nous fournit nos illustrations : *bètch* 'bec' ; *sètch* 'sec' ; *satch* 'sac' (1).

L'examen des cartes de l'*ALW* fait apparaître que cette évolution est attestée en Belgique romane dans la zone où K + *a* aboutit à ĉ (voir 1.122 et 1.124). A la suite de Marchot, L. Remacle (*Ancien wallon*, 71) pense que ces deux évolutions se rattachent l'une à l'autre, et que l'altération du K serait antérieure à 750. On remarquera pourtant que si l'évolution de K + *a* est parallèle en francien et dans les parlers wallons, celle de la finale -*ccu* distingue nos dialectes wallons du français (2).

---

(1) Le suffixe -*icu* dans les proparoxytons connaît une double évolution : tantôt il aboutit à ĉ, avec amuïssement de la pénultième atone (ex. : lat. *manicus*, fr. *manche*, w. *mantche*) ; tantôt, c'est la gutturale qui s'amuït, pour aboutir au w. lg. *pwèce* (à Bastogne *pwace* ; mais à Tenneville, nous avons relevé *pwatche*, alors que l'*ALW* 4, notice 44, c. 26 note *pwace*). Cette distinction a déjà été observée pour la finale -*ica* (voir 1.124 n 5). Voir aussi *ALW* 1, c. 58 "manche" ; c. 88 "sac" ; MARCHOT, *Phonologie*, § 4 ; BRUNEAU, *Etude*, § 249 ; NIEDERLÄNDER, § 61b ; GRIGNARD, § 61 ; FELLER, *Phonétique*, § 122 ; STRAKA, *Mélanges Henry*, 297-303.

(2) Voir REMACLE, *H secondaire*, 300n ; WÜEST, 311.

K, G devant consonne

Groupes initiaux

§ 1.130. Seuls existent en latin les groupes initiaux où les occlusives gutturales sont suivies d'une des vibrantes *l* ou *r*. Ces groupes se sont maintenus intacts, en wallon comme en français (1).

Exemples : *clè* 'clé' ; *clôre* 'clore' ; *clâ* 'clou' ; *crin.me* 'crême' ; *crâs* 'gras' ; *glèce* 'glace' ; *grin.ne* 'graine'.

On observe quelques cas de sonorisation de la gutturale sourde : *grèvèsse* 'écrevisse' ; *grawiyè*, *grawiète* (de l'a.frq. *krawa 'griffe', *FEW* XVI, 379b) 'tisonner', 'tisonnier' (2).

Parfois, on assiste à une métathèse du groupe initial GR- (voir 1.172).

---

(1) Voir *ALW* 1, c. 20, 21, 24, 25 et 47 ; NIEDERLÄNDER, § 62a et 65a ; GRIGNARD, § 62 et 65 ; GUSTIN, 66 et 68.

(2) Voir MARCHOT, *Phonologie*, § 5 ; BRUNEAU, *Etude*, § 264 ; LEGROS, *BTD* XXXII, 321-322.

Groupes intérieurs

§ 1.131. Groupes KR, GR derrière voyelle.

Il est probable que les gutturales sont passées à yod, comme en francien ; ce yod s'est parfois combiné avec la voyelle précédente, mais le plus souvent s'est amuï.

Exemples : a) *lâme* (litt. "*larme*") 'miel' ; *cûre* 'cuire' ; *dîre* 'dire' ;

b) *flêrè* (litt. "*flairer*") 'puer' ; *ètîr* 'entier' ; *neûr* 'noir' (1).

---

(1) Dans l'évolution de *nigru*, le passage de la gutturale à yod serait antérieur à l'ouverture de *i* en *ẹ* (FOUCHE, 714 ; BOURCIEZ, § 132 Rem. II). L'évolution présenterait donc les étapes **niyro* > **niro* > **neiro* (avec diphtongaison du *ẹ* en syllabe ouverte), et non une série **negro* > **neiro*, etc. *Neûr* serait donc à classer dans la série de *beûre*, *creûre*, etc. (voir 1.31) et non avec *dreût*, *streût*, etc. (1.37).

§ 1.132. Groupes KL, GL

1.132.1. KL, GL derrière consonne restent intacts.

Exemples : *singlè* 'sanglier' ; *sâclè* 'sarcler'.

En finale, il y a réduction du groupe au profit de la gutturale (voir plus loin, 1.193) : *cèke* 'cercle' ; *ongue* 'ongle' ; mais *stronlè* 'étrangler' (1).

1.132.2. KL, GL derrière voyelle disparaît ou se transforme en yod.

Exemples : a) - *āc(u)lu* (voir 1.15) : *crama* 'crémaillère' ;
- *ŭc(u)lu* (voir 1.65) : *gno* 'genou' ;
b) - *āc(u)la* (voir 1.16) : *mâye* 'maille' ;
- *ĭc(u)lu, -ĭc(u)la* (voir 1.39) : *somèy* 'sommeil' ; *orèye* 'oreille' ;
- *īc(u)la* (voir 1.45) : *tch(i)vîye* 'cheville'.

On le voit, *y* final (issu de *l* mouillé par la gutturale) s'est conservé lorsqu'en finale on trouvait la voyelle *a*, qui a été la dernière à s'amuïr. Le suffixe *-ĭc(u)lu* (type *somèy*) semble faire exception, mais il est possible que l'analogie ait joué. Pour *-ŏc(u)lu*, voir 1.55 n 1.
Le français ne présente pas cette distinction fondée sur la nature de la voyelle finale.

---

(1) Voir MARCHOT, *Phonologie*, § 6 et 7 ; NIEDERLÄNDER, § 62b ; GRIGNARD, § 62 et 65 ; GUSTIN, 67 et 69 ; FELLER, *Phonétique*, § 103.
Relevons un cas de métathèse : *blouke* 'boucle'.

§ 1.133. KT, GT, GD voient la résolution de K et G en yod. Celui-ci s'est amuï, après avoir, dans certains cas (voir 1.54 et 1.71) influencé l'évolution de la voyelle précédente (1).

Exemples : *teut* 'toit' ; *nut'* 'nuit' ; *ût'* 'huit' ; *freûd* 'froid' ; *brut* 'buit' ; *reûd* 'roide' ; *(i) lît* '(il) lit' (2).

---

(1) Certaines évolutions wallonnes ne permettent pas d'évaluer dans quelle mesure le yod a influencé la voyelle précédente : voir notamment 1.27 n 3 et 1.37 n 5.

(2) Voir *ALW* 1, c. 45 "froid" ; c. 55 "lit" ; NIEDERLÄNDER, § 65b ; GRIGNARD, § 65 ; FELLER, *Phonétique*, § 94 et 116.

§ 1.134. KS intervocalique voit la gutturale passer à yod ; celui-ci se combine avec la sifflante, ce qui entraîne la formation d'un H secondaire ou de ses équivalents.

Exemples : *chîj* 'six' ; *tèche* 'tisser' ; *lache* 'laisse' (1) ; *coche* (du lat. *coxa*, *FEW* II/2, 1261b) 'branche coupée'.

Cette évolution n'est pas générale ; dans certains mots, KS aboutit à *s*, notamment *passon* (a.fr. *paisson*, *FEW* VIII, 97b) 'pieu' ; *massale* (a.fr. *maissele*, du lat. *maxilla*, *FEW* VI/1, 558a) 'joue' ; mais au lg. *assi* correspond *achi* 'essieu' dans toute notre région (2).

Le préfixe *ex-* aboutit à *s* (3) : *sayè* 'essayer' ; *asmète* 'amouiller' ; *stinde* 'étendre' ; *sgotè* 'égoutter' ; *stwartchon* (litt. "*è-torch-on*", à ajouter au *FEW* XIII/2, 103a) (4) 'bouchon de paille tordue'.

Pour *ex-* + K, voir plus loin 1.148.1.

---

(1) Mais *r(i)laye*, dans l'expression *a r'laye* 'à foison', à ajouter au *FEW* V, 226a ; voir aussi *ALW* 3, 104a, 105a.

(2) Voir REMACLE, *H secondaire*, 73-74 ; HAUST, *Etymologies*, 196n ; MARCHOT, *Phonologie*, § 19 ; GUSTIN, 82 ; BRUNEAU, *Etude*, § 237 ; NIEDERLÄNDER, § 71b ; GRIGNARD, § 71 ; FELLER, *Phonétique*, § 95.

(3) Voir BOURCIEZ, § 136 Rem. I ; REMACLE, *H secondaire*, 74 ; BRUNEAU, *Etude*, § 231 ; FELLER, *Phonétique*, § 81.

(4) Le type "*è-torch-on*" est concurrencé dans les parlers du sud-wallon par le type "*torch-on*" (voir *ND* X, 99 ; PIERRET, 238). Il n'est pas nécessaire de recourir à **twartion*, litt. "*tortillon*", comme le suggère Haust (*ND* X, 126), pour expliquer ces formes.

§ 1.135. KW, GW (Lat. *cu-*, *gu-*, *co-*, *qu-*)

1.135.1. A l'initiale de mot, ces groupes restent généralement intacts dans le parler de Tenneville.

Exemples : *cwate* 'quatre' ; *cwârtî* 'quartier' ; *cwachè* 'casser, couper' ; *cwè* 'coi' ; *cwinze* 'quinze' ; *cwansiè* 'hésiter, tergiverser' (1).

Mais on trouve aussi des formes avec réduction du groupe, comme en français : *cand* 'quand' ; *kê* 'quel' ; *kî* 'quérir, chercher'.

Le traitement wallon est un archaïsme par rapport au français qui remonte à la fin du XIIe s. (date de la réduction de KW à K en francien, voir BOURCIEZ, § 137 H). Aujourd'hui cependant, seul le lg. maintient régulièrement le W, les autres parlers ne l'attestent plus que dans quelques mots. Notre région illustre bien ce recul du traitement wallon (2).

1.135.2. A l'intérieur du mot, les formes wallonnes présentent la réduction de KW, GW à W (3).

Exemples : a) *linwe* 'langue' ; *anwîye* 'anguille' ;
b) *êwe* 'eau' ; *sûre* 'suivre' ; *sêweû* 'évier'.

La différenciation par rapport au francien est sans doute très ancienne pour *linwe* et *anwîye*, mais L. Remacle n'en a recueilli des attestations qu'à partir du milieu du XIIIe s. (*Ancien wallon*, 74).

---

(1) Comme le subs. *cwanses* (dans l'expression *fé lès cwanses* 'faire semblant', *cwansiè* est à rapprocher de l'a.fr. *quanses* (*FEW* II, 1416a *quam si*).

(2) Voir REMACLE, *Ancien wallon*, 73 ; MEYER-LÜBKE, 376 ; GOOSSE, CI ; *ALW* 1, c. 36 "équerre" ; *ALW* 3, notice 194 "carême" ; MARCHOT, *Phonologie*, § 14 ; *RPGR* IV, 29 ; GUSTIN, 104 ; NIEDERLÄNDER, § 64 ; GRIGNARD, § 64 ; FELLER, *Phonétique*, § 79 ; GOURDANGE, 67 ; BRUNEAU, *Etude*, § 195.

(3) Seuls les exemples repris sous (a) se différencient nettement de l'évolution fr. Pour *êwe*, on a, en wallon comme en fr. les étapes suivantes : **awwa* > **awa* > **ewe*. A partir de là, le *w* a conditionné les étapes *eawe*, etc. du fr., à la différence du wallon où le timbre de la voyelle est resté intact, malgré le voisinage du *w* (comp. 1.9, 1.25 et 1.53). De même pour *sûre*, on a les étapes **siewwere* > **siwere* > **siure*, puis une interversion qui a donné *suire*. A partir de là, le groupe *ûi* s'est monophtongué en *û* dans les formes wallonnes (comp. 1.54 et 1.71).
Voir FOUCHE, 723-724 ; BOURCIEZ, § 137 ; MEYER-LÜBKE, *Grammaire* I, 451 ; GOOSSE, CII ; MARCHOT, *Phonologie*, § 14 ; GUSTIN, 103 ; NIEDERLÄNDER, § 64 ; GRIGNARD, § 64 ; BRUNEAU, *Etude*, § 196 ; *La limite*, 183 ; PIERRET, 129-130 ; GOURDANGE, 68 ; FELLER, *Phonétique*, § 105 ; *ALW* 1, c. 30 "eau".

§ 1.136. Quelques mots présentent un K insolite en finale (1). Distinguons divers cas :

- dans les adjectifs fém. du type *blanke* 'blanche' ; *franke* 'franche', c'est l'influence des formes masc. qui a joué, le *-k* s'y étant maintenu jusqu'à une époque tardive, surtout devant initiale vocalique ;

- dans *fèzik* 'fusil', le *-k* a été faussement restitué ;

- *toubak* 'tabac' et *stoumak*'estomac' ont conservé un *-k* audible (lequel s'est amuï en français dès la seconde moitié du XVIIe s.) ;

- *onk* 'un' (adj. indéf. employé comme pronom) présente en finale un *-k* adventice attesté dès la fin du XIIIe s. (2). Il apparaît aujourd'hui dans la moitié orientale de la Belgique romane, ainsi qu'en Meurthe-et-Moselle et dans les Vosges.

---

(1) Voir FOUCHE, 667 sv., 785 sv. ; BOURCIEZ, § 128 H ; BRUNEAU, *Etude*, § 266 ; NIEDERLÄNDER, § 58b ; GRIGNARD, § 59.

(2) Voir *ALW* 2, c. 8 "Un (nominal)" ; REMACLE, *Ancien wallon*, 86 ; GOOSSE, CXXX ; BRUNEAU, *Enquête*, n° 1627.

I consonne

§ 1.137. I consonne (qui représente une fricative palate *y*) à l'initiale aboutit à *ĝ*, suivant un processus analogue à celui suivi par G + *e*, *i* (voir 1.120).

Exemples : *djeû* 'joug' ; *djurè* 'jurer' ; *djîse* (< **jacitu*, *FEW* V, 3b ; comp. fr. techn. *gîte*) 'levier ; solive' ; *djus* (a.fr. *jus*) 'en bas, à bas' ; *dèdja*, *dja* 'déjà'.
Mais *jusse* 'juste', *janviè* 'janvier', *jun* 'juin' ou 'jeun', *julèt'* 'juillet' (formes fr.).

§ 1.138. I consonne à l'intérieur des mots se maintient ou se combine avec la voyelle précédente (1).

Exemples : a) *may* 'mai' ; *troye* 'truie' ;
b) *pîs* 'pis (adv.)'.

---

(1) Chacun des exemples mérite une explication particulière. Précisons d'abord que le *y* latin intervocalique était au départ une géminée *yy*, laquelle s'est réduite à des époques différentes selon l'environnement phonétique.
On trouvait encore en a.fr. *may*, avec un *y* implosif. L'évolution de la diphtongue *ay* a préservé le timbre de la voyelle, de même que le *y* (comp. *haye*, *playe*, 1.12.2 et 1.125).
Pour *troye*, il semble que la géminée *yy* se soit maintenue plus longtemps, et qu'il y ait eu diphtongaison de la voyelle. On attendrait une forme **trouye* (notée à Namur p.e., voir NIEDERLÄNDER, § 43a), comme décrit en 1.55.
Pour *pîs*, la géminée s'est rapidement réduite à *y*, lequel s'est combiné avec le *ě* diphtongué en *ie* (voir 1.27).

LES DENTALES LATINES

T, D

§ 1.139. T, D à l'initiale, devant voyelle ou devant consonne (groupes TR, DR), restent intacts.

Exemples : a) *tâve* 'table' ; *trô* 'trou' ; *tronce* 'tronce, tronche (d'arbre)' ;

b) *dint* 'dent' ; *drap* 'drap' ; *drî* 'derrière'.

On notera un développement récent de T, D devant *y*, rejoignant l'affriquée : *tchèsse* (à côté de *tièsse*) 'tête' ; *djâle* (à côté de *diâle*) 'diable' ; *djèrin* (à côté de *dièrin*) 'dernier', etc. (1). Comp. 1.145.1.

---

(1) Il s'agit de variantes libres, répandues dans les parlers wallons ; parfois, elles sont accompagnées d'une connotation péjorative (voir p.e. NIEDERLÄNDER, § 23).
Une autre variante libre concerne le groupe initial D'N (obtenu suite à l'amuïssement de la voyelle caduque), à l'intérieur d'un groupe phonétique : la dentale s'assimile à la nasale (voir plus loin, 1.192.3). Ex. : *po n'nè* 'pour donner' ; *po n'mwin* 'pour demain', etc. Voir MARCHOT, *Phonologie*, § 40 ; GUSTIN, 91.

§ 1.140. T, D intérieurs derrière consonne

1.140.1. T, D restent intacts si la consonne les précédait dès l'origine du mot.

Exemples : *gote* 'goutte' ; *tchantè* 'chanter' ; *intrè* 'entrer' ; *finde* 'fendre' ; *prinde* 'prendre' ; *piède* 'perdre'.

1.140.2. Lorsque la consonne qui précède est *s*

1.140.2.1. l'occlusive subsiste lorsqu'elle se trouve en position prétonique : *baston* 'bâton' ; *mèstî* 'métier' ; *prustè* 'prêter' ; *mostrè* 'montrer' ; *mêstriyè* (a.fr. *maistrier*) 'maîtriser' (1).

1.140.2.2. l'occlusive s'amuït lorsqu'elle se trouve en position posttonique : *fièsse* 'fête' ; *bièsse* 'bête' ; *pèsse* 'peste' ; *fignèsse* 'fenêtre' ; *crosse* 'croûte' ; *mêsse* 'maître' ; *pâsse* 'pâte' ; *crèsse* 'crête' ; *hasse* 'hâte' (2).

Le maintien du *s* en toute position caractérise les dialectes wallons. Par rapport à l'évolution du français, il s'agit d'un archaïsme qui remonte à la fin du XIIe s. (3). Quant à l'amuïssement du *t* posttonique, il s'agit d'un cas de réduction des groupes consonantiques en finale (voir 1.193).

1.140.3. Lorsque la consonne précède T, D suite à l'amuïssement d'une pénultième atone,

- D subsiste, mais se réalise en finale comme sa correspondante sourde (voir 1.192) : *tchôde* 'chaude' ; *reûde* 'raide' ;

- T subsiste ou se sonorise suivant la date d'amuïssement de la pénultième atone : a) *fâte* 'faute' ; *bontè* 'bonté' ; *costeure* 'couture' ;

b) *keûde* 'coude' ; *vûdè* 'vider'.

---

(1) Voir *ALW* 1, c. 37, 41 et 60 ; MARCHOT, *Phonologie*, § 21 ; BRUNEAU, *Etude*, § 232 ; NIEDERLÄNDER, § 70a ; FELLER, *Phonétique*, § 98 ; GRIGNARD, § 70 ; GOURDANGE, 70 ; REMACLE, *Ancien wallon*, 74.

(2) Voir *ALW* 1, c. 25, 57 et 95 ; *ALW* 4, notice 35, c. 19 ; MARCHOT, *Phonologie*, § 22 et 29 ; BRUNEAU, *Etude*, § 210.3 et 233 ; NIEDERLÄNDER, § 70a ; GRIGNARD, § 70 ; GUSTIN, 80 ; GOURDANGE, 70 ; FELLER, *Phonétique*, § 98.

(3) Voir REMACLE, *Ancien wallon*, 74 ; *Syntaxe* I, 201n ; GOOSSE, XCV ; BOURCIEZ, § 157 H ; FOUCHE, 861.

§ 1.141. T, D intervocaliques s'amuïssent (1).

Exemples : a) *vê* 'veau' ; *sèyê* 'seau' ; *anêye* 'année' ; (*si*) *fiyè* '(se) fier' ; les produits des finales *-ita*, *-uta*, *-ata* (voir 1.112) ;

b) *cawe* 'queue' ; *souwè* 'suer' ; *touwè* 'tuer' ; *wayè* (litt. "*guéer*", *FEW* XVII, 439a) 'patauger' (voir 1.113).

---

(1) Après divers affaiblissements successifs, la dentale s'est complètement amuïe vers la fin du XIe s. (voir BOURCIEZ, § 142 H). L'insertion des semi-voyelles pour résorber l'hiatus n'est donc pas antérieure à cette époque.
Voir *ALW* 1, c. 2 "année" ; c. 72 "perdue", etc. ; MARCHOT, *Phonologie*, § 15 ; NIEDERLÄNDER, § 66 ; GRIGNARD, § 66 ; BRUNEAU, *Etude*, § 187c ; GUSTIN, 104 ; FELLER, *Phonétique*, § 84.

§ 1.142. T, D intérieurs devant *r* ou *l*

1.142.1. TR, DR précédés d'une consonne se maintiennent devant la tonique.

Exemples : *intrè* 'entrer' ; *vantrin* 'tablier' ; *mostrè*'montrer'. En finale, le groupe consonantique se réduit au profit de la dentale (voir 1.193) : *vinde*'vendre' ; *mète* 'mettre'.

1.142.2. TR, DR intervocaliques aboutissent par assimilation à *rr*, puis *r*.

Exemples : *pîre* 'pierre' ; *bûre* 'beurre' ; *pêre* 'père' ; *mêre* 'mère' (1).

1.142.3. TL, DL, lorsqu'ils sont de constitution tardive, s'assimilent en *ll*, puis *l*.

Exemples : *spale* 'épaule' ; *rôlè* 'rouler'.

---

(1) Parfois même, le *r* peut s'amuïr : cf. *frè* 'frère (*ALW* 1, c. 44). Cet amuïssement est sans conséquence quant au timbre de la voyelle, qui est traitée comme en syllabe fermée (voir 1.1.1). Voir aussi MARCHOT, *Phonologie*, § 29 ; NIEDERLÄNDER, § 77 ; GRIGNARD, § 75.

§ 1.143. T, D intérieurs devant consonne s'effacent par assimilation.

Exemples : *tèmon* 'témoin' ; *rècine* 'carotte' ; *vinte* 'vente' ; *finte* 'fente'.

§ 1.144. TY

1.144.1. TY derrière consonne aboutit à *s*.

Exemples : *fwace* 'force' ; *hâssè* (litt. "*hausser*") 'acheter aux enchères' ; *tchèssè* 'chasser' ; *chwace* 'écorce'.

1.144.2. TY intervocalique en position prétonique ou posttonique aboutit à ẑ.

Exemples : *rawîjè* '(r)aiguiser' ; *poûjè* 'puiser' ; *martchandîje* 'marchandise'.
Cette évolution rejoint celle décrite pour K + *e*, *i* dans le même contexte phonétique (voir 1.118). La chuintante sonore correspond au H secondaire lg. (comp. lg. *raw'hî*, *poûhî*, *martchandîhe*, etc.) (1).

1.144.3. Le groupe STY aboutit à ŝ, en position prétonique ou posttonique.

Exemples : a) *machè* 'mélanger' ;
b) *angoche* 'angoisse' ; *uch* 'huis' (2).

Le traitement du groupe STY en wallon se distingue donc de l'ensemble *consonne + TY* en français (où il y a dégagement d'un yod vers l'avant, lequel se combine avec la voyelle précédente) comme en wallon (où le yod se combine avec la sifflante pour donner naissance au H secondaire et à ses équivalents ; comp. 1.124.2).

---

(1) Voir REMACLE, *H secondaire*, 69-71, 332 ; BRUNEAU, *Etude*, § 245 ; NIEDERLÄNDER, § 67a ; GRIGNARD, § 67 ; FELLER, *Phonétique*, § 107 ; *ALW* 1, c. 80 "puiser".

(2) A propos du w. *-pôy*, lat. *postea*, fr. *-puis*, présent dans *dispôy* 'depuis', L. Remacle (*H secondaire*, 73n) se de-

mande si le yod final a remplacé le *h* attendu (en lg.). Cette hypothèse concorde avec la semi-voyelle observée pour d'autres évolutions à Tenneville (voir 1.118.3).
Voir aussi REMACLE, *ibidem*, 332 ; BOURCIEZ, § 147 Rem. III ; *ALW* 4, notice 23, c. 13 ; MARCHOT, *Phonologie*, § 19 ; BRUNEAU, *Etude*, § 239 ; NIEDERLÄNDER, § 72b ; GRIGNARD, § 72.

§ 1.145. DY

1.145.1. DY à l'initiale, ou intérieur derrière consonne, aboutit à *ĝ* (1).

Exemples : - *djoû* 'jour' (2) ;
- *wadje* 'orge' ; *sâvadje* 'sauvage' (et le suff. *-aticu*, voir 1.11) (3).

1.145.2. DY intervocalique voit la dentale s'amuïr (4).

Exemples : *mouyou* 'moyeu' ; *aspoyè* 'appuyer' ; *djôye* 'joie'.

(1) Voir *ALW* 3, notice 120, c. 41 "jour" ; MARCHOT, *Phonologie*, § 16 ; BRUNEAU, *Etude*, § 250 ; NIEDERLÄNDER, § 67b ; GRIGNARD, § 67 ; FELLER, *Phonétique*, § 108.

(2) Comp. cette évolution à la transformation récente du groupe *di-* initial devant voyelle (voir 1.139). On remarque qu'un mot comme *diâle* (qui a pu subir des influences savantes) n'a pas été entraîné dans l'évolution décrite en 1.145.1, mais est aujourd'hui touché par la transformation récente du groupe *di-* + voyelle.

(3) Le suffixe *-aticu* rejoint l'évolution de DY par une série d'étapes **-adigu*, **-adiyu*, **-adyu*. Voir FOUCHE, 459 ; BOURCIEZ, § 149 H, et nos références en 1.11 ; une autre explication est avancée par G. Straka, dans les *Mélanges Henry*, 302-303.
Voir aussi BRUNEAU, *Etude*, § 251 ; NIEDERLÄNDER, § 68a ; GRIGNARD, § 9.

(4) Voir GUSTIN, 101 ; FELLER, *Phonétique*, § 108 ; GRIGNARD, § 67.

§ 1.146. En finale, derrière voyelle ou derrière consonne, T et D se sont amuïs (1).

Exemples : - *pîd* 'pied' ; *seu* 'soif' ; *bî* 'bief' ; *èstè* 'été' ;

- *tchôd* 'chaud' ; *lît* 'lit' ; *grand* 'grand' ; *freûd* 'froid'.

Cependant, on note *ût'* 'huit', *vint'* 'vingt', *nut'* 'nuit' (2).

---

(1) Voir BRUNEAU, *Etude*, § 257 ; FELLER, *Phonétique*, § 84 ; NIEDERLÄNDER, § 68a ; GRIGNARD, § 69.

(2) Comp. la forme *nêt* 'veille de fête' (*li nêt do Noyè*, *li nêt do Novèl an* 'la nuit de Noël, la nuit du Nouvel an').

S

§ 1.147. S initial + voyelle se maintient généralement.

Exemples : *souwè* 'suer' ou 'sécher' ; *sîze* (a.fr. *sise* 'séance', fr. mod. *sis, -e* ; *FEW* XI, 393a) 'soirée, veillée' ; *singlè* 'sanglier'.
Cependant on note *choflè* 'souffler' ; *chîj* 'six' ; *chuflè* 'siffler' (1).

---

(1) *Chuflè* pose des problèmes étymologiques ; les influences analogiques ou onomatopéiques ont certainement joué un rôle dans l'évolution de ce mot ; voir REMACLE, *H secondaire*, 87n. Pour Bruneau (*Etude*, § 241), des formes comme *chuflè*, *choflè* sont le produit d'un phénomène secondaire qui s'apparente à la fréquente palatalisation de *s* dans les langues romanes (voir aussi MEYER-LÜBKE, 367).
On ne trouve pas dans le parler de Tenneville des formes correspondant aux groupes initiaux *hr-* et *hl-* relevés par FELLER, *BDW* XVI, 53 sv., repris par REMACLE, *ibidem*, 77-79.
Voir aussi MARCHOT, *Phonologie*, § 25 ; NIEDERLÄNDER, § 69a ; GRIGNARD, § 69 ; FELLER, *Phonétique*, § 80.

§ 1.148. S initial + consonne

L'évolution wallonne s'écarte du français sur deux aspects : il y a eu épenthèse vocalique, et non prothèse (voir 1.109) ; de plus, S s'est maintenu, intact ou combiné avec yod, pour produire un H secondaire ou ses équivalents.

1.148.1. SK + voyelle aboutit à *ŝ* (1).

Exemples : *châle* 'échelle' ; *choume* 'écume' ; *cheuvè* (a.fr. *escover*, *FEW* XI, 321b) 'brosser' ; *chate* (< a.h.all. *sceit*, *FEW* XVII,23a) 'limite' ; *choûtè* 'écouter' ; *chèle* 'écuelle' ; *choû* (< nld. *schoot*, *FEW* XVII, 52b) 'giron' ; *chèrpê* (du lat. *scalpellum*, *FEW* XI, 272b) 'ciseau (de menuisier)' ; *chame* (< *scamnum*, *FEW* XI, 278a) 'escabeau'.

Le préfixe *ex-* combiné avec K initial connaît le même aboutissement ; en effet KS devant consonne se réduit à *s* dès le bas-latin (voir 1.134) et *e* initial tombe.

Exemples : *cheûre* (a.fr. *escourre*) 'secouer' ; *richurè* 'récurer' ; *chwarcè* 'écorcher' ; *chapè* (litt. "*échapper*") 'guérir' ; *chavè* (< *excavare*, *FEW* III, 271b) 'racler, râper'.

1.148.2. Dans certaines formes, SK initial reste intact, devant consonne et devant voyelle (2).

Exemples : *scrinî* 'menuisier' ; *scrine* (du germ. **skina*, *FEW* XVII, 112a ; HAUST, *Etymologies*, 144) 'échine' (dont le doublet w. *chine* 'bois fendu' est régulier) ; *sclèyi* (de l'a.frq. **slitan* 'fendre', a.fr. *esclier*, fr. mod. *éclier* 'faire éclater une pièce de bois' ; *FEW* XVII, 151b ; HAUST, *Etymologies*, 216-217) 'ébarouir' ; *scrîre* 'écrire' ; *scwârè* 'équarrir' ; *scwêre* 'équerre' ; *scourîye* 'escourgée, fouet' ; *skiron* 'écureuil'.

1.148.3. Les groupes initiaux ST, SP se maintiennent (3).

Exemples : - *stâve* 'étable' ; *streût* 'étroit' ; *steûle* 'étoile'; *strin* (litt. "*étrain*", *FEW* XII, 285a) 'paille' ; *stitchè* (à rapprocher de l'a.frq. **stikkan*, *FEW* XVII, 232a) 'pousser vers l'avant un objet pointu ; égorger (avec le *stitcheû*) ; *strinde* (litt. "*étreindre*") 'serrer' ; *stritchè* (à rapprocher de l'all. *stritzen*, *FEW* XVII, 261b) 'jaillir avec violence, éclabousser';

- *spine* 'épine' ; *spale* 'épaule' ; *spès* 'épais' ; *sporon* 'éperon' ;

- *stampê* (a.fr. *estampel*, de l'a.frq. **stampôn*, *FEW* XVII, 216b) 'piquet fiché dans le sol (comme limite, repère)'.

---

(1) Pour l'explication du processus phonétique, voir REMACLE, *H secondaire*, 74-77 ; 208-216 ; 294-303 ; 380-384 ; voir aussi *ALW* 1, c. 31, 32 ; MARCHOT, *Phonologie*, § 19 ; BRUNEAU, *Etude*, § 238 ; NIEDERLÄNDER, § 71a ; GRIGNARD, § 71 ; GUSTIN, 69 ; FELLER, *Phonétique*, § 82 ; GOURDANGE, 71.

(2) Ces formes peuvent avoir subi une influence savante ou être des emprunts (germaniques, picards) introduits dans la langue à une époque où le groupe SK n'évoluait plus en H secondaire (après le XIIIe s. selon Warland, mais L. Remacle,

H secondaire, 81n, estime cette chronologie peu sûre). L. Remacle (*ibidem*, 82) suggère que le maintien du SK est dû à l'influence conservatrice du *r* (pour *scrine*, *scrinî*, *scrîre*) ou à la valeur du *s* comme élément de préfixe (cf. *ascwâchè* 'enjamber', *discandjè* 'échanger', où *s* se maintient).
Le maintien de SK n'est-il pas à mettre aussi en parallèle avec la conservation des groupes ST, SP à l'initiale (voir 1.148.3) ?
Voir aussi MARCHOT, *Phonologie*, § 19 ; BRUNEAU, *Etude*, § 231 ; NIEDERLÄNDER, § 71b ; GRIGNARD, § 71 ; GOURDANGE, 71-72.

(3) Voir *ALW* 1, c. 35 "épine" ; c. 38 "étoile" ; MARCHOT, *Phonologie*, § 20 ; BRUNEAU, *Etude*, § 231 ; GUSTIN, 79 ; GRIGNARD, § 70 ; FELLER, *Phonétique*, § 81 (les formes gaumaises sont parallèles à l'évolution fr.) ; GOURDANGE, 68-70.

§ 1.149. S intérieur derrière consonne se maintient généralement.

Exemples : *fâsse* 'fausse' ; *boûsse* 'bourse' ; *assone* 'ensemble'.

Le groupe SS intervocalique connaît un double aboutissement (1) :
1.149.1. tantôt il connaît l'évolution en *s*, comme en français : *vèssîye* 'vessie' ; *grosse* 'grosse' ; *tos'* 'toux' ; *rossê* (litt. "*rousseau*") 'roux' ;

1.149.2. tantôt il évolue vers H secondaire et ses équivalents : a) *fochale* 'excavation' ; *och* 'os' ; *vècheû* (litt. "*vesseur*") 'putois' ; *grocheûr* 'grosseur' ;

b) *spècheûr* 'épaisseur' ; *cwachè* 'croquer, couper'.

Le groupe (b) comprend des formes qui peuvent être expliquées au départ d'un étymon comprenant un yod, ce qui les ramène à l'évolution de *ssy* (voir 1.150) (2).

Pour le groupe (a), où aucun yod n'intervient (du moins à l'origine), il vaut mieux admettre qu'une palatalisation du *s* s'est produite : comp. 1.147 n 1 et 1.152 n 3 ; voir REMACLE, *H secondaire*, 86n.

(1) Voir REMACLE, *H secondaire*, 82-87 ; MARCHOT, *Phonologie*, § 23 ; BRUNEAU, *Etude*, § 242 Rem. 1 ; NIEDERLÄNDER, § 72b ; GRIGNARD, § 73 ; FELLER, *Phonétique*, § 122.

(2) *Cwachè* peut être rattaché au lat. **quassiare* (voir plus haut 1.19 n 4) ; quant à *spècheûr*, il faut y voir un dérivé de *spissus*, -*a* (*FEW* XII, 199a) ; mais à propos de *spèhe* 'fourré', Haust (*Etymologies*, 196n) propose un étymon **spissia* (a.fr. *espoisse*, *REW* 8159) ; dans la même ligne, Niederländer (§ 72b) donne à *raspèchi* 'épaissir' un étymon **respissiare* ; voir aussi REMACLE, *H secondaire*, 85-86.

§ 1.150. SSY intervocalique aboutit au H secondaire et à ses équivalents (*ŝ* à Tenneville).

Exemples : a) devant l'accent : *bachè* 'baisser' ; *mèch'nè* 'glaner' ;

b) après l'accent : *crache* 'graisse'.

Suivant un processus analogue à celui observé en français, il y a eu dégagement d'un yod en avant du groupe SSY, d'où *ysy*, puis *ys*. A ce stade, le yod s'est combiné avec la sifflante en wallon (1).

(1) Voir REMACLE, *H secondaire*, 72, 332 ; BOURCIEZ, § 159 ; *ALW* 1, c. 33 "engraisser" ; MARCHOT, *Phonologie*, § 23 ; BRUNEAU, *Etude*, § 239a ; GUSTIN, 70 ; NIEDERLÄNDER, § 72b ; GRIGNARD, § 72 ; FELLER, *Phonétique*, § 109.

§ 1.151. S intervocalique se sonorise.

Exemples : *wazeur* 'oser' ; *ripwêzè* 'reposer' ; *mèzure* 'mesure'; voir aussi le suffixe -*ōsa* (1.60).

§ 1.152. SY intervocalique aboutit au H secondaire ou à ses équivalents (1).

Exemples : a) devant l'accent : *mohon* 'maison' (2) ;

b) après l'accent : *cèlîje* 'cerise' ; *tchèmîje* 'chemise' ; *frambâje* 'airelle' ; *èglîje* 'église'.

Cette évolution est très proche de celle observée pour *ssy* : après qu'un yod s'est dégagé vers l'avant et que le *s* a été sonorisé, il y a eu réduction à *yz*, puis combinaison du yod avec la sifflante (3).

---

(1) Voir REMACLE, *H secondaire*, 71, 332 ; BOURCIEZ, § 159 ; *ALW* 1, c. 8 "cerise" ; c. 56 "maison" ; MARCHOT, *Phonologie*, § 23 ; BRUNEAU, *Etude*, § 244 ; FELLER, *Phonétique*, § 109 ; NIEDERLÄNDER, § 72a ; GRIGNARD, § 72.

(2) Notons les formes réduites *cwapî* 'cordonnier' (comp. lg. *cwèp'hî*) et *amon* (pour **a + mohon* ; voir *FEW* VI/1, 241b ; REMACLE, *H secondaire*, 310-311 ; *Syntaxe* 2, 334-338).

(3) La finale *-isa* (où originellement on n'a pas affaire au groupe SY) aboutit pourtant à *-îje*. Exemples : *falîje* 'falaise' ; *bîje* 'bise'. Comp. 1.147 n 1 et 1.149.2 ; voir aussi REMACLE, *H secondaire*, 72.

§ 1.153. S intérieur devant consonne

1.153.1. SK évolue en H secondaire ou ses équivalents : voir 1.117.2 (SK + *e*, *i*), 1.124.2 (SK + *a*), 1.127.2 (SK + *o*, *u*) (1).

1.153.2. ST subsiste ou se réduit à S, suivant que ce groupe est devant ou derrière la voyelle tonique : voir 1.140.2.

1.153.3. SP subsiste ou se réduit à S, selon que ce groupe est en position prétonique ou posttonique (2).

Exemples : a) *rèsponde* 'répondre' ; *vèsprêye* (litt. "*vesprée*") 'soirée' ;

b) *wèsse* 'guêpe'.

1.153.4. S'R (d'origine secondaire) se réduit à S

- derrière voyelle : *keûse* 'coudre' ;
- derrière S : *èsse* 'être' (3).

Le wallon, à la différence du français, n'a pas développé ici de consonne transitoire (voir plus loin, 1.187).

1.153.5. STR, SDR subsistent ou se réduisent à S selon qu'ils se trouvent en position prétonique ou posttonique.

Exemples : a) *mostrè* 'montrer' ;

b) *nosse* 'notre' ; *mêsse* 'maître' ; *êsse* "âtre".

Cette évolution est une variante du 1.140.2.

1.153.6. SKR (d'origine secondaire) aboutit au H secondaire et à ses équivalents : *crèche* 'croître', etc. (voir 1.117.2b).

Les formes wallonnes de ce paragraphe présentent une différenciation fondamentale par rapport au français, au gaumais et au picard (4) : le maintien général du S en position prétonique ou tonique, comme c'était déjà le cas en position initiale, ou son passage au H secondaire et à ses équivalents (5). A cet archaïsme qui remonte à la fin du XIIe s. (voir 1.140.2) s'ajoute pour les formes wallonnes en position posttonique la réduction du groupe consonantique à *s* (voir 1.154).

---

(1) Notons deux cas de réduction du groupe SK en K : *bokion* (fr. arch. *boquillon*, *FEW* XV/1, 195b) 'bûcheron', et *vikè* 'vivre' (tiré du passé simple ; cf. a.fr. *vesqui*, lat. *vixi* ; le *s* subsiste en a.lg. *visquer*, voir *DL* 694a ; MARCHOT, *Phonologie*, § 21 ; REMACLE, *H secondaire*, 82n ; GOOSSE, 337). Ces formes sont à mettre en rapport avec le 1.148.2.

(2) Voir *ALW* 1, c. 48 "guêpe" ; *ALW* 3, notice 135 ; MARCHOT, *Phonologie*, § 21 ; BRUNEAU, *Etude*, § 232 ; GOURDANGE, 70-71 ; NIEDERLÄNDER, § 70a ; GRIGNARD, § 70 ; GUSTIN, 80-81.

(3) Voir MARCHOT, *Phonologie*, § 29 ; NIEDERLÄNDER, § 73a ; GRIGNARD, § 73 ; FELLER, *Phonétique*, § 114 et 117.

(4) Voir REMACLE, *Ancien wallon*, 74 ; FELLER, *Phonétique*, § 114.

(5) WÜEST (305) associe la conservation partielle du *s* préconsonantique en wallon au phénomène de palatalisation des sifflantes, ce dernier ayant le même effet que la chute du *s* préconsonantique dans d'autres parlers : une réduction de la fréquence des sifflantes.

§ 1.154. Groupes SL, SN

1.154.1. Le groupe SL se réduit à L.

Exemples : *valèt* 'valet' ; *walêye* (< a.frq. **wasal*, *FEW* XVII, 540a) 'averse'.

1.154.2. L'évolution lg. pour le groupe SN réduit celui-ci à *n mouillé* (*frâgne, tchâgne*). Les formes notées à Tenneville sont des emprunts : *frin.ne* 'frêne', *tchin.ne* 'chêne'.

Sur base de formes lg. anciennes telles que *ihle* (*îhe, îye, île*, lat. *insula*) (1) ; *mahnie, maihnie* (a.fr. *mesniee*) ; *maihenaiges* (= **mah'nèdje, manèdje* 'ménage'), etc., L. Remacle (*H secondaire*, 88-90) suggère que l'amuïssement du *s* est passé par une étape intermédiaire *h*, dont le parler de Tenneville n'a gardé aucune trace. Cette hypothèse est intéressante dans la mesure où l'affaiblissement du *s* en *h* pour les groupes SL, SN en wallon est identique à celui de *s* devant les occlusives en français (ex. : *teste* > **tehte* > *tête*, voir BOURCIEZ, § 157 H). L'altération du *s* devant consonne serait donc analogue en français et en wallon, mais elle se réaliserait dans des contextes différents : devant *l* et *n* en wallon, devant les occlusives en français. Par contre, devant les occlusives (voir 1.153) (2), le wallon maintient le *s*, tandis que le français le fait disparaître par les étapes z, ð (BOURCIEZ, *ibidem*).

(1) A moins que la graphie *ihle* ne vienne d'une graphie *ilhe* (communication personnelle de M. L.Remacle, que nous remercions vivement).

(2) Le groupe S'R d'origine secondaire peut être rangé parmi les cas *S + cons. occlusive* pour le français, vu le développement d'une consonne transitoire *t* ou *d*.

§ 1.155. S à la finale s'amuït généralement.

Exemples : *gros* 'gros' ; *fi* 'fils' ; *nè* 'nez' (1).

(1) *Mwins'* (où le *s* final est audible, comme dans la plupart des parlers wallons, voir NIEDERLÄNDER, § 69b ; GRIGNARD, § 69 ; BRUNEAU, *Etude*, § 234 Rem. I ; MARCHOT, *Phonologie*, § 83) est une forme francisée ; comp. lg. *mons* (*DL* 413a).
Notons également *pus* ou *pus'* 'plus'.

LES LABIALES LATINES

P, B, V

§ 1.156. P, B à l'initiale, devant voyelle ou devant consonne (groupes PR, PL, BR, BL) se maintiennent.

Exemples : a) *pwin* (1) 'pain' ; *ploûre* 'pleuvoir' ; *plantche* 'planche' ; *prustè* 'prêter' ; *prinde* 'prendre' ; *paskêye* (comp. a.fr. *pasquille*, fr.mod. *pasquin* ; *FEW* VII, 706b) 'histoire plaisante, burlesque' ; *pèlote* 'pelure' ;

b) *bagn* 'bain' ; *beûre* 'boire' ; *bwêçale* 'jeune fille' (1) ; *blokê* 'billot' ; *brès* 'bras' ; *brantche* 'branche' ; *boyê* 'boyau' ; *bôses* (à rapprocher du fr. *bouse*, selon HAUST, *BTD* VIII, 454 ; à ajouter au *FEW* I, 473b) 'boues'.

Quelquefois, on assiste à une métathèse du groupe initial PR, BR + voyelle en P ou B + voyelle : *burtale* 'bretelle', *purnale* 'prunelle' (voir plus loin 1.172).

---

(1) Pour le développement d'un *w* après une consonne labiale, voir 1.191.

§ 1.157. V (= *w*) à l'initiale connaît une double évolution.

1.157.1. V aboutit à la labiodentale *v*.

Exemples : *vinde* 'vendre' ; *vwès* 'voix' ; *vint* 'vent' ; *vèhin* 'voisin'.

1.157.2. W d'origine germanique reste intact, en wallon comme en picard (alors qu'en francien, il a été renforcé en *gw*, ultérieurement réduit à *g*).

Exemples : *wâde* 'garder' ; *wazon* 'gazon' ; *wayin* '(re)gain' ;

wâfe 'gaufre' ; *wêre* 'guère' ; *(ri)wêtou* (litt. "*(re)guetter*") 'regarder' (1).

1.157.3. Dans quelques mots, le V latin aboutit à *w*. Cette évolution paraît issue d'une rencontre entre les étymons latin et germanique pour des mots comme *wèsse* 'guêpe' (*vespa* X **wapsa*) ou *wayè* 'patauger' (*vadare* X **wad*) ; on l'observe également - sans qu'on puisse évoquer d'influence germanique - dans *wachê* 'cercueil' et *wêre* (< *vāra*, HAUST, *Etymologies*, 285 ; *FEW* XIV, 172a) 'chevron' (2).

---

(1) Si la c. 48 "guêpe" de l'*ALW* 1 présente pour la quasi-totalité de la Belgique romane des formes avec *w* à l'initiale, la c. 82 "regain" note l'évolution fr. à l'ouest du Hainaut et dans le sud du Luxembourg. Voir aussi *ALW* 4, notice 168 "gaufre" ; MARCHOT, *Phonologie*, § 56 ; BRUNEAU, *Etude*, § 193 ; FELLER, *Phonétique*, § 77 ; GOURDANGE, 66-67 ; GUSTIN, 102 ; NIEDERLÄNDER, § 93a ; GRIGNARD, § 93 ; REMACLE, *Ancien wallon*, 72-73 ; GOOSSE, CII.

(2) Voir HAUST, *Etymologies*, 285 ; ajouter pour Bastogne *wêroûles* (< *variola*, *FEW* XIV, 181a) 'rougeole'.

§ 1.158. P, B, V intérieurs derrière consonne sont traités comme à l'initiale.

Exemples : *chapè* 'sauver' ; *sope* 'soupe' ; *tchèrbon* 'charbon' ; *sièrvou* 'servir' ; *tupin* (m.fr. *tupin*, de l'a.frq. **toppin*, *FEW* XVII, 347b) 'casserole, récipient'.

§ 1.159. P, B, V intervocaliques aboutissent à *v*.

Exemples : *saveur* 'savoir' ; *cheuvè* 'balayer' ; *tch(i)vô* 'cheval' ; *tch(i)vè* 'cheveu' ; *covè* 'couver' ; *lâvè* 'laver' ; *novê* 'nouveau' ; *nivè* (< **nivare*, *ALW* 3, 167b) 'neiger'.

§ 1.160. B, V au contact d'une voyelle vélaire se sont généralement effacés.

Exemples : *poûr* 'peur' ; *tayan* 'taon' ; *sawèri* 'sureau' (1).

Mais on note *avou* 'eu', *d'vou* 'dû', sans doute sous l'influence des formes de l'infinitif.

---

(1) Pour la semi-voyelle dans *tayan*, *sawèri*, voir 1.112 et 1.113. On note une grande variation suivant les régions : on trouve *tayan*, *tawan*, *taan* (BRUNEAU, *Etude*, § 155) ; *sawèri*, *sawou*, *sayou*, *sayeûr*, *sayôr*, *saôr* (*DL* s.v. *sawou*) : ces variantes illustrent le caractère non étymologique des semi-voyelles qui résorbent l'hiatus.

§ 1.161. P, B + r derrière voyelle aboutissent à *vr*, qui se conserve en position prétonique, mais se réduit à *v* en finale (réalisé comme sa correspondante sourde, voir 1.192).

Exemples : a) *ouvrî* 'ouvrier' ; *fèvrî* 'février' ; *avri* 'avril' ;
b) *lîve* 'lièvre' ; *fîve* 'fièvre' ; *coloûve* 'couleuvre' (1).

---

(1) Voir *ALW* 3, notice 109 "février" ; notice 111 "avril" ; MARCHOT, *Phonologie*, § 48 ; NIEDERLÄNDER, § 91a ; GRIGNARD, § 90 ; FELLER, *Phonétique*, § 104 ; GUSTIN, 88.

§ 1.162. P, B + r derrière consonne

- se maintiennent en position prétonique (ils sont traités comme à l'initiale, voir 1.156 et 1.158) : *vèsprêye* 'soirée' ;

- se réduisent au profit de la labiale en finale (avec neutralisation de la dimension de sonorité, voir 1.192) : *âbe* 'arbre' ; *ombe* 'ombre'.

§ 1.163. PL intervocalique passe à **wl*, puis se réduit à *l* (le *w* se combinant éventuellement avec la voyelle précédente) (1).

Exemples : *steûle* 'éteule' ; *pîlè* (d'une onom. *pī-*, *FEW* VIII, 418a) 'piailler, geindre'.

Les formes *dobe* 'double' et *cope* 'couple' sont des emprunts au français, avec réduction du groupe consonantique final. Comp. 1.164.

---

(1) Voir MARCHOT, *Phonologie*, § 50 ; NIEDERLÄNDER, § 84 ; GRIGNARD, § 90 ; FELLER, *Phonétique*, § 14 et 103 ; BRUNEAU, *Etude*, § 221.

§ 1.164. BL intervocalique connaît une double évolution.

1.164.1. BL se transforme en **vl* (1), puis se réduit à *v* (qui s'assourdit en finale absolue).

Exemples : *tâve* 'table' ; *stâve* 'étable' ; *râve* 'râble (instrument)'.

L'altération du B est une caractéristique des dialectes de l'est et du nord du domaine d'oïl, laquelle les différencie du francien qui a maintenu cette consonne intacte. Bourciez (§ 169 Rem. I) rend compte du traitement francien en invoquant une répugnance de la langue à prononcer le groupe **vl*. Le maintien de BL en français, malgré la pression de la voyelle précédente, serait dû à une géminée provisoire **b-bl* dont l'existence est confirmée par la non-diphtongaison du *a* dans ce contexte. Cela permet de situer la différenciation entre les dialectes centraux et les dialectes wallons dès avant la diphtongaison du *a* tonique libre (et peut-être même plus tôt, voir REMACLE, *Ancien wallon*, 77).

Nous avons vu plus haut (1.154) que devant L les formes wallonnes et françaises divergeaient quant au traitement de la consonne qui précédait cette liquide. Nous en voyons une nouvelle illustration ici.

1.164.2. Parmi les parlers qui présentent une altération de B(L), on observe, à côté de l'évolution qui aboutit à *v*, un autre processus qui aboutit à *l*, par un intermédiaire **wl* (le *w* se combinant éventuellement avec la voyelle précédente). Cette évolution est celle du groupe PL intervocalique (voir 1.163) et des groupes *-ab'l-* et *-ib'l-*.

1.164.2.1. Le groupe *-ab'l-* évolue généralement en *āl*.

Exemples : *hodâle* 'importun' ; *mâlèdâle* 'en mauvaise santé' ; voir 1.10.3.
A côté de cette évolution spécifiquement wallonne, se rencontrent bon nombre de formes où la finale est francisée : *capâbe* 'capable' ; *abominâbe* 'abominable', etc. (avec réduction du groupe consonantique en finale).

1.164.2.2. Le groupe *-ib'l-* évolue généralement en *ūl*.

Exemples : *sbaroûle* (de *sbarè* 'effrayer') 'peureux' ; *pâj'roûle* 'paisible' (2).
Les évolutions wallonnes de ce suffixe (*-île* ; *-ûle* ; *-oûle* ; *-îre*, avec rhotacisme du *l*) partent d'une étape commune *-iul-* (avec altération du *b*), laquelle se réduit tantôt au profit du premier élément, tantôt au profit du second. A côté de ces évolutions spécifiquement wallonnes, on observe des formes où la finale est francisée : *tèribe* 'terrible', *possibe* 'possible', etc., avec réduction du groupe consonantique en finale.

Le parler de Tenneville atteste donc les évolutions spécifiquement wallonnes, au départ d'une altération du B. Si la différenciation entre les évolutions dialectales et le français remonte dès les origines romanes, il est délicat de situer chronologiquement les variantes régionales issues de l'altération du B. Selon L. Remacle (*Ancien wallon*, 76), le groupe *-ab'l-* a pris la forme *āv* (et peut-être *āl*, *ōl*) dès la seconde moitié du XIIe s. Quant aux évolutions du groupe *-ib'l-* en *īl*, *ǖl*, *ūl*, elles apparaissent dans le courant du XIIIe s. (REMACLE, *Ancien wallon*, 77).

Géographiquement, l'évolution du B dans le mot *table* (3) montre que l'aboutissement *-âve* est répandu dans l'aire proprement wallonne ; la finale *-âle* (*-ôle*) s'observe dans l'ouest-wallon et dans une grande partie du sud-wallon, comme en gaumais. La frontière entre les deux traitements pour notre région suit approximativement une ligne Tenneville - Bastogne.

---

(1) D'après Bruneau (*Etude*, 378-379) et Marchot (*Phonologie*, 33), une forme comme *roviè* 'oublier' confirme cette étape intermédiaire.

(2) Ce mot est peu usité aujourd'hui ; il est remplacé par la forme fr. *trankile*, ou une périphrase.

(3) Voir *ALW* 1, c. 93 ; MARCHOT, *RPGR* IV, 30 ; *Phonologie*, § 50, 72 et 93 ; BRUNEAU, *Etude*, § 126d, 221 et 229 ; NIEDERLÄNDER, § 11a, 37a, 84 et 85 ; GRIGNARD, § 81 ; FELLER, *Phonétique*, § 14 et 103 ; GOURDANGE, 3 ; PIERRET, 35.

§ 1.165. P, B, V + consonne (autre que *r* ou *l*) s'effacent, en position prétonique ou posttonique.

Exemples : a) *tchèssè* 'chasser' ; *dotè* 'douter' ;
b) *tiène* 'tiède' ; *sèt'* 'sept' ; *keûde* 'coude' ; *cwars* 'corps' ; *djène* 'jaune' ; *djon.ne* 'jeune'.

§ 1.166. P, B, V + yod

Le français connaît pour ces évolutions un double processus (menant aux chuintantes *ŝ* et *ẑ*) :

- la consonantification du yod ;
- l'amuïssement de la labiale devant ce yod, comme devant les autres consonnes (BOURCIEZ, § 171).

En wallon, la situation est moins nette. Tantôt, il n'y a pas de consonantification du yod, et la labiale subsiste ; tantôt, c'est l'évolution inverse.

1.166.1. PY aboutit à *p* (1).

Exemples : *hèpe* 'hache' ; *crèpe* 'crèche' ; *api* (cf. a.fr. *achier* 'rucher', *FEW* I, 103b) 'rucher'.
L'évolution fr. apparaît dans *aprotchè* 'approcher' (comp. lg. *aprèpi*).

Les attestations anciennes de l'évolution spécifiquement wallonne apparaissent à la fin du XIIIe s., mais la différenciation remonte aux origines romanes (REMACLE, *Ancien wallon*, 75 ; GOOSSE, CI).

1.166.2. BY, VY aboutissent généralement à *ĝ* (1).

Exemples : *rodje* 'rouge' ; *radje* 'rage' ; *candjè* 'changer' ; *lèdjîr* 'léger'.

Une évolution qui rappelle celle décrite pour PY s'observe dans d'autres parlers ; voir notamment lg. *rêvioûles* 'rougeole' (2), *tchêve* (< *cavea*, *FEW* II, 552a) 'cage' (Tenneville : *cadje*, f. empruntée) ; chestr. +*tchêve* (PIERRET, 49), *goube* 'gouge' (PIERRET, 126-127).(Tenneville : *goûje*, f. empruntée).

---

(1) Voir *ALW* 1, c. 49 "hache" ; *ALW* 3, notice 91, c. 27 "neiger" ; MARCHOT, *Phonologie*, § 47 ; NIEDERLÄNDER, § 89b ; GRIGNARD, § 90 et 92 ; BRUNEAU, *Etude*, § 228 et 255 ; GUSTIN, 73 ; FELLER, *Phonétique*, § 106.

(2) A Tenneville, on utilise le type lexical *roudjètes* : voir HAUST, *Etymologies*, 208-209.
Au lat. **plovia* correspond *plêwe* à Tenneville, *pwave* à Bastogne (lg. : *plêve*). Haust (*BTD* XI, 190) explique la voyelle *ê* du lg. par l'analogie avec *êwe* 'eau', ce qui peut également rendre compte de la forme de Tenneville. Pour la forme de Bastogne, on peut invoquer une ouverture maximale du timbre (comme dans la région de Saint-Hubert, *plave*, MARCHOT, *Phonologie*, § 47 ; voir plus haut 1.43 n 3) ; pour d'autres variantes, voir *ALW* 3, notice 54, c. 14.

§ 1.167. P, B, V en finale tombent généralement (1).

Exemples : *tchamp* 'champ' ; *côp* 'coup' ; *leû* 'loup' ; *nièr* 'nerf' ; *noû* 'neuf'.

Dans les formes fém., la labiale se maintient : *noûve* 'neuve' (cf. *li Noûve Vèye* 'Laneuville'), ainsi que dans les formes masc. tirées du fém. : *vèf* 'veuf' ; *tchâve* 'chauve'.
Le lat. *nove* 'neuf'(adj. numéral) donne *noûf*.

---

(1) Voir BOURCIEZ, § 172 ; *ALW* 1, c. 4 "boeuf" ; MARCHOT, *Phonologie*, § 49 ; NIEDERLÄNDER, § 90 ; GRIGNARD, § 90 et 91.

F

§ 1.168. F à l'initiale ou derrière consonne à l'intérieur du mot, reste généralement intact (1).

Exemples : *fèye* 'fille' ; *foû* 'dehors' ; *fwart* 'fort' ; *fwin* 'faim' (2) ; *èfant* 'enfant' ; *flèyê* 'fléau' ; *freûd* 'froid' ; *frumint* 'froment' ; *fricassêye* '"fricassée" (de lard et d'oeufs)'; *flâwe* 'blague, histoire amusante' (3).

---

(1) Mais *blamè* 'flamber', où l'initiale pose problème : influence du fr. *brûler* (*REW* 3352) ? du flam. *blaken* (*DL* 85b ; *FEW* III, 601a et XV/1, 137b) ? ou de l'all. *blaken*, au vu de la diffusion des variantes (PIERRET, 266) ? ou encore celle de formes telles que *blawète* 'bluette', *ès-*, *asblâwi* (LEGROS, *DFL* 490a) ? Au fr. 'flamme' correspond le s.f. *blame*.

(2) Pour le développement d'un *w* après une consonne labiale, voir plus loin, 1.191.

(3) Dérivé du lat. *fabula* (*FEW* III, 345a), avec métathèse.

§ 1.169. Les groupes intérieurs FL, FR subsistent généralement (mais se réduisent en finale).

Exemples : *inflè* 'enfler' ; *choflè* 'souffler' ; *mofe* 'moufle' ; *soufe* 'souffre'.

U consonne

Il s'agit d'une fricative bilabiale, équivalente à *w*, qui se rencontre en latin, seulement derrière une autre consonne.

§ 1.170.

1.170.1. Groupes KW, GW, voir plus haut 1.135 et 1.157.2.

1.170.2. Derrière un groupe consonantique, *w* s'est effacé de la prononciation dès le latin vulgaire.

Exemples : *fèvri* 'février' ; *cwane* 'corne, coin' ; *tchèdron* 'chardon'.

Derrière consonne simple, *w* s'est maintenu pour aboutir à *v*.

Exemples : *vève* 'veuve' ; *janvîè* 'janvier' (1).

---

(1) Il s'agit d'une forme francisée : voir 1.13 n 2. La forme attendue **djanvî* est d'ailleurs attestée en quelques points épars, notamment dans les arr. de Bastogne, Neufchâteau et Virton ; voir *ALW* 3, notice 108, c. 36.

LES LIQUIDES LATINES

R

§ 1.171. R à l'initiale, intérieur derrière consonne (en position prétonique), intervocalique, reste généralement intact (1).

Exemples : a) *rèslî* 'râtelier (d'écurie)' ; *ridant* 'tiroir' (2) ;
b) *grin* 'grain' ; *creû* 'croix' ; *freûd* 'froid' (3) ;
c) *peûre* 'poire' ; *fôrè* 'fourrer'.

Le groupe *rr* intervocalique se réduit à *r* : *tchèroûwe* 'charrue' ; *fièr* 'fer' ; *tère* 'terre' ; *tchâr* 'char'.

---

(1) L'échange *l/r* n'est pas rare : *cèlîje* 'cerise' ; *splinke* (à rapprocher de l'all. *sprenkel*, *FEW* XVII, 188b, ou du néerl. *sprenkel*, *FEW ibidem* ; GESCHIERE, 249-250 ; la diffusion dans le domaine wallon plaide plutôt en faveur de la première hypothèse) 'tordoir ; objet mince et flexible' ; *veûl'tî* (de *veûle*, inusité à Tenneville, mais connu dans l'est-wallon, altér. de **veûre*, a.fr. *voirre* ; *FEW* XIV, 565b) 'vitrier'.

(2) Participe substantivé du v. **ridè*, inusité à Tenneville, mais bien connu dans le nord du domaine wallon (*FEW* XVI, 706b s.v. m.néerl. *rîden*).

(3) Dans certaines régions, le groupe *consonne + r + w* (ce dernier issu notamment de la diphtongaison en *wè*, *wa*, du *ē* tonique sous l'influence de yod ; voir plus haut 1.37) se simplifie par l'amuïssement du *r*. Dans notre région, on observe ce phénomène à Saint-Hubert, Arville, Hatrival (MARCHOT, *Phonologie*, § 30 ; *ALW* 1, c. 45 "froid") et à Neuvillers ; d'où les formes *fwad*, *dwat*, *cwa* 'croix', *cwâre*, *stwat*, etc. Dans les parlers ardennais étudiés par Bruneau (*Etude*, § 202 et 210), c'est plus généralement la semi-voyelle qui tend à disparaître.

§ 1.172. Les cas de métathèse à l'initiale dans les groupes étymologiques *cons. occlusive + r + voyelle* sont fréquents (1).

Exemples : *bèrdèlè* (à rapprocher de *brittus*, *FEW* I, 540a) 'grommeler ; radoter' ; *burtale* 'bretelle' ; *porcèssion* 'procession' ; *purnale* 'prunelle' ; *gurnî* 'grenier' ; *tortos* (cf. a.fr. *trestous*) 'tous' ; *gurzale* 'groseille' ; *gurzê* 'grêlon' ; *purdons, purdez* 'prenons', 'prenez' (de *prinde*) (2).

---

(1) Voir *ALW* 3, notice 89, c. 26 "grêlon" ; MARCHOT, *Phonologie*, § 31 ; NIEDERLÄNDER, § 74 ; GRIGNARD, § 78 ; BRUNEAU, *Etude*, § 213 (qui voit dans la métathèse un cas de transformation du *r voyelle* ; voir 1.110 n 2).
L'a.fr. lui aussi présente des métathèses à l'initiale : voir FOUCHE, 706-708.

(2) La métathèse est une tendance phonétique qui souffre de nombreuses "exceptions". Ainsi à Saint-Hubert, on trouve *gruzale* et *gruzê* ; à côté de *purmî* 'premier' à Bastogne, on note *prèmî* à Tenneville, etc. De plus, certaines métathèses ne sont qu'apparentes. Ainsi, *bèrwète* 'brouette' (a.fr. *berouette*) ; *parfond* 'profond' qui s'explique au départ d'un étymon **perfundu*, tout comme l'a.fr. *parfond* (FOUCHE, 707 Rem.); *kèrton* 'creton' est un cas de métathèse si l'on adopte l'étymon bas all. *kräte, krete* 'ride, pli' proposé par Haust (*Etymologies*, 62-63 ; *BTD* XIV, 403), mais non au départ du m.néerl. *kerte* 'morceau coupé' proposé par le *FEW* XVI, 314b-315.

§ 1.173. R intérieur, en position prétonique devant consonne, se maintient.

Exemples : *pourcê* 'pourceau' (1) ; *martê* 'marteau' ; *fornê* 'fourneau' ; *tchèdron* 'chardon' ; *cwarnaye* 'corneille' ; *cwardê* 'cordeau'.
La même évolution caractérise les verbes "à balancement d'accent" (cf. BRUNEAU, *Etude*, 354), qui maintiennent le groupe *r + consonne* devant l'accent, mais le réduisent par l'amuïssement du *r* en position posttonique (voir plus loin, 1.174.4).

Exemples : *tchèrdjè* 'charger' ; *toûrnè* 'tourner' ; *pièrdou* 'perdu' ; *dwarmou* 'dormir' ; *sièrvou* 'servir' ; (*i*) *pwartêve* '(il) portait', etc.

---

(1) Pour l'évolution du groupe *rs* en Gaume, Lorraine et Franche-Comté, voir références du 1.117 n 1.

§ 1.174. R intérieur, en position posttonique devant voyelle :

1.174.1. lorsque la consonne est finale (ou devenue telle), R subsiste et la consonne s'amuït (1).

Exemples : *tchâr* 'chair' ; *lârd* 'lard' ; *îvièr* 'hiver' ; *nièr* 'nerf' ; *tièr* 'tertre' ; *fwart* 'fort' ; *for* 'four' ; *cwars* 'corps'.

1.174.2. lorsque la consonne était originellement suivie de *a*, R s'efface et la consonne se maintient (2).

Exemples : *cwade* 'corde' ; *cwane* 'corne, coin' ; *lâdje* 'large' ; *bâbe* 'barbe' ; *ièbe* 'herbe' ; *djâbe* 'gerbe' ; *lâme* 'miel' ; *pwate* 'porte' ; *foûme* 'forme' ; *cwâte* 'carte (à jouer)'. Les adjectifs fém. du type *mwate* 'morte' sont à ranger dans ce paragraphe : *fwate* 'forte' ; *coûte* 'courte' ; *vète* 'verte', etc.

1.174.3. lorsque R intérieur en position posttonique est suivi d'un groupe consonantique, il s'amuït (2).

Exemples : *âbe* 'arbre' ; *piède* 'perdre' ; *twade* 'tordre' ; *cèke* 'cercle'.

Les deux dernières rubriques présentent une évolution similaire. On sait que la voyelle *a* finale a été la dernière à s'amuïr complètement, spécialement derrière consonne. Elle a donc joué un rôle de soutien, analogue à celui de la seconde consonne du groupe consonantique, ce qui, dans les deux cas, a empêché l'amuïssement de la consonne qui suivait R (comme cela s'est produit en finale absolue, 1.174.1).
Reste à commenter l'évolution de certains parlers wallons, dont celui de Tenneville, qui, à la différence du français, présentent l'amuïssement du R intérieur implosif. Ce processus est également bien connu en francien où, dès le XIIe s., on note des rimes *sage* - *large*, *dames* - *armes*, *presse* - *averse* (voir DE LA CHAUSSEE, 103 ; FOUCHE, 863). Au XIIIe s., *pelles* est mis pour *perles*, *Illande* pour *Irlande*. Cette prononciation, considérée comme vulgaire, a été condamnée par les grammairiens du XVIe s.

§ 1.174.4. Les verbes "à balancement d'accent", qui réduisent le groupe *r* + *consonne* en position posttonique (alors qu'ils le conservent intact devant l'accent : voir 1.173) se comportent comme décrit en 1.174.3.

Exemples : *i tchèdje* (de *tchèrdjè* 'charger') ; *i fôdje* (de *fôrdjè* 'forger') ; *i dwam'* (de *dwarmou* 'dormir') ; *i toûne* (de *toûrnè* 'tourner').
De même, *pwate* 'porter' (à côté de *pwartêve* 'portais') ; *twade* 'tordre' (à côté de *twardêve* 'tordais'), etc.

---

(1) Parfois même, le *r* final s'amuït : *âtoû* 'autour' ; *djoû* 'jour' (voir *ALW* 3, c. 41 : les formes ayant conservé le *r* final se rencontrent aux deux extrémités de la Belgique romane, ainsi que dans les arr. de Bastogne et de Neufchâteau). Dans d'autres parlers, les illustrations de ce phénomène sont plus nombreuses : à Namur, p.ex., on note *tchô* 'chair', *soû* 'soeur', etc. (NIEDERLÄNDER, § 77) ; voir aussi BRUNEAU, *Etude*, § 207 Rem. et 209 ; GRIGNARD, § 77 ; MARCHOT, *Phonologie*, § 28; FELLER, *Phonétique*, § 100.
Comp. avec le traitement du *r* dans les suffixes et les proclitiques, voir 1.176.2 ; avec l'évolution attendue dans *îvièr* (*ALW* 3, notice 103, c. 34 "hiver").

(2) Voir MARCHOT, *Phonologie*, § 28 ; GUSTIN, 78 et 99 ; FELLER, *Phonétique*, § 100 ; BRUNEAU, *Etude*, § 208 ; NIEDERLÄNDER, § 75b et 76 ; GRIGNARD, § 76 ; DOUTREPONT, 105-106.

§ 1.175. Groupes *consonne* + *r*

1.175.1. Groupes KR, GR : voir 1.130, 1.131 et 1.172.
Groupes TR, DR : voir 1.139 et 1.142.
Groupes PR, BR, VR : voir 1.156, 1.161 et 1.162.
Groupe SR : voir 1.153.
Groupe FR : voir 1.168 et 1.169.
Groupes secondaires : L'R (voir 1.181), M'R (voir 1.187.3), N'R (voir 1.187.1).

1.175.2. Les groupes NG'R et LG'R ont connu une évolution parallèle au français. Dans les deux cas, le G a subi une palatalisation, puis s'est transformé en *d'*, moment où la pénultième atone s'est amuïe. Le *d'* a perdu sa palatalisation, et un yod s'est dégagé vers l'avant dans le groupe *ndr*, pour mouiller le *n* (1).

Exemples : a) *moûde* (a.fr. *moldre*, lat. *mulgĕre*) 'traire' ; *coude* 'cueillir' ;

b) *djonde* 'joindre' ; *plinde* 'plaindre' ; *pinde* 'peindre' (2).

Les formes wallonnes présentent en outre une réduction du groupe consonantique en finale.

---

(1) Marchot (*Petite phonétique*, II, 95) et Grignard (§ 86) parlent quant à eux de l'insertion de D entre *n mouillé* et *r*, pour l'opposer à la non-insertion de la dentale entre *n* et *r* ; voir aussi BOURCIEZ, § 118 Rem. et § 132 Rem. III ; DE LA CHAUSSEE, 72-73.

(2) Alors que la mouillure du *n* a influencé l'évolution de la voyelle précédente en français (voir BOURCIEZ, § 199 Rem. IV), cela ne semble pas être le cas en wallon, du moins si l'on considère la forme *djonde* 'joindre' (voir 1.68). *Pinde* est une forme francisée : comp. lg. *ponde*.

§ 1.176. R en finale.

1.176.1. Généralement, R final (ou devenu tel) se maintient.

Exemples : *tchîr* 'cher' ; *cûr* 'cuir' ; *keûr* 'coeur' ; *poûr* 'peur'; *mour* 'mur' ; *deur* 'dur'.

1.176.2. Les exceptions au maintien du *r* final sont nombreuses. On les rencontre essentiellement dans les suffixes et les proclitiques (1).

1.176.2.1. Dans les suffixes :

- *ariu* aboutit à *-î* (voir 1.13.1) : *scrinî*, *sânî*, *poumî* ;
- *ard* aboutit à *-â* (voir 1.10.1) : *r'nâ* ; *ritchâ* ;
- *atore*, *-ore* aboutissent à *-eû* (parfois *-eûr* ; voir 1.59): *mèyeû*, *tchanteû*, *tchèsseû* ; mais *mayeûr*, *neûreûr* ;
- *atoriu*, *-oriu* aboutissent à *-eû* (voir 1.64) : *coleû*, *mireû*, *rèzeû*.

La différenciation par rapport aux formes françaises et wallonnes qui maintiennent le *r* final est relativement récente. L'amuïssement s'est produit en moyen français dans un certain nombre de formes, mais le *r* a été restauré dans la prononciation au cours du XVIIIe s. (2).

Les finales des infinitifs offrent également des cas d'amuïssement du *r* final, mais les influences analogiques rendent la situation moins nette. A côté de *-āre* qui aboutit à *-è* (voir 1.2, *tchantè*, *toumè*), *-ēre* évolue en *-eur* (*aveur*, *faleur*, voir 1.31).

A la finale *-i* phonétiquement régulière, issue de *-īre* (non inchoatif) que l'on rencontre notamment en lg., en nam. et à Bastogne, le parler de Tenneville fait correspondre un *-ou* analogique (*dwarmou*, *sièrvou*, voir 1.44 n 1) dans plusieurs verbes.

1.176.2.2. Dans les proclitiques :

ca 'car' ; *co* 'encore' ; *pa* 'par' ; *po* 'pour' (3) ; *su* 'sur' (4).

On trouve des attestations anciennes de ce phénomène dès la fin du XIIIe s. (5).

---

(1) Voir *ALW* 2, c. 7 et 74 ; MARCHOT, *Phonologie*, § 27 ; BRUNEAU, *Etude*, § 207 ; NIEDERLÄNDER, § 77 ; GRIGNARD, § 74 ; FELLER, *Phonétique*, § 89.

(2) Voir BOURCIEZ, § 183 H ; FOUCHE, 663 sv. ; DE LA CHAUSSEE, 91-92.

(3) Le *r* final réapparaît cependant devant *ci* 'ici' et *la* 'là' (*por ci*, *por la*), et devant certains pronoms pers. : *mi*, *ti*, *twè*, *lu*, *lèy*, *vos*, *zês*, *zèles* (*por mi*, *por vos*, *por zèles*).

(4) Le *r* final réapparaît devant certains pronoms pers. (voir note précédente) : *sur mi*, *sur vos*, *sur zèles*, etc.

(5) Voir REMACLE, *Ancien wallon*, 87 ; GOOSSE, CIII ; BRUNEAU, *Etude*, 353.

L

§ 1.177. L à l'initiale ou intérieur derrière consonne se maintient.

Exemples : - *lèvè* 'lever' ; *londi* 'lundi' ; *linwe* 'langue' ;
- *playe* 'plaie' ; *fleûr* 'fleur' ; *inflè* 'enfler' (1).

---

(1) Quelques formes s'écartent de cette évolution. Au lat. *nominare* correspond *loumè* 'appeler' : le *l* initial est sans doute dû à une dissimilation consonantique à distance, suite à l'influence de la nasale ; d'où un échange *n/l* fréquent par ailleurs (voir BRUNEAU, *Etude*, § 222 et 278 ; MARCHOT, *Phonologie*, § 35 et 43).
On note une transformation en yod (comp. 1.178.2) dans *ronfiè* 'ronfler' et *Tchimpion* 'Champlon'.

§ 1.178. L ou LL en position intervocalique

1.178.1. L ou LL se maintiennent.

Exemples : *châle* 'échelle' ; *pâle* 'bêche' ; *golêye* 'goulée' ; *molin* 'moulin' ; *solê* 'soleil' ; *djalêye* 'gelée' ; *tchaleûr* 'chaleur' ; *steûle* 'étoile' ; *èstale* 'copeau' ; voir aussi 1.183.

1.178.2. L ou LL se transforment en yod.

Exemples : *gueûye* 'gueule' ; *teûye* 'toile' ; *tchandèye* 'chandelle' ; *fiyèt* (litt. "*filet*") 'fil' ; *pouyou* 'poilu' ; *viyadje* 'village' ; *vèye* 'ville' (dans les toponymes) ; *poye* 'poule' (1).

Le maintien de L ou LL paraît plus fréquent en position prétonique, la transformation en yod étant plus souvent notée en position posttonique. Cette dernière évolution se rencontre principalement dans l'est-wallon, et une partie importante du sud-wallon (2). Elle est la conséquence d'une mouillure du L (voir 1.179) qui peut être provoquée par la proximité d'un yod (issu d'une diphtongue précédente) ou plus généralement par assimilation au contact d'une palatale (3).

---

(1) Le *FEW* IX, 533b, classe la forme w. *poye* (comp. a.fr. *poille*) sous l'étymon **pullius*.

(2) Voir *ALW* 1, c. 99 "village" ; MARCHOT, *Phonologie*, § 34 ; BRUNEAU, *Etude*, § 188 ; NIEDERLÄNDER, § 82b ; GRIGNARD, § 80 ; FELLER, *Phonétique*, § 122.

(3) Voir BRUNEAU, *Etude*, 323 ; HORNING, *ZRP* XV, 560. Pour des attestations anciennes, voir GOOSSE, CVII-CVIII.

§ 1.179. L au contact d'un yod (primaire ou secondaire) passe à *l mouillé*, puis se réduit à yod.

Exemples : *mèyeû* 'meilleur' ; *fèye* 'fille' ; *fouye* 'feuille' ; *orèye* 'oreille' ; *tiyou* 'tilleul' ; *fiyou* 'filleul' ; *botèye* 'bouteille' (1).

Cette évolution est commune au francien et au wallon, qui se différencient ainsi par rapport au picard où l'on observe un *l* pur. Toutefois, Bruneau a relevé des occurrences de ce *l* pur dans les Ardennes (2).
Les attestations de cette différenciation remontent à la fin du XIIIe s. : voir REMACLE, *Ancien wallon*, 75 ; GOOSSE, CVI-CVII.

---

(1) Pour le traitement de LY dans d'autres parlers, voir *ALW* 1, c. 6 "bouteille" ; MARCHOT, *Phonologie*, § 34 ; NIEDERLÄNDER, § 82a ; GRIGNARD, § 83 ; BRUNEAU, *Etude*, § 187b ; FELLER, *Phonétique*, § 112.

(2) A Tenneville, nous avons noté *famile* 'famille' (comme en lg. et en nam.) ; à Bastogne, nous avons aussi relevé *vièle* 'vieille' en fr. régional. Le phénomène inverse s'observe en fr. régional avec la forme *trankîe* (en w. *trankile*). Sans doute est-ce un hypercorrectisme.
Voir BRUNEAU, *Etude*, 380 ; GUSTIN, 95.

§ 1.180. L intérieur + consonne se vocalise.

Exemples :

- pour *a* : *fâ* 'faux' ; *fâtchè* 'faucher' ; *pâte* 'épi' ; voir 1.9 ;
- pour *è* : *tchèstê* 'château' ; *wachê* 'cercueil' ; *ènê* 'anneau' ; voir 1.25 ;
- pour *é* : *tch(i)vè* 'cheveu' ; *zês* 'eux' ; voir 1.36 ;
- pour *ò* : *côp* 'coup' ; *pôce* 'pouce' ; *cô* 'cou' ; voir 1.53 ;
- pour *ó* : *choûte* 'écoute' ; *moûde* 'traire' ; voir 1.61.3.

Lorsque l'on compare les formes wallonnes aux formes françaises, on peut se demander, à la suite de Bruneau (*Etude*, § 219), si le *l* antéconsonantique n'a pas disparu sans se vocaliser. Comme L. Remacle (*Ancien wallon*, 45-46), nous croyons pourtant qu'il y a eu effectivement vocalisation du *l* en wallon, mais que celle-ci n'a entraîné que des modifications mineures pour la quantité et/ou l'aperture des voyelles précédentes, ce qui est sans commune mesure avec les changements de série vocalique que l'on observe en français.

Ainsi, le *â* de *fâ*, *pâte*, diffère du *a* entravé dans *satch*, *cwate* (voir 1.8) ; le *ê* du suffixe *-ĕllus* diffère du *è* entravé dans *bèle*, *sèt'*, etc. ; le *ô* de *côp*, *pôce*, diffère du *ò* de *gros*, *nosse* (voir 1.51) (1).

---

(1) Voir MARCHOT, *Phonologie*, § 33 ; NIEDERLÄNDER, § 83 ; GRIGNARD, § 82 ; FELLER, *Phonétique*, § 101.

§ 1.181. Dans le groupe secondaire L'R, il n'y a pas insertion d'un D transitoire.

Exemples : *i fârè* 'il faudra' ; *i vôrè* 'il voudra' ; *côrî* 'coudrier' ; *moûre* 'moudre'.

Cette évolution est générale en Belgique romane (1).
Comp. 1.187 (M'L, M'R, N'R). Pour LG'R, voir 1.175.2.

(1) Voir REMACLE, *Ancien wallon*, 78-79 ; MARCHOT, *Phonologie*, § 32 ; BRUNEAU, *Etude*, § 216.1 ; NIEDERLÄNDER, § 81 ; GRIGNARD, § 82 ; FELLER, *Phonétique*, § 114 ; DOUTREPONT, 91 et 113.

§ 1.182. Groupes *consonne + L*

KL, GL, voir 1.132 ; TL, DL, voir 1.142.3 ; PL, voir 1.163 ; BL, voir 1.164 ; SL, voir 1.154 ; FL, voir 1.169 ; M'L, voir 1.187.2.

§ 1.183. L final tombe devant une voyelle autre que *a*, ou après consonne (réduction de groupe consonantique final) ; devant *a*, L final se maintient (1).

Exemples : a) *sè* 'sel' ; *tch(i)vô* 'cheval' ; *bê* 'beau' ; *mâ* 'mal' ; *cou* 'cul' ; *achi* 'essieu' ; *courti* 'courtil' ; *fiyou* 'filleul' ; *avri* 'avril' ;

b) *cingue* 'sangle' ; *dobe* 'double' ; *cèke* 'cercle' ;

c) *bèle* 'belle' ; *bèyôle* 'bouleau' ; *mèyôle* 'moëlle'.

(1) Voir MARCHOT, *Phonologie*, § 33 ; BRUNEAU, *Etude*, § 218 ; NIEDERLÄNDER, § 80 ; GRIGNARD, § 79.

M, N

§ 1.184. M, N à l'initiale, intérieurs derrière consonne ou en position intervocalique devant *a* (qui empêche la combinaison de la nasale avec la voyelle précédente), restent intacts.

Exemples : *motchwè* 'mouchoir' ; *mîtan* (fr. arch. *mitan*, FEW XIII/1, 92a) 'moitié ; milieu' ; *monêye* 'céréales moulues ; provision de farine' ; *mon.ne* 'moine' ; *nut'* ou *nêt* (pour désigner les veilles de fêtes) 'nuit' ; *Noyè* 'Noël' ; *naw* (< néerl. *nauw*, FEW XVI, 599a) 'nonchalant, paresseux' ; *minè* 'mener' ; *amêr* 'amer' ; *ônê* 'aune' ; *sânî* (s.m.) 'saunière' ; *mwin* (1) 'main' ; *d(i)mwin* (1) 'demain'.

---

(1) Pour le développement du *w* après consonne labiale, voir plus loin 1.191.

§ 1.185. M, N intérieurs, derrière voyelle et devant consonne, nasalisent la voyelle précédente et perdent leur articulation propre.
Pour les voyelles toniques, voir 1.20, 1.21 (a) ; 1.29, 1.30 (è) ; 1.41, 1.43 (é) ; 1.46 (i) ; 1.56 (ò) ; 1.66, 1.68 (ó) ; 1.72 (u). Pour les voyelles initiales, voir 1.87 (A) ; 1.91 (E) ; 1.97 (I) ; 1.103 (O) ; 1.106 (U).

§ 1.186. Le groupe MN, primaire ou secondaire, se réduit par assimilation à *m* (1).

Exemples : *fème* 'femme' ; *chamê* (a.fr. *escamel* ; FEW XI, 275a) 'sellette (de char)' ; *adâmè* 'entamer' ; *loumè* 'nommer' ; *èglume* 'enclume'.

---

(1) Voir MARCHOT, *Phonologie*, § 39 ; NIEDERLÄNDER, § 86a ; GRIGNARD, § 85 ; FELLER, *Phonétique*, § 114. Bruneau (*Etude*, § 273) signale un traitement particulier du groupe MN dans les proparoxytons, où il évolue en *n* : *tchône* (*tchôrne*, *tchôr-né*) 'charme', *tièn'* (*tèrn*, *tarn*, *tèn'*) 'tertre, terme'. Nous ne pensons pas qu'il faille recourir à un groupe MN pour l'explication de ces groupes, mais considérer le groupe disjoint RM, lequel a subsisté ou s'est réduit, tantôt par la chute de la nasale (comme à Tenneville, voir 1.174.1), tantôt par la chute du *r* ; quant au groupe actuel *rn*, avec une substitution *m/n* en finale, il ne doit pas étonner : Bruneau lui-même (*Etude*, § 270) signale que cette confusion est fréquente à la finale.

§ 1.187. Les groupes secondaires N'R, M'L, M'R.

On sait qu'en français ces groupes développent une consonne transitoire B ou D. Les parlers wallons présentent une grande diversité dans le traitement de ces groupes ; c'est pourquoi nous allons les examiner séparément.

1.187.1. N'R

Ce groupe ne présente pas de consonne transitoire dans le parler de Tenneville, et dans la majeure partie de la Belgique romane. Si la carte 94 "tendre" de l'*ALW* 1, et la c. 44, notice "vendredi" de l'*ALW* 3 révèlent une large diffusion des formes sans consonne transitoire, celles-ci apparaissent moins nombreuses sur la c. 7 "cendre" de l'*ALW* 1, où elles se répartissent en trois grandes zones : à l'ouest (dans les arr. de Mons, Tournai et Ath) ; dans la partie orientale de l'arr. de Nivelles ; dans une large zone à l'est qui groupe les arr. de Dinant, Marche, Malmedy, Bastogne, Neufchâteau (excepté l'extrémité ouest), et quelques points à la périphérie de cette zone relativement compacte.

Exemples : *ponre* 'pondre' ; *tinre* 'tendre' ; *vinr'di* 'vendredi' ; *cène* 'cendre' ; *i vinrè* 'il viendra'.

La majorité des auteurs consultés (1) considèrent que ces formes illustrent bien le non-développement d'une consonne transitoire. Seul Bruneau (2) interprète la forme *cène*, face aux variantes *cinde*, *cède*, comme une réduction d'un groupe **ndr*. Cette hypothèse nous paraît peu pertinente pour l'est de la Belgique romane.

1.187.2. M'L

Dans ce groupe, le parler de Tenneville ne présente pas de consonne transitoire.

Exemples : *assone* 'ensemble' ; *sonè* 'sembler' ; *i sone* 'il semble' ; *tronlè* 'trembler' ; *i tronle* 'il tremble'.

A l'exception de rares points isolés à l'extrémité occidentale, l'ensemble de la Belgique romane présente des formes sans consonne transitoire, mais atteste une différenciation fondée sur l'évolution du groupe M'L, lequel aboutit tantôt à *l*, tantôt à *n* (3). La répartition des variantes est schématiquement la suivante : l'est-wallon présente le plus souvent des formes en *l* ; le centre-wallon et l'ouest-wallon attestent généralement des formes en *n*. On ajoutera que dans l'ouest de la Belgique romane s'observent des formes avec la nasale *ã* (*-an.ne*, *-anle*, *-ane*) (4).
Dans notre région, les formes en *n* sont observées dans l'extrémité méridionale de l'arr. de Marche (région de Tenneville), dans les arr. de Bastogne, Neufchâteau et Virton. La position-limite de Tenneville explique que les formes avec *n* (type *assone*) y coexistent avec les formes en *l* (type *tronlè*) (5).

§ 1.187.3. M'R

Du mot *tchan.me* 'chambre', on est tenté de conclure que, comme pour les autres groupes, il n'y a pas de consonne transitoire dans le parler de Tenneville. Mais l'examen de la c. 9 de l'*ALW* 1 porte à réfléchir : le type *tchan.me* n'y apparaît que dans une zone réduite qui couvre la moitié méridionale des arr. de Marche et de Bastogne, ainsi que quelques points à l'est de l'arr. de Neufchâteau. A l'exception de rares îlots (notamment dans l'arr. de Liège), le reste de la Belgique

romane présente des formes attestant l'insertion de la consonne transitoire B, comme en français. L. Remacle considère d'ailleurs que toutes les formes (y compris *tchan.me*) ont connu l'introduction de la consonne transitoire (*ALW* 1, 91). Dans la finale *-an.me*, on aurait affaire à une réduction comme celle qui affecte le groupe MB étymologique dans *djan.me* 'jambe' (voir *ALW* 1, c. 52, où la répartition des finales correspond à celle du mot "chambre", c. 9), *tchame* 'jante'. Bruneau paraît lui aussi adopter ce point de vue (6).
Il serait séduisant de considérer que le parler de Tenneville présente un traitement unique pour les groupes N'R, M'L et M'R, mais la présence du type *tchambe* à Saint-Hubert (5) et à Bastogne affaiblit considérablement l'hypothèse d'un îlot archaïque, réfractaire à l'insertion des consonnes transitoires (7), lequel rétrécit comme une peau de chagrin si l'on compare les cartes 34 "ensemble", 7 "cendre" et 9 "chambre" de l'*ALW* 1.

---

(1) Voir REMACLE, *Ancien wallon*, 78-79 ; MARCHOT, *Phonologie*, § 32 ; NIEDERLÄNDER, § 87a ; GRIGNARD, § 86 (qui signale des formes avec consonne transitoire, comme en français ; voir cependant plus haut 1.175 n 1) ; FELLER, *Phonétique*, § 114.

(2) Cette opinion est étonnante, car le même auteur affirme : "Dans toute la région ardennaise, les groupes *lr*, *nr* n'ont pas été résolus par l'intercalation d'une consonne d'appui" (*Etude*, 370). La restriction que Bruneau semble émettre pour le type *cène* (*Etude*, § 276 ; même position pour Marchot, *Phonologie*, § 85, à la suite de Horning, *ZRP* XV, 501) est en rapport avec quelques occurrences d'un groupe *ND où le D n'est nullement étymologique (dans *pèrsonde* 'personne', *vilinde* 'vilaine', etc., voir BRUNEAU, *ibidem*, § 262).
Ne peut-on conjecturer que ce *d* est le fruit d'une dénasalisation d'un *n* ?

(3) L'opposition entre *m* et *n* est neutralisée en position préconsonantique ; *m* ne s'employant que devant des occlusives labiales, M'L est devenu *nl* avant de se réduire à *n* : voir WÜEST, 316.

(4) Selon L. Remacle, la différenciation õ / ã existait déjà en 1200 (*Ancien wallon*, 79).
L'extrémité sud de l'arr. de Dinant et la partie occidentale de l'arr. de Neufchâteau présentent également des formes en ã. Celles-ci n'ont probablement pas de rapport (notamment chronologique) avec les formes observées à l'ouest de la Belgique romane ; elles sont dues sans doute à la confusion ã / õ fréquente dans cette région (voir plus haut 1.66).

(5) Cette coexistence est observée dans toute notre région. A Bastogne, on a *tronler* face à *soner*, *assone* ; à Longlier, on trouve *tranlè*, *stranlè* face à *sonè*, *assone* ; par contre, Saint-Hubert présente *tron.nè*, *son.nè*, *asson.ne* : voir MARCHOT, *Phonologie*, § 37 ; BRUNEAU, *Etude*, § 220 (formes en *l*) et 272 (formes en *n*) ; FELLER, *Phonétique*, § 114 (où il cite *tranle*, *sanle*, à côté de *cène* et *assène*) ; GOURDANGE, 33 ; GUSTIN, 93 ; NIEDERLÄNDER, § 84 ; GRIGNARD, § 81.
Le mot *stronlè* 'étrangler' rejoint cette évolution.
Voir aussi plus haut 1.43.

(6) Voir BRUNEAU, *Etude*, § 269 ; REMACLE, *Ancien wallon*, 78-79 ; NIEDERLÄNDER, § 87a ; GRIGNARD, § 86 ; FELLER, *Phonétique*, § 114 ; MARCHOT, *Phonologie*, § 32.

(7) Cependant, la géographie de la région est propice à de tels îlots, même réduits. On ne peut négliger la barrière que représente la forêt de Freyr, par exemple ; voir *Dès mèstîs*, 29.

§ 1.188. MY aboutit à *ĝ*.

Exemples : *sondjè* 'songer' ; *condjî* 'congé' ; *dandjî* 'danger' ou 'besoin'.

Cette évolution, parallèle à celle du français, rejoint celle des groupes BY, VY (voir 1.166.2). Par contre, elle s'écarte d'une évolution parallèle à celle notée pour PY (type *hèpe*, 1.166.1), que l'on retrouve dans le lg. arch. *hème* 'singe' (Tenneville : *sindje*, emprunt du fr.) : maintien de la nasale, sans consonantification du yod (1).

(1) Voir PIRON, *BTD* XVIII, 321 sv.

§ 1.189. NY aboutit à *ñ*. En position finale, celui-ci peut parfois perdre sa mouillure et nasaliser la voyelle précédente (1).

Exemples : a) *arègne* 'araignée' ; *bagnè* 'baigner' ; *fagne* 'fange' ; *bagn* 'bain' ; *cougn* 'coin' ;

b) *tèmon* 'témoin' ; *lon* 'loin'.

(1) Voir 1.22 n 1 ; voir aussi MARCHOT, *Phonologie*, § 42 ; BRUNEAU, *Etude*, § 277 et 283 ; NIEDERLÄNDER, § 88b ; GRIGNARD, § 88 ; FELLER, *Phonétique*, § 110.

§ 1.190. M, N en finale (ou devenus tels) se combinent avec la voyelle précédente qu'ils nasalisent, et perdent leur articulation propre.

Exemples : *rin* 'rien' ; *fwin* 'faim' ; *vin* 'vin', etc.

Voir les références du 1.185 (voyelles toniques).

PHÉNOMÈNES PARTICULIERS DU CONSONANTISME

§ 1.191. Développement d'un *w* après consonne labiale.

Nous avons rencontré ce phénomène à trois reprises :

- après P, B (1.156) : *pwin* 'pain' ; *bwêçale* 'jeune fille' ;
- après F (1.168) : *fwin* 'faim' ;
- après M (1.184) : *mwin* 'main' ; *d(i)mwin* 'demain'.

Il y a là une caractéristique des parlers ardennais, qui se rencontre aussi dans le centre-wallon. La localisation de ce processus varie d'une forme à l'autre (1). Ainsi, par rapport à d'autres parlers ardennais, Tenneville ne présente qu'un nombre restreint d'illustrations. A Bastogne, par exemple, outre *pwin*, *bwêcèle*, *fwin*, *mwin*, *d(u)mwin*, on trouve *bwêji* 'baiser' ; *bwêjeûre* 'baisure (du pain)' ; *frambwêje* 'airelle' ; *mwêsse* 'maître' ; *mwê* 'maie' ; *mwêjon* 'maison' ; *s(u)mwin.ne* 'semaine', etc. A Tenneville, on a *bâjè*, *frambâje*, *mêsse*, *mê*, *mohon*, *samin.ne*.

Ce phénomène est d'ordre physiologique : les lèvres, fermées pendant la durée de la consonne labiale, articulent un *w* intermédiaire lorsqu'elles s'ouvrent pour l'articulation de la voyelle, laquelle est très ouverte : ɛ ou ɛ̃ (2). Dans un débit lent, ce *w* a pu prendre consistance, et devenir clairement audible.

Le francien a, lui aussi, connu ce phénomène dès le Moyen Age, ce qui rendrait compte de formes comme *armoire* pour *armaire*, *grimoire* pour *grimaire*, *Amboise* pour *Ambaise*, etc. (3).

---

(1) Voir *ALW* 1, c. 39, 56, 57, 58, 68 et 90 ; MARCHOT, *Phonologie*, § 64 ; BRUNEAU, *Etude*, § 60, 168 et 199 ; GOURDANGE, 78-79 ; NIEDERLÄNDER, § 95a.

(2) Bruneau (*Etude*, 296) signale qu'il a encore pu observer ce processus dans certains villages.

(3) Voir FOUCHE, 376-377 ; NYROP, *Grammaire* I, § 233.6 ; BRUNEAU, *Etude*, § 168.

§ 1.192. Neutralisation de la corrélation de sonorité.

1.192.1. En finale absolue ou à la pause

La majorité des parlers wallons, comme le français régional, présentent aujourd'hui un assourdissement des consonnes finales étymologiquement sonores (1). Ce phénomène a été connu par les dialectes gallo-romans (généralement à une époque antérieure aux premiers monuments littéraires), mais il a cessé d'être vivace dans la plupart de ces parlers. En wallon, il est attesté dans les documents dès la fin du XIIIe s. (2). La neutralisation de la sonorité est liée aux modifications (à époques diverses) de la finale des mots : amuïssement de la voyelle atone, réduction des groupes consonantiques (3). Il y a lieu d'en tenir compte dans la "lecture" des évolutions décrites plus haut.

1.192.2. A l'intérieur d'un syntagme

Dans ce contexte, la neutralisation de la corrélation de sonorité se confond avec le processus phonétique d'assimilation (4).
Les consonnes étymologiquement sonores présentent généralement une variante sourde lorsqu'elles sont suivies par une consonne sourde.

Exemples : *l' âBe tint co* [p] ; *li fîVe toume* [f] ; *li lîVe pète â djâle* [f] ; *one pôVe fème* [f] ; *one lâDJe cougnêye* [č] ; *one roDJe cawe* [č] ; *one sâvaDJe fème* [č] ; *pièDe si tins* [t] ; *one granDe cote* [t], etc.

Par contre, les consonnes étymologiquement sourdes présentent généralement une variante sonore devant une consonne sonore.

Exemples : *li goTe do tchèt* [d] ; *one monSe vatche* [z] ; *one fwaTe djint* [d] ; *a stoK dins one warbîre* [g] ; *li mêSSe di scole* [z] ; *noSSe bê tchin* [z], etc.

Précisons que les chuintantes et les affriquées sourdes résistent mieux à l'assimilation devant une consonne sonore : *l'uCH di d'vant* [ŝ] ou [ẑ] ; *i bouCHe do pîd* [ŝ] ou [ẑ] ; *li manTCHe dol hèpe* [ĉ] ; *li foTCHe do stâve* [ĉ], etc.

Entre voyelles, les consonnes étymologiquement sonores présentent généralement une variante sourde.

Exemples : *l' âBe èst djus* [p] ; *li tâVe èst plin.ne* [f] ; *li granDe êwe* [t] ; *dol pôVe avon.ne* [f] ; *couDe âs neûj* [t] ; *on doBe uch* [p] ; *finDe â bwès* [t], etc.
Bruneau (*Etude*, 501) a observé un comportement différent : entre voyelles, les consonnes étymologiquement sourdes se réalisent comme des sonores, ce qui est d'ailleurs l'évolution attendue, puisque les voyelles sont sonores. Quant à Marchot, il note que les consonnes étymologiquement sonores réapparaissent "devant les mots commençant par une sourde" (*Phonologie*, 36). Sans doute s'agit-il d'un lapsus, car nous n'avons nulle part trouvé de confirmation pour cet énoncé étonnant.

Le français régional présente un traitement identique (5).

1.192.3. A l'intérieur du mot

On observe des assimilations régressives et progressives.

1.192.3.1. Assimilations régressives

Exemples : *â D'chindant* [t] ; *a pîds D'châs* [t] ; *il èst tot K'bîjè* [g] ; *a K'bin* [g] ; *il èst tot Sbarè* [z] ; *i n'est nin d' aSgur* [z], etc.
Devant voyelle, la sonorité "étymologique" réapparaît : *dischinde, kibîjè, sibarè.*

Parfois, l'assimilation affecte plus profondément la nature de la consonne : *i n'meure* 'il demeure' ; *a n'mwin* 'à demain' ; *deûs-eûres èt n'mèy* 'deux heures et demi' (voir 1.139 n 1).

1.192.3.2. Assimilations progressives

Exemples : *tch'fè ; tch'fô, tch'fîye*, à côté de *tchivè, tchivô, tchivîye* (6).

1.192.4. Dans la flexion

Le comportement général des consonnes dans la flexion est identique à celui décrit à l'intérieur d'un syntagme. Nous isolerons cependant la flexion de l'adj. qualif. fém. plur. antéposé, pour lequel la terminaison *-ès* est encore vivace dans le parler de Tenneville (7).

Exemples : *dès bèlès crompîres ; kèkès djins ; dès blankès pîres ; dès vètès poumes ; dès cûtès peûres ; dès grossès bièsses ; dès lonkès plantches ; dès pôfès djins ; dès brâfès fèmes*, etc.

On constate que toutes les consonnes précédant la finale *-ès* sont sourdes, ce qui s'écarte du processus de dérivation en wallon (et en français) (8). En comparant *dès rotchès poumes* et *roudjètes, lonkès pîres* et *longueûr, grantès-ièbes* et *grandiveûs, lètès bièsses* et *lèdeûr* (9), on constate que la dérivation wallonne préserve dans le parler de Tenneville la corrélation de sonorité, alors que celle-ci est neutralisée devant la finale *-ès*, comme à l'intérieur d'un syntagme (10). Il est d'ailleurs intéressant de relever que les scribes du Moyen Age considéraient la finale *-ès* comme un mot distinct de l'adjectif : d'où des graphies comme °*doner petite et chose*, ou °*les bone et gens*, attestées depuis la fin du XIIIe s. (11). Entre le radical de l'adjectif et sa finale *-ès*, on pourrait donc postuler, pour rendre compte du non-fonctionnement des tendances assimilatrices, une frontière morphématique semblable à celle qui distingue les divers composants d'un syntagme, et différente de celle qui sépare le radical de son suffixe dans la dérivation (12).

On le voit, le parler de Tenneville, comme le français régional, neutralise la corrélation de sonorité pour les obstruantes (occlusives et fricatives), tant à la finale absolue ou à la pause, qu'à l'intérieur d'un syntagme et même à l'intérieur des mots. Cette neutralisation se fait au profit de la variante sonore devant une consonne sonore, à l'avantage de la variante sourde dans les autres cas. Seul le processus de dérivation voit les consonnes sonores se maintenir devant la voyelle du suffixe, ce qui nous semble imputable à une frontière morphématique spécifique, différente de celle qui sépare les composants d'un syntagme ou la finale absolue.

---

(1) Seuls quelques points des arr. de Dinant et de Neufchâteau présentent une variante sonore. Voir *ALW* 1, c. 7 "cendre" ; c. 9 "chambre" ; MARCHOT, *Phonologie*, 36 ; BRUNEAU, *Etude*, § 320 et 321 ; FRANCARD, *Phonologie générative*, 135-137.

(2) Voir REMACLE, *Ancien wallon*, 87 ; BRUNEAU, *Etude*, 499.

(3) Voir WÜEST, 320-321.

(4) Précisons que l'assimilation ne concerne que la corrélation de sonorité, et non le mode ou le point d'articulation des consonnes. Un T sonorisé par assimilation n'est pas un D ; un D assourdi n'est pas exactement un T : voir GRAMMONT, 185 sv.

(5) Pour une description de ces phénomènes d'un point de vue générativiste, voir FRANCARD, *Phonologie générative*, 126-134.

(6) Ces illustrations d'assimilations progressives se présentent également en fr. parlé (voir FRANCARD, *Phonologie générative*, 129). Certains parlers présentent plutôt des assimilations régressives (spécialement dans l'est-wallon) : cf. lg. *dj'va*, *dj'vè*, *dj'vèye*, etc. ; voir *ALW* 1, c. 17 "cheveu" ; GUSTIN, 75.

(7) Précisons que ce trait est en net recul dans le parler de Tenneville ; plusieurs témoins énoncent spontanément des formes sans la finale *-ès*, puis la restituent lorsqu'on attire leur attention sur ce point.
A Bastogne, les finales *-ès* ont disparu aujourd'hui, mais on trouve encore *dès bounès vôtes* dans *Lu rwari tot* d'Emma MATHELIN (rédigé au début de ce siècle) ; de même, *dès mâlès femmes* dans la version de la *Parabole de l'enfant prodigue* pour Bastogne. Voir aussi *ALW* 2, c. 11 ; NIEDERLÄNDER, § 103 ; GRIGNARD, § 97.

(8) Par contre, certains cas de liaison en français présentent un comportement phonologique semblable : comp. *un granD homme* [t] et *grandeur*, etc. Voir FRANCARD, *Le comportement des obstruantes*, 7 sv.

(9) On peut évidemment s'interroger sur le degré de francisation de certains dérivés. Néanmoins, des consonnes sonores s'observent également dans des dérivations peu suspectes d'être touchées par la francisation, tels les dérivés en *-ahe*,

-*âye* du lg. (non attestés à Tenneville) : *tindåhe*, -*âye* ; *fin-dåhe*, -*âye*, etc. Voir REMACLE, *Syntaxe* 1, 65-67.

(10) La situation est loin d'être uniforme pour l'ensemble des parlers wallons. Ainsi en lg. (*DL* XXVIII) et en gleizois (REMACLE, *Syntaxe* 1, 140 n), la corrélation de sonorité est maintenue pour les occlusives, mais neutralisée pour les fricatives : *dès grozès pîres, dès brâvès djins* ; mais *dès grantès fignèsses, dès sâvatchès bièsses*.

(11) La même erreur s'observe encore aujourd'hui : certains de nos témoins "décodent" les adjectifs en -*ès* comme représentant deux mots distincts.

(12) D'un point de vue diachronique, les formes wallonnes *lonkès* ou *grantès* correspondent adéquatement aux formes masc. de l'a.fr. *grant* et *lonc*. Les formes actuelles présentent au féminin une consonne sonore non étymologique, restituée par analogie avec le type ⌜chaude⌝ : voir NYROP, § 395 ; BOURCIEZ, § 152 Rem. III.
Il reste que dans *dès tchôtès cènes* par exemple, il n'est plus question d'invoquer une finale étymologiquement sourde.

§ 1.193. Réduction des groupes consonantiques en finale.

Ce phénomène s'observe généralement avec les groupes *occlusive + liquide*.

Exemples : KL, GL (1.132) *cèke* 'cercle'; *cingue* 'sangle' ;
TR, DR (1.142.1) *mète* 'mettre' ; *vinde* 'vendre' ;
PR, BR (1.161) *lîve* 'lièvre' ; *fîve* 'fièvre' ;
DR (secondaire, 1.175.2) *moûde* 'traire' ; *djonde* 'joindre' ;
FR, FL (1.169) *soufe* 'souffre' ; *mofe* 'moufle'.

La simplification des groupes consonantiques est attestée dès le XVe s. en wallon, mais son existence dès le XIIIe s. peut être déduite de certains indices (1).
On constate une réduction similaire dans les mots empruntés au français, ainsi qu'en français populaire (2) : *dobe* 'double', *cope* 'couple' (1.163) ; *capâbe, abominâbe* (1.164.2) ; *tèribe, possibe* (1.164.2) ; la finale -*isse* (pour -*istre, iste*):

minisse 'ministre', *ciclisse* 'cycliste', *roumatisse* 'rhumatisme', *comunisse* 'communiste', etc.

---

(1) Voir REMACLE, *Syntaxe* 1, 201n ; DOUTREPONT, 45 ; GOOSSE, XCV (40e), CIV (52d) ; pour des attestations du même phénomène en français, voir FOUCHE, 732-733 ; BOURCIEZ, § 183 Rem. II.

(2) Voir NYROP, *Grammaire* I, § 320 Rem. et 382 Rem. ; BRUNEAU, *Etude*, § 322-324 ; WARNANT, 212-216.

§ 1.194. Destin du H secondaire dans le parler de Tenneville.

A diverses reprises, nous avons rencontré les produits des groupes *sifflante + yod*, lesquels se présentent sous trois formes :

- l'aspirée laryngale *h*, laquelle rejoint phonétiquement le *h* primaire, d'origine germanique ;
- les semi-voyelles *y* ou *w* ;
- les chuintantes *ŝ* et *ẑ*.

Les chuintantes sont, de très loin, les formes les plus nombreuses. Nous les avons rencontrées dans les évolutions suivantes : SK + *e*, *i* (prétonique ou posttonique, 1.117.2) ; K intervocalique + *e*, *i* (posttonique, 1.118.2) ; SK + *a* (prétonique ou posttonique, 1.124.2) ; KS intervocalique (1.134); TY intervocalique (1.144.2) ; STY (1.144.3) ; SK initial + voyelle (1.148.1) ; SS intervocalique (1.149.2) ; SSY (1.150); SY (posttonique, 1.152).

La semi-voyelle est présente dans la flexion de certains verbes (1.118.3) et dans quelques substantifs (1.118.1). Elle est un indice de ce que l'aspirée est devenue inaudible, ce qui a provoqué un hiatus.

Enfin, l'aspirée ne subsiste plus que dans les produits de K intervocalique + *e*, *i* (*vèhin*, *cûhine* ; à côté de la semi-voyelle dans *ohê* et la flexion de certains verbes comme *tère*, *cûre*, etc. : voir 1.118) et dans l'évolution de SY intervocalique (prétonique, 1.152). Ces formes ont en commun de se trouver en position prétonique, ce qui est un élément de stabilité. De plus, elles correspondent à H_z, lequel est plus répandu que H_s (1). Il reste que, même dans ses derniers retranchements, l'aspirée coexiste parfois avec des formes contenant une semi-voyelle. Ce recul est d'ailleurs confirmé par l'observation suivante : les témoins plus jeunes produisent un *h* dont le caractère d'aspirée est nettement moins audible que chez leurs aînés. Si le parler de Tenneville peut être situé dans une zone où le H lg. régnait autrefois, il atteste aujourd'hui un net recul de la limite du H secondaire.

L'amuïssement des équivalents du H secondaire a été noté en finale de certains substantifs (1.118.2), dans la conjugaison inchoative (1.127.2). Il est également possible qu'il soit une des étapes de la réduction des groupes intérieurs SN, SL (1.154).

Notons pour terminer que le parler de Bastogne ne présente que des formes avec chuintante, même en position prétonique : *ûjê*, *vèjin*, *cûjine*, *mwêjon*, etc. Les documents que nous possédons semblent d'ailleurs indiquer que le H secondaire lg. a disparu depuis longtemps (ou n'a peut-être même jamais existé) dans la région de Bastogne (2).

---

(1) Pour l'explication des notations théoriques H_s et H_z, voir plus haut, 1.117 n 1. Pour une analyse de la diffusion des formes des deux types, voir REMACLE, *H secondaire*, 313-314.

(2) Ces documents remontent au milieu du XIXe s. Voir aussi REMACLE, *H secondaire*, 305-306.

§ 1.195. Note sur l'anticipation du yod, en rapport avec les formes wallonnes.

En français, dans la plupart des groupes consonantiques terminés par yod, celui-ci s'est transposé devant la ou les consonnes précédentes. Cette formulation traditionnelle de l'anticipation du yod est loin de recueillir l'unanimité des phonéticiens, et, sous une apparente simplicité, ne tardent pas à apparaître certaines difficultés lorsqu'il s'agit de préciser quels sont les groupes consonantiques visés par cette évolution. Pour Fouché, par exemple, il y a anticipation du yod dans les groupes latins *ly*, *ny*, *sy*, *sky*, *sty*, *ry*, *bry*, *pry*, *try*, *ty*, et dans les groupes disjoints constitués par une géminée suivie de yod, c'est-à-dire *lly*, *nny* et *ssy* (1). Bourciez, par contre, considère qu'il n'y a pas infiltration d'un yod vers l'avant lorsque la consonne est L ou N, mais plutôt mouillure totale de la consonne. Pour les autres groupes, il s'accorde avec Fouché (2).

Dans le traitement wallon des groupes qui viennent d'être cités, il apparaît immédiatement que, s'il y a eu anticipation du yod, ce phénomène ne semble pas avoir laissé de traces aujourd'hui. En nous limitant aux seuls cas reconnus par Bourciez, nous constatons que la voyelle précédant le groupe *consonne + yod* a évolué sans subir l'influence d'un yod anticipé pour *sy* (*mohon*, 1.152), *ssy* (*bachè*, 1.150), *sky* (*mochon*, 1.117.2), *sty* (*angoche*, 1.144), *ty* (*poûjè*, 1.144). Quant à *ry* il ne présente pas de trace d'une anticipation du yod pour les suffixes *-atoriu*, *-oriu* (1.64), mais l'influence d'une palatale est nécessaire pour rendre compte de formes telles que *cûr* (1.54) ; de même, *-ariu* peut être expliqué au départ d'une anticipation du yod (1.13), mais cette évolution reste mystérieuse (3).

A l'exception de *ry*, les groupes cités ci-dessus ont un point commun : ils évoluent vers H secondaire ou ses équivalents. Cependant, s'il est probable que la présence du yod devant la sifflante a conditionné la formation des chuintantes aboutissant au H secondaire ou à ses équivalents, il est impossible d'étayer l'hypothèse selon laquelle le yod se serait fondu dans la sifflante (ou la chuintante) subséquente (4).

Une explication plausible du développement autonome de la voyelle, malgré un yod subséquent, serait que ce dernier s'est amuï, comme élément inaccentué d'une diphtongue. Le parallèle serait évident avec la réduction des diphtongues en général, et avec le comportement du *w* issu de la vocalisation du *ℓ* antéconsonantique (qui ne modifie pas fondamentalement le timbre de la voyelle précédente, voir 1.180).

Peut-on aller jusqu'à prétendre qu'il n'y a pas eu anticipation du yod dans les formes wallonnes ? Un indice probant serait le comportement d'une voyelle suivie d'un yod (issu d'une gutturale ou d'une dentale), mais là encore, les données sont peu éclairantes, sinon déroutantes. K + *e*, *i* rejoint l'évolution du H secondaire (1.118) ; G + *e*, *i* se transforme en yod, mais celui-ci ne se combine pas systématiquement avec la voyelle précédente : comp. *mêsse*, *flèyê* et *fayine*, *saye* (1.121) ; quant à K, G + *a* derrière une voyelle palatale, il n'est pas certain que le yod des formes actuelles (*payè*, *playe*, etc., 1.125) soit le continuateur des gutturales étymologiques : peut-être est-ce une semi-voyelle résorbant l'hiatus. De toute manière, ce yod ne semble pas avoir influencé l'évolution de la voyelle précédente.

L'examen des évolutions où une voyelle tonique est sous l'influence potentielle d'un yod subséquent montre que seul *a* tonique paraît avoir subi une palatalisation pour quelques formes, minoritaires par rapport à celles où *a* reste intact (devant une chuintante, ou devant yod articulé, voir 1.12). Les voyelles *ē* (1.37 - 1.40), *i* (1.44 - 1.45), *ó* (1.63 - 1.65) sous l'influence de yod ne s'écartent pas du traitement de la tonique libre ; pour *ĕ* (1.27 n 3), nous avons suggéré qu'il était possible de ne pas recourir à l'influence d'un yod subséquent pour expliquer l'évolution en *ī*. Enfin, les évolutions de *ò + yod* (1.54) et de *u + yod* (1.71) postulent une influence palatalisante (pour rendre compte de la palatale, alors qu'une vélaire serait attendue ; voir 1.69), comme dans les formes où une anticipation du yod est présumée : *cûr*, *uch*, etc. Las, cet indice s'avère lui aussi peu probant : à côté des formes avec palatales, on note la vélaire dans *pous'* 'puits', *poujè* 'puiser'. Globalement, on constate donc une similitude de traitement pour les formes où l'influence d'un yod est incontestable, et celles pour lesquelles l'anticipation du yod est présumée, ce qui nous interdit toute conclusion sur l'existence de ce phénomène en wallon. Quoi qu'il en soit, s'il y a eu anticipation, elle n'a pas eu une influence différente de celle d'un yod étymologique.

Nous avons voulu revoir ces questions à la lumière de la théorie de G. Straka (5) qui révise la conception traditionnelle de l'"anticipation" du yod. Selon ce phonéticien, il n'y a ni yod, ni transposition, ni infiltration. Il y a plutôt apparition d'un son de transition devant les demi-palatales *s'*, *s's'*, *r'*, *t'* (d'origines diverses) et *n* mouillé devenu implosif. Par contre, ce son de transition n'apparaît pas devant les consonnes qui se palatalisent facilement, soit *t* ou *d*, *l* mouillé et *n* mouillé intervocaliques. En effet, physiologiquement, entre l'articulation d'une voyelle et celle d'une consonne palatalisée, la langue passe par une étape intermédiaire *i/y*. Normalement, ce passage est trop rapide pour être perçu par l'oreille, et c'est ce qui arrive devant une palatale *t* ou *d*. Par contre, devant une semi-palatale, plus résistante à la palatalisation, un effort particulier oblige les organes phonateurs à ralentir leur mouvement, ce qui permet au son transitoire d'être perçu.

Si intéressante que soit cette théorie, qui tente d'échapper aux classifications arbitraires en recourant aux considérations physiologiques, elle n'éclaire guère notre propos, puisqu'en fin de compte elle attribue au son intermédiaire la même propriété que celle dévolue au yod anticipé dans les théories traditionnelles : celle de former avec la voyelle précédente une diphtongue par coalescence.

En dernière analyse, seule l'hypothèse d'une réduction des groupes *voyelle + yod* , à mettre en rapport avec le maintien d'un schème accentuel descendant, rend compte des formes wallonnes ; mais elle ne permet pas de se prononcer sur la pertinence d'une "anticipation" du yod dans les formes wallonnes.

---

(1) Voir FOUCHE, 916-925 ; pour K intervocalique + *e*, *i* (qui rejoint l'évolution de *ty*), voir 623.

(2) Voir BOURCIEZ, § 116 (K + *e*, *i*), 147 Rem. III (STY), 147 (TY), 159 (SY et SSY), 182 (RY), 190 (LY), 199 (NY).

(3) Voir BOURCIEZ, § 39 H.
On pourrait également s'interroger sur une forme comme *pêre* 'paire' : mais n'est-ce pas un emprunt du français ?

(4) Voir REMACLE, *H secondaire*, 333.

(5) Voir STRAKA, dans *Mélanges Bruneau*, 69-83 ; DE LA CHAUSSEE, 75-76.

CONCLUSION

Les données de cette première section vont nous permettre de préciser quelque peu la "géographie dialectale" de notre région. L'ensemble des parlers auxquels nous avons fait régulièrement référence (Awenne, Saint-Hubert, Bastogne, Longlier) se situent dans cette zone de transition entre le wallon proprement dit et le lorrain : le sud-wallon (ou zone wallo-lorraine).

Maréchal (*EMVW* I, 273-283) avait réuni les parlers du namurois et du Luxembourg central en une seule région. C'est à L. Remacle, dans sa *Géographie dialectale*, que revient le mérite d'avoir démontré, au terme d'une analyse dont la pertinence n'a pas été démentie par la suite, que notre région devait être détachée de la zone namuroise. Il reste que sa carte dialectale, tout comme les travaux de Maréchal, Valkhoff (1) et Atwood, met en évidence le morcellement de la zone wallo-lorraine. Depuis la dissertation doctorale de J.-M. Pierret, on connaît mieux la relative unité des parlers chestrolais ; quant à l'étude de Ph. Gustin, elle permet de conclure à la spécificité du parler marchois. Il nous appartient maintenant d'appréhender la position du parler de Tenneville, non seulement par rapport aux zones voisines (est-wallon, centre-wallon

(1) En 1938, VALKHOFF (*Vade-mecum*, 12-15) proposait d'isoler le chestrolais, en donnant à cette appellation une extension maximale (arr. de Neufchâteau ; partie méridionale des arr. de Marche et de Bastogne). Il n'a pas été suivi.

et gaumais), mais également en référence aux autres parlers du domaine wallo-lorrain.

Dans un premier temps, nous allons utiliser les 22 phénomènes retenus par L. Remacle dans sa *Géographie dialectale*. Certains traits ne sont pas pertinents pour notre propos. Ainsi, les traits n° 1 (traitement du K initial + *a*), 2 (traitement du G initial + *a*), 3 (traitement du K initial + *e*, *i*) et 9 (traitement de *ly* en picard) n'entraînent aucune différenciation entre les parlers que nous étudions. Les autres traits sont opératoires.

TRAITS CONSONANTIQUES (1)

n° 4 : Traitement des groupes initiaux *s* + *consonne*

Tenneville et les autres parlers se différencient du gaumais par le maintien du *s* d'appui (voir 1.148).

n ° 5 : H secondaire (type ⌜maison⌝)

Tenneville se distingue du lg., où la présence du H secondaire est constante ; des parlers où le H secondaire est absent (gaumais, chestrolais, namurois, marchois, Awenne, Saint-Hubert et Bastogne) (voir 1.152).

n° 6 : H secondaire (type ⌜échelle⌝)

Tenneville, où les formes avec chuintantes sont générales, se distingue du lg. (voir 1.148.1).

n° 7 : Insertion du *w* entre une consonne labiale et les voyelles ε, ẽ

Tenneville, où le développement du *w* est attesté régulièrement, se différencie du lg., du chestrolais et du gaumais, où ce phénomène est absent (voir 1.191).

(1) La numérotation des traits est celle de L. Remacle, dans sa *Géographie dialectale*.

n° 8 : Traitement du groupe *rs*

Seul le gaumais fait évoluer ce groupe vers *ŝ* (voir 1.117 n 1).

TRAITS VOCALIQUES

n° 10 : Voyelle caduque

Par le timbre de la voyelle caduque, Tenneville se distingue de Bastogne, d'une partie de la région de Bastogne (1), de Saint-Hubert.

Par la place de la voyelle caduque dans les monosyllabes (*le*, *de*, *je*, etc.), Tenneville s'écarte nettement du gaumais et de certains parlers chestrolais (voir 1.108).

n° 11 : Timbre du *u* latin

En préservant le timbre vélaire, le parler de Tenneville se différencie du gaumais, du chestrolais, du namurois, de Saint-Hubert, d'Awenne, et de certains parlers de la région de Bastogne (voir 1.69).

n° 12 : Evolution du *ò* tonique libre

Par sa monophtongue vélaire, Tenneville s'écarte du gaumais et du chestrolais (voir 1.49).

n° 13 : Evolution du *ò* tonique entravé par *r* ou *s*

La diphtongaison attestée à Tenneville s'oppose à la monophtongue du gaumais et du chestrolais.

Le timbre (*wa*) de cette diphtongue l'écarte du lg. (*wè*) (voir 1.52).

n° 14 : Evolution de *è* tonique entravé par *r* ou *s*

La diphtongaison conditionnée du parler de Tenneville l'oppose au gaumais et au chestrolais.

---

(1) Nous prenons comme référence unique le parler de Bastogne (ville) lorsqu'il coïncide avec les parlers voisins. Nous distinguons Bastogne et sa région, lorsque le parler bastognard représente un véritable "îlot".

Le timbre de cette diphtongue est nettement moins ouvert que dans les parlers de Saint-Hubert et d'Awenne (voir 1.24).

n° 15 : Evolution du *ẹ̄* tonique libre

Le parler de Tenneville, qui présente tantôt des sons simples (*ọ́e*, *ǫ̀e*), tantôt la diphtongue *wẹ̀*, s'oppose

- au lg. et au marchois (sons simples exclusivement) ;
- au nam., au gaumais et au chestrolais (diphtongues exclusivement) (Voir 1.31).

n° 16 : Evolution du *ẹ̄* tonique libre, devant nasale

A l'évolution en *-on.ne* des parlers de l'est-wallon et du Luxembourg s'oppose le namurois *-in.ne* (voir 1.42).

n° 17 : Evolution du *ẹ̀* + *yod*

Tenneville s'oppose au lg., au nam. et au marchois, qui présentent une ouverture en *ẹ̀*, *ẹ́* (voir 1.27).

n° 18 : Evolution de *-ĕllus*

Abstraction faite des variations de timbre pour l'aboutissement *ẹ́*, *ê*, Tenneville s'écarte nettement du nam. *-ia* (voir 1.25).

n° 19 : Evolution de *a* + *yod* (type ⌜maître⌝)

Seule l'évolution gaumaise en *ā* se distingue nettement des variantes *ẹ́*, *ê* des autres parlers (voir 1.12.1).

n° 20 : Evolution du suffixe *-āticu*

L'évolution en *-adje* de Tenneville se distingue du lg. *-ẹ̀dje*, que l'on retrouve à Bastogne (ville) (voir 1.11).

n° 21 : Diphtongaisons secondaires des voyelles fermées d'origines diverses.

Seul le gaumais présente cette caractéristique.

n° 22 : Confusion des nasales issues de *ẹ̀*, *ẹ́* et *a* entravés.

Elle est principalement attestée en gaumais (voir 1.30 et 1.43).

Sur un total de 22 traits, le parler de Tenneville s'oppose donc 13 fois au gaumais, 8 fois au chestrolais, 7 fois au lg., 6 fois au namurois, 4 fois à Saint-Hubert, 3 fois à Marche, Awenne, Bastogne et sa région. C'est donc par rapport au gaumais que la différenciation est la plus importante (59 %) ; elle est de loin supérieure à celle qui écarte le parler de Tenneville du lg. (32 %) et du nam. (27 %). Le chestrolais quant à lui manifeste clairement ses liens avec le gaumais.

A l'intérieur du domaine wallo-lorrain (le chestrolais non compris), la convergence des résultats est frappante : le taux de différenciation est minime (18 % pour Saint-Hubert, 14 % ailleurs), ce qui témoigne de la relative homogénéité de ces parlers.

Si ces 22 traits nous ont permis de situer le parler de Tenneville par rapport aux domaines lg., nam., gaumais et chestrolais, ils ne suffisent pas à déterminer les rapports des parlers à l'intérieur du sud-wallon. Nous proposons 16 autres traits phonétiques qui nous permettront d'affiner notre analyse (1).

---

(1) La plupart des traits repris dans cette seconde série figurent notamment dans REMACLE, *Ancien wallon* (à l'exception des deux derniers). Voici les correspondances : n° 23 = § 6 de REMACLE ; n° 24 = § 8 ; n° 25 = § 10 ; n° 26 = § 15 ; n° 27 = § 17 ; n° 28 = § 19 ; n° 29 = § 20 ; n° 30 = § 23 ; n° 31 = § 25 ; n° 32 = § 26 ; n° 33 = § 28 ; n° 34 = § 36.1 ; n° 35 = § 36.2 ; n° 36 = § 40.
Une remarque méthodologique s'impose : les traits choisis sont loin de représenter la complexité de certaines évolutions, mais expriment plutôt des convergences. Certains traits reposent sur des illustrations que l'on a privilégiées comme représentatives d'une évolution, au détriment de formes parfois divergentes, jugées "exceptionnelles" par rapport aux premières.

n° 23 : Finale *-āla*

En suivant une évolution analogue à celle du français, le chestrolais et le gaumais s'opposent aux autres parlers.

Par le timbre de la voyelle, Tenneville (qui présente un *â*, voir 1.6) s'oppose au nam., au marchois, à Saint-Hubert et Awenne, qui présentent un *ô*.

n° 24 : *a* + *l* antéconsonantique

Le *â* du parler de Tenneville se distingue du *ô* noté en gaumais, en chestrolais, en marchois, en namurois, à Saint-Hubert et à Awenne (voir 1.9).

n° 25 : Monophtongaison du groupe *ie* (d'origines diverses) en *ī*

Seul le chestrolais n'atteste pas cette monophtongaison (voir 1.13, 1.18 et 1.23).

n° 26 : Traitement du *ẹ* entravé

Le gaumais et le chestrolais (pour certaines formes) présentent l'ouverture en *a* (voir 1.33).

n° 27 : Préfixe *in-*

L'aboutissement *a-*, noté à Tenneville et dans le sud-wallon, s'oppose au *ẽ-* du lg., du nam. et du marchois (voir 1.95).

n° 28 : Fr. *-ien*, w. *-in*

Seul le chestrolais, par ses formes en *-yẽ*, se distingue des autres parlers (voir 1.29).

n° 29 : *i* wallon en hiatus

Seuls le lg. et le marchois présentent l'ouverture en *-ẽye*, qui les distingue des autres parlers (voir 1.45).

n° 30 : *ò* + *l* antéconsonantique

Alors que l'évolution en *ô* est largement répandue, on observe à Saint-Hubert et dans le centre-wallon des formes au timbre plus fermé (son intermédiaire *ó/u, u*) (voir 1.53).

n° 31 : *ū* latin tonique libre en hiatus

En maintenant le timbre vélaire de la voyelle, Tenneville se distingue des variantes *ò* et *ǘ* palatal, observées en lg., en nam., en marchois, en gaumais, en chestrolais et pour certaines formes à Saint-Hubert (voir 1.69).

n° 32 : *ū* + nasale entravée

Les parlers étudiés présentent la nasale *õ*, à l'exception du gaumais et du chestrolais (voir 1.72).

n° 33 : Dénasalisation du *ẽ* protonique (type ⌜charpentier⌝)

Seul le chestrolais n'atteste pas ce phénomène (voir 1.91).

n° 34 : Groupes KW, GW à l'initiale

Le lg. se distingue des autres parlers en maintenant très régulièrement le *w* (voir 1.135.1).

n° 35 : Groupes KW, GW intérieurs (type ⌜langue⌝)

La réduction à *w* est attestée le plus souvent, sauf en chestrolais et en gaumais (voir 1.135.2).

n° 36 : Evolution du groupe *-ab'l-*

La finale *-âve, -ôve* de la plupart des parlers étudiés s'écarte de la finale *-âle, -ôle* notée à Saint-Hubert, en chestrolais et en gaumais (voir 1.164.2.1).

n° 37 : Finale *-iāre* (loi de Bartsch)

La finale analogique *-ẽ* de Tenneville, Saint-Hubert, Awenne, Marche et Longlier s'oppose à la finale étymologique *-ī, -i* observée ailleurs (voir 1.19).

n° 38 : Suffixe *-ĕlla*

Le chestrolais, par son évolution en *-ẽle*, se distingue des autres parlers. Il est rejoint par les parlers de la moitié septentrionale de la Gaume (voir 1.26).

Sur un total de 16 traits, Tenneville se distingue 11 fois du chestrolais, 9 fois du gaumais, 6 fois de Namur, 5 fois de Liège, Saint-Hubert et Marche, 2 fois d'Awenne, 1 fois de Bastogne et sa région.

Globalement, ces résultats étayent les premiers, en montrant l'éloignement du parler de Tenneville par rapport au gaumais et au chestrolais ; en confirmant l'égale distanciation par rapport au liégeois et au namurois. En outre, ils éclairent la différenciation dialectale à l'intérieur de la zone wallo-lorraine : alors que Marche et Saint-Hubert se démarquent nettement, on observe une remarquable homogénéité dans la région Awenne - Tenneville - Bastogne.

Sur l'ensemble des 38 traits phonétiques, le parler de Tenneville s'oppose

1. - 22 fois au gaumais (58 %)
2. - 12 fois au namurois (32 %)
3. - 12 fois au liégeois (32 %)
4. - 19 fois au chestrolais (50 %)
   - 9 fois à Saint-Hubert (24 %)
   - 8 fois à Marche (21 %)
   - 5 fois à Awenne (13 %)
   - 4 fois à Bastogne et sa région (11 %).

Nous verrons plus loin dans quelle mesure ces résultats seront confirmés par une approche de la différenciation morphologique.

Terminons par une remarque de nature diachronique. A maintes reprises, nous avons noté que le parler de Tenneville occupait géographiquement une position-limite dans les traitements phonétiques. Cette situation est parfois corroborée par la diversité des résultats d'une même évolution.

Cette hétérogénéité peut nous fournir une indication intéressante sur l'évolution générale du parler de Tenneville.

Sans reprendre le détail des évolutions en cause, rappelons que les formes de l'est-wallon sont très fréquemment attestées, soit comme évolutions "statistiquement" régulières (a), soit comme "exceptions" (b). Voici quelques illustrations significatives.

a. - les formes *teûye*, *peûre*, etc., coexistent non seulement avec des formes telles que *seu*, *pareu*, mais aussi avec la diphtongue *-wè-* (*pwève*, *pwès*) : voir 1.31 ;

- même remarque pour *dreût*, *streût*, etc., à côté de *teut*, *deut*, et de *bwès*, *fwè*, etc. : voir 1.37 ;

- le H secondaire est encore attesté, à côté des chuintantes (et des semi-voyelles) : voir 1.194.

b. - outre les formes en *-îye*, de loin les plus fréquentes, on note quelques cas d'ouverture en *-èye*, comme dans l'est-wallon : voir 1.45 ;

- le préfixe *in-* évolue généralement vers *a-*, mais certains mots présentent le traitement lg. en *è-* : voir 1.95 ;

- si le parler de Tenneville présente l'insertion d'un *w* derrière consonne labiale, c'est pour un nombre de formes plus réduit que dans le parler de Bastogne, par exemple : voir 1.191.

Dans la ligne des conclusions qui montrent les liens privilégiés du parler de Tenneville avec le wallon proprement dit, on peut préciser que l'évolution de ce parler s'effectue plutôt au détriment des caractéristiques de l'est-wallon.

SECTION II

ASPECTS MORPHOLOGIQUES

AVANT-PROPOS

Dans le domaine wallon, les études morphologiques n'ont rien à envier aux recherches de phonétique historique. Souvent même, elles sont concomitantes, ce qui explique que les références citées pour la première section se retrouvent ici.

Ajoutons que les trois volumes de L. Remacle sur la *Syntaxe du parler wallon de La Gleize* contiennent l'essentiel de ce que nous avons pu observer pour Tenneville (1). Nous nous sommes donc limité à un inventaire des phénomènes morphologiques intéressants, accompagné d'un commentaire succinct pour les plus caractéristiques. Pour plusieurs d'entre eux, on se reportera à la première section (aspects phonétiques).

---

(1) Cette remarque vaut également pour les aspects syntaxiques, qui ne sont pas abordés dans cette étude. En général, la syntaxe du parler de Tenneville correspond à la description proposée pour le parler de La Gleize.

Cette fois encore, nous avons abordé la différenciation dialectale dans notre région, sur base des travaux publiés et de nos enquêtes (pour la région de Bastogne). Nous aurons ainsi l'occasion d'envisager la question de l'homogénéité du wallo-lorrain sous un double éclairage, phonétique et morphologique.

CHAPITRE I

FORMES DES ADJECTIFS ET DES PRONOMS

1. NOMS DE NOMBRE

§ 2.1. Cardinaux (1)

On, *on-* (devant voyelle), *one* ; *deûs*, *deûs-* (devant voyelle) ; *treûs*, *treûs-* (devant voyelle) ; *cwate*, *cwatre* (devant voyelle); *cink'* ; *chîj* ; *sèt'* ; *ût'* ; *noûf* ; *dî*, *dîj* (devant voyelle) ; *onze* ; *doze* ; *traze* ; *catôrze* ; *cwinze* ; *sâze* ; *dî sèt'* ; *dî ût'* ; *dîj noûf* ; *vint*, *vint'* (à la pause) ; *vint-èt onk* ; *vint' deûs*, etc. ; *trante* ; *carante* ; *cinkante* ; *swassante* ; *sèptante* ; *catreu vint* ; *nonante* ; *çant* ; *mile*.

"Un" employé comme pronom se présente sous la forme *onk*, fém. *one* (2).

---

(1) Voir REMACLE, *Syntaxe* 1, 271-277 ; NIEDERLÄNDER, § 105 ; GRIGNARD, § 99.1.

(2) Voir *ALW* 2, c. 8 et c. 9 ; pour le *k* final, voir 1.136.

§ 2.2. Ordinaux (1)

Prèmî (fém. *-îre*) ; *deûzime* ; *treûzime* ; *cwatrime* ; *cinkime* ; *chîjime* ; *sètime* ; *ûtime* ; *noûvime* ; *dîjime*, etc. ; *çantime* ; *milyin.me*.

---

(1) Voir REMACLE, *Syntaxe* 1, 277-278 ; NIEDERLÄNDER, § 106 ; GRIGNARD, § 99.2.

2. ARTICLES

§ 2.3. Formes simples

2.3.1. Articles définis (1)

"LE" - "LA" (forme unique pour les deux genres)

Le parler de Tenneville se situe à la limite septentrionale de la zone où ces formes sont distinguées, et qui regroupe les arr. de Neufchâteau, Virton, Dinant (sud), Bastogne (sud) (2).

Allomorphes :

li, devant consonne : *li tonê, li vièrtîre* ;
l', - devant voyelle : *l' ouvrî, l' êwe* ;
- devant voyelle et devant consonne : *c' èst l' fème do mounî, c' èst l' diâle.*

"LES"

Allomorphes

lès, devant consonne : *lès bièsses, lès boûs* ;
lès-, devant voyelle : *lès-èfants, lès-êwes* ;
l's-, après voyelle et devant voyelle (*ALW* 2, 27) : *po l's-ôtes, po l's-èfants.*

2.3.2. Articles indéfinis (3)

On, on- (devant voyelle) ; *one* : *on mour, on-uch, one mohon.*
Dès, dès- (devant voyelle) : *dès djins, dès-ouvrîs.*

---

(1) Voir REMACLE, *Syntaxe* 1, 100 sv. ; NIEDERLÄNDER, § 112 ; GRIGNARD, § 104 et 108 ; *ALW* 2, c. 1 ; BRUNEAU, *Enquête* n° 878 ; REMACLE, *Ancien wallon*, 85-86.

(2) On retrouve la forme unique pour les adjectifs possessifs préposés au nom : voir plus loin, 2.14-16.
Par ailleurs, nous avons noté le type ⌜EL⌝ (qui coexiste avec le type ⌜LE⌝) à Sibret [B 26], Livarchamps et Lutrebois (Villers-La-Bonne-Eau [B 31]). Voir *ALW* 1, c. 54.

(3) On rappellera l'étonnant *ou*, *oun-* (devant voyelle), *oune* dont la diffusion est limitée à la seule ville de Bastogne (les villages voisins ont *on*, *one*) : voir REMACLE, *Ancien wallon*, 67 ; *ALW* 1, c. 96 ; *ALW* 2, c. 10. Comp. *oû* à Montegnée.

§ 2.4. Formes combinées

"AU" : *â*

"AUX" (1)

Deux formes concurrentes existent : *azès* (voir *ALW* 2, c. 2) et *âs*. L'emploi de ces variantes ne paraît guère répondre à des critères précis. *Âs* s'emploie plutôt dans des expressions figées, ou lorsque "les" désigne une généralité, plutôt que des séries (de gens, d'objets) précises : *d'nè dol tchâr azès tchins, azès vèhins* ; mais *tinde âs grîves, râyè âs crompîres, creûre âs* (ou *azès*) *sorcîres*.

A Bastogne, on observe les variantes *âs* et *a lès*.

"DU" : *do* (2) *i vint do bûre*.

"DES" : *dès, dès-* (devant voyelle) *li stâve dès vatches, li tchan.me dès-èfants*.

"DE LA" (3)

Devant consonne : *dol* (*ALW* 2, c. 4) *i vint dol crin.me*.
Après voyelle, devant *s* + *consonne* à l'initiale de mot : *dol* (*ALW* 2, 35) : *lès bancs dol sicole ; d'nè dol sipècheûr*.

"DE L'"

Derrière consonne : *di l'* (*ALW* 2, 33) *lès vièrtîres di l' uch*.
Derrière voyelle : *d' l'* : *va kî d' l' èwe !*

"EN LE" : *o* (4)

"EN L'" : *ol*

"EN LA" : *ol*

"EN LES" n'est pas une forme combinée : *dins lès*.

Le dérivé du lat. *in illo* est concurrencé par la forme analytique *dins l(i)*, sans que l'usage réponde à des normes précises. Comp. : *i-gn-a do sâbe dins l' souke* et *i-gn-a trop d' sè ol sope ; dj' ê dol tchâr dins lès dints* et *dj' ê kèke tchôze ki m' jin.ne ol dint ; dji vd o bwès* et *il èstêve dins l'* (ou *o*) *bwès*.

"PAR LE", "PAR LA" : *pol* (*ALW* 2, c. 6, qui note cette forme en concurrence avec *pa l'*, non reconnue par nos témoins) : *i l' tènêve pol brès, pol mwin*.

"PAR LES" n'est pas une forme contractée : *po lès* (divergence avec l'*ALW* 2, c. 7, qui note *pa lès*) (5) : *i l' tènêve po lès tch'fès*.

---

(1) Voir REMACLE, *Syntaxe* 1, 108 sv.
Azès est un produit "analogique" et "analytique", créé à partir d'un *a-* initial qui coïncide avec la prép. "à", d'une finale *-ès* qui rappelle l'art. "les", et d'un -z- de liaison (REMACLE, *ibidem*, 108). Il est attesté depuis le XVIe s.
La forme *a lès* de Bastogne se rencontre dans les environs de Verviers et dans l'ouest-wallon.

(2) Les variantes du timbre de la voyelle (voir *ALW* 2, c. 3) sont attestées dès le XIIIe s. : voir REMACLE, *Ancien wallon*, 84-85. La forme *do*, qui apparaît essentiellement dans le centre-wallon et le sud-wallon, sur la totalité de l'arr. de Bastogne et l'arr. de Malmedy, est issue d'un primitif *del* (du lat. *de illo*), par une étape *dou*.

(3) Le timbre du *ò* de *dol* provient du masc. *do*.

(4) Comme le lat. *de illo* évolue vers *do*, *in illo* aboutit à *o*, par un intermédiaire *el*, *enl*. La répartition des variantes du timbre de la voyelle est pratiquement identique à celle observée pour *dol* : voir *ALW* 2, c. 5 ; REMACLE, *Ancien wallon*, 84-85.
Pour la concurrence des types "en le" et "dans le", voir aussi REMACLE, *Syntaxe* 2, 357 sv. Bastogne ne connaît pratiquement que le type analytique *dins l(u)*.

(5) L'exemple repris par l'*ALW* "piqué par les mouches" se dit toutefois *pikè dès moches*.
A Bastogne, on a les formes *pal* et *pa lès*.

3. PRONOMS PERSONNELS (1)

§ 2.5. 1ère pers. sing.

"JE"

Allomorphes

dji, devant consonne (ALW 2, c. 12) : *dji vinrê, dji f'zêve do pwin* ;

dj', - devant voyelle : *dj' ènn' ê onk ! dj' ê moussè foû* ;

- devant consonne, en débit rapide : *dj' va o bwès* ;

djo, lorsque "je" est suivi de "le" (voir plus loin, 2.11), "les", "lui", "leur" : *djo l(è)s-ê pièrdou, djo l'zî dîrê* (2).

"ME" (régime, antéposé au verbe)

mi (ALW 2, c. 13) : *èle mi veut voultî* ;

m', - devant voyelle : *èle m' a apicè pol brès* ;

- derrière voyelle et devant consonne : *ni m' di nin dès mintes !*

"MOI" (régime, postposé au verbe)

mu (ALW 2, c. 14) (3) : *dène mu ça !*

m' (derrière voyelle) : *lèyez m' trankile !*

"MOI" (régime prépositionnel, ou détaché) (4)

mi (ALW 2, 61) : *c'èst por mi ; mi, dji pinse ki ...*

---

(1) Voir REMACLE, *Syntaxe* 1, 192 sv. ; NIEDERLÄNDER, § 107 et 109 ; GRIGNARD, § 100-102 ; BAL, *Groupes pronominaux*.

(2) Le timbre de la voyelle *o* s'explique probablement par analogie avec les formes *dol*, *ol*. Des syntagmes comme *dji loy'rê, dji loume*, etc. semblent écarter l'hypothèse d'une influence du *l*.

(3) On remarquera que la voyelle dans *mu* ne coïncide pas avec la voyelle caduque (1.108) que l'on trouve dans *mi* (régime, antéposé au verbe).

(4) L. Remacle voit dans ce *mi* un dérivé du lat. *mihi* (ALW 2, 61), en invoquant la constance de la voyelle *i* dans les formes dialectales. Bastogne, où la voyelle caduque est *u*, confirme l'analyse de L. Remacle par sa forme *mi*.

§ 2.6. 2ème pers. sing.

"TU"

Le sentiment général dans notre région est que le tutoiement marque une familiarité, sinon une grossièreté, lorsqu'il est employé vis-à-vis de personnes âgées, inconnues, ou de condition différente. L'emploi du "TU", en concurrence avec le "VOUS" dit de politesse, est souvent révélateur de l'organisation et de la hiérarchie dans une famille, un village. Cependant, il est difficile d'élaborer une description qui dépasse une zone très limitée, vu l'extrême diversité de l'usage suivant l'endroit, l'âge des témoins, etc. (1).
Pour les variantes de la "forme polie", on se reportera à la 2ème pers. plur.

Allomorphes

to (antéposé, devant consonne) (2) : *to vinrès ; to pou dîre ;*
tu (postposé, après consonne ; *ALW* 2, c. 17) : *pinses tu ?*
t' - antéposé, devant consonne, en débit rapide : *t' vinrès avou nos-ôtes* (3) ;
- antéposé, devant voyelle : *t' ènn' as minti !*

Après une forme verbale terminée par une voyelle, la 2ème pers. sing. est rendue par la forme ordinaire du verbe, augmentée de *-s* : *vous' beûre one jate ? il èst mwart, sès' !* (*ALW* 2, c. 18).
Deux hypothèses peuvent rendre compte de ces formes (attestées depuis la seconde moitié du XVe s.) : il s'agirait, soit d'une réduction d'un groupe *st* (issu de **vous-te*, comp. *tièsse, fièsse*, 1.140.2.2 ; opinion de GRIGNARD, 458 ; BRUNEAU, *Enquête* n° 1620 ; GOOSSE, CXXXII, 78b ; FELLER, *BSW* XLI, 173-174), soit d'un conservatisme qui aurait maintenu la finale latine primitive (voir REMACLE, *Syntaxe* 1, 199-205).

"TOI" (régime, postposé au verbe)

- après consonne : *tu* (*ALW* 2, c. 19) *r'wête tu d' abôrd !*
- après voyelle : *t'tu* (*ALW* 2, 73) *tin t'tu bon !*

"TOI" (régime prépositionnel, ou détaché)

ti : addè ti ; wète a ti ! ; ti èt rin, c' èst l' compte !
twè (ressenti comme "plus poli" que le précédent).

"TE" (régime, antéposé au verbe)

ti : èle ti veut voultî ; dji n' ti prindrê rin ;
t' - devant voyelle : *i n' t' ême nin, sès' !*
- derrière voyelle et devant consonne : *i t' pormin'rè.*

---

(1) A Tenneville, le tutoiement est généralement évité, sauf vis-à-vis des enfants et des domestiques. Par contre, les habitants de Bastogne usent et abusent du tutoiement, en wallon comme en français, ce qui a valu à leur parler l'étiquette de "patois grossier". Depuis J. Calozet, il est de bon ton de répondre qu'il n'y a pas de patois grossier, il n'y a que des gens grossiers !

(2) Le timbre de la voyelle est peut-être influencé par celui des formes combinées *tol* (*djol*, etc.) : voir *ALW* 2, 63b.

(3) Comme l'ensemble des formes citées dans ces *aspects morphologiques*, *t'* est soumis aux processus phonétiques décrits dans la première section. Ici, par exemple, *t'* s'assimile en [d] devant une initiale sonore.

§ 2.7. lère pers. plur.

"NOUS" (sujet)

Comme dans le sud-est de la Belgique romane, "NOUS" sujet est remplacé par "JE" : *dji beûrans ; dj' ons moussè foû* (1) (voir 2.5).

"NOUS" (tonique, non conjoint) : *nos-ôtes* (*ALW* 2, c. 20)
c' èst d' a nos-ôtes ; nos-ôtes, dji d'meurans sul tièr.

"NOUS" (régime antéposé, ou postposé au verbe)

nos (*ALW* 2, c. 22) : *i nos r'wête ; i n' nos djâze pus ; vin nos ç' tchamp la !*

---

(1) Voir *ALW* 2, c. 21 ; REMACLE, *Syntaxe* 1, 217-218.

§ 2.8. 2ème pers. plur.

"VOUS" (sujet, antéposé au verbe)

- devant consonne : *vos* ou *v'* (la forme réduite n'est pas signalée dans l'*ALW* 2, c. 24) *vos vinrez ; v' dîrez a Tchofile ki ...*
- devant voyelle : *vos-* ou *v's-* : *vos-ârez dol baguète ; v's-av' rêzon.*

"VOUS" (sujet, postposé au verbe)

v' : *vinrez v' ? savez v' ?* (1)

"VOUS" (régime réfléchi antéposé au verbe, devant consonne)

v' (*ALW* 2, c. 25) : *vos v' lèvez trop târd !*

"VOUS" (régime postposé)

v' (*ALW* 2, c. 26) : *têhez v' !*

"VOUS" (tonique, non conjoint)

vos-ôtes (*ALW* 2, c. 23) : *amon vos-ôtes ; c' èst nin po vos-ôtes ; vos-ôtes, c' èst nin l' min.me tchôze.*

Rappelons que le "vous" est usité comme forme de politesse (*ALW* 2, 83), sous les formes citées ci-dessus (à l'exception du "vous" tonique non conjoint ; voir 2.6).

---

(1) La suppression complète du pronom sujet postposé au verbe est caractéristique de l'ouest-wallon, du centre-wallon, et d'une partie de notre région. L'*ALW* 2, c. 101 l'a notée pour Tenneville, et pour quelques points dans la région de Bastogne (B 21, 22 ; 23 et 27). Aujourd'hui, nous n'avons plus observé ce phénomène à Tenneville, ni à Bastogne.
Dans un énoncé comme *il èst mwart, savez !* - qui paraît contredire ce qui précède - *savez* est à considérer comme une sorte d'interjection, qui renforce l'affirmation (comme en lg., voir *DL* 578b).

§ 2.9. 3ème pers. sing.

"IL" (sujet, antéposé au verbe)

- devant consonne : *i*
i n' vinrè nin ; i ploût ;

- devant voyelle : *il*
il avêve fwin ; il èstêve brani.

"IL" (sujet, postposé au verbe)

i : vinrè-t-i ? (1)

"ELLE" (sujet, antéposé au verbe)

- devant consonne : *èle*
èle bache ; èle ranawîe ;

- devant voyelle : *èlle*
èlle avêve fwin ; èlle èstêve pièrdouye.

"ELLE" (sujet, postposé au verbe)

èle : pinse-t-èle ? (1)

"IL" et "ELLE", pronoms sujets, présentent une aphérèse à l'intérieur des phrases (entre voyelles) ; d'où les formes *'l* 'il' et *'lle* 'elle' (2) : *cand 'l avêve beû s' gote, i rintrêve ; cand 'lle ârè vindou s' mohon, èle s'rè ritche !*

"LUI"

- tonique non conjoint : *lu* (ALW 2, c. 27)
lu, i vinrè tot seû ; dji va addé lu ;

- régime indirect, antéposé au verbe : *lî* (ALW 2, c. 37)
i lî a vindou on tchamp ; i lî prindrè tot ;

- régime indirect, postposé au verbe : *lî*
dène lî do pwin ; dènez lî do pwin.

"ELLE" (tonique, non conjoint)

lèy (ALW 2, c. 28) *lèy, c' èst l' mére d' a Tchofile ; ç' èst por lèy.*

"SOI" (tonique) est remplacé par "LUI" (*ALW* 2, 91b et 119b)
tchakin por lu !

"SE" (réfléchi)

- devant consonne : *si* (*ALW* 2, c. 39)
Tchofile si bat toudi ; èle si marîe d'mwin ;
- devant voyelle : *s'*
èle s' a pièrdou ;
- après voyelle et devant consonne : *s'*
i s' bat sovint ; nosse tchèt s' a stronlè.

"LE", "LA" (régime direct, postposé au verbe) (3)

- après consonne : *lu* (*ALW* 2, c. 33)
sogne lu bin : c' èst t' pêre (ou *t' mêre*) *;*
- après voyelle : *l'*
tin l' bin ! ; lèyez l' trankile !

"LE", "LA" (régime direct, antéposé au verbe) (3)

- devant consonne : *li*
pôve fème ! Tchofile li bat sovint ! ; èle li trompe ;
- devant voyelle : *l'*
i l' ême bin ; èle l' a pièrdou ;
- après voyelle et devant consonne : *l'*
i l' mougn'rè ; i l' tènêve pol brès.

---

(1) Le recours à la périphrase 'est-ce que ...' est fréquent.

(2) Voir REMACLE, *Syntaxe* 1, 224-227 ; *ALW* 2, 100b, 103b ; *ALW* 3, 295a.

(3) Il s'agit d'une forme unique pour les deux genres ; voir 2.3.

§ 2.10. 3ème pers. plur.

"ILS" (sujet, antéposé au verbe)

- devant consonne : *i* (*ALW* 2, c. 31)
i n' vinrant nin ; i tchèssant l' singlè ;

- devant voyelle : *il* (1)
il avint fwin ; il ont pièrdou leûs-èfants.

"ILS" (sujet, postposé au verbe)

i : *vinrant-i ?*

"ELLES" (sujet, antéposé au verbe)

- devant consonne : *èle*
èle mougnint dol sirôpe ;
- devant voyelle : *èlle* (1)
èlle avint fwin ; èlle ont moussè foû dol mohon.

"ELLES" (sujet, postposé au verbe)

èle : *vinrant-èle ?*

L'aphérèse notée pour les formes du sing. (voir 2.9) touche également les formes du pluriel : *'l* 'ils' ; *'lle* 'elles' : *cand 'l* (ou *'lle*) *avint fini d' bate, i* (ou *èle*) *riv'nint ...*

"EUX" (tonique non conjoint) : *zês* (ALW 2, c. 29) (2)

dji sê ça mî k' zês tortos ; c' èst por zês.

"ELLES" (tonique non conjoint) : *zèles* (ALW 2, c. 30) (2)

djo l'zî dîrê, a zèles ! ; zèles, èle vinrant.

"LEUR" (régime indirect, antéposé au verbe)

- après consonne : *lèzî* (3)
èle lèzî dèn'rè dès djambons ; Tchofile lèzî afoum'rè l' lârd ;
- après voyelle : *l'zî* (ALW 2, c. 38)
i l'zî prindrè tot ; on l'zî min'rè lès bièsses.

"LEUR" (régime indirect, postposé au verbe)

- après consonne : *lèzî*
dène lèzî on kilo d' tchâr ;
- après voyelle : *l'zî*
prins l'zî on bokèt d' tâte !

"SE" (réfléchi) : *si* ou *s'* (voir le singulier, 2.9).

"LES" (régime direct)

- devant consonne : *lès* (*ALW* 2, c. 36)

i lès vindrè ; i lès rây'rè ;

- devant voyelle : *lès-*

mi pêre lès-a côpè ; Tchofile lès-a pièrdou ;

- après voyelle et devant voyelle : *lès-* ou *l's-* (dans un débit rapide)

i lès-a pièrdou ou *i l's-a pièrdou.*

---

(1) Le wallon a conservé des anciens pluriels étymologiques sans *-s*, à la 3ème pers. plur. Cet archaïsme n'avait pas encore totalement disparu en fr. au XVe s.
Voir REMACLE, *Syntaxe* 1, 195n ; GOOSSE, CXXXIII.

(2) Les cartes de l'*ALW* montrent que Tenneville et le sud de l'arr. de Marche forment une enclave dans laquelle "EUX" et "ELLES" (toniques, non conjoints) peuvent avoir une forme différente. Si la totalité de l'arr. de Bastogne est en dehors de cette zone, celle-ci se prolonge dans le reste de la province de Luxembourg et dans l'arr. de Philippeville pour l'essentiel (et quelques localisations dans l'ouest de la Belgique romane).
Voir aussi : 1.36.1.

(3) Le type *lèzî* a remplacé tardivement l'ancien *lès*, d'où il procède. Pour L. Remacle, il s'agirait d'une extension du groupe ⌜les y⌝ : voir REMACLE, *Syntaxe* 1, 196-197, 220-221 ; GOOSSE, CXXXIX.

§ 2.11. Formes combinées (1)

"ME LE", "LE MOI" : *mol* (*ALW* 2, c. 34)

dis mol ! ; i mol dîrè.

Entre voyelles, réduction à *m'l* : *i m'l a pièrdou.*

"JE LE" : *djol* (*ALW* 2, c. 35)

djol dîrê ; djol vou bin.

"TE LE" : *tol*

i tol dîrè ; mi pêre tol dèn'rè.

Entre voyelles, réduction à *t'l* : *i t'l apice pol brès.*

"IL(S) LE" : *i l'* (2)
i l' mougne ; i l' mougnant.

"DE LE" : *dol* (*ALW* 2, 111)
il èst tins dol dîre !
Entre voyelles, réduction à *d'l* : *il èst tins d'l aveur.*

"NE LE" : *nol* (*ALW* 2, 111)
i nol dîrè nin ; i nol pinse nin.
Entre voyelles, réduction à *n'l* : *i n'l a nin avou.*

---

(1) Ces formes valent pour les deux genres (voir 2.3). Pour le timbre de la voyelle (*mol, djol, tol,* etc.), voir *do, dol* (2.4).

(2) Pour 'il faut le suivre', l'*ALW* 2, 110b signale pour Tenneville le type ⌜il le faut suivre⌝ (avec une forme *èl*) ; nos témoins ne reconnaissent pas cet usage ; ils traduisent par *i fâ l' sûre.*

§ 2.12. "ON"

Devant consonne : *on* (*ALW* 2, c. 46) *on vinrè ; on mougne.*
Devant voyelle : *on* + z de liaison : *on-z-a pièrdou ; on-z-oyève do brut.*

Un usage récent tend à instaurer un *n* de liaison, sans doute par influence du français. Ce phénomène est particulièrement fréquent à Bastogne (voir *ALW* 2, 137).

§ 2.13. "EN" et "Y" (1)

2.13.1. "EN"

- devant consonne : *è* (*ALW* 2, c. 41) (2)
il è va ; il è mougne, dès crompîres !
- devant voyelle : *ènn'* (*ALW* 2, c. 42) (3)
Tchofile ènn' a pièrdou, dès bièsses ! ; i-gn-ènn' a brâmint !
- après voyelle et devant voyelle : *'nn'*
i 'nn' av' assè ; li tchèt 'nn' a stronlè one ;

- postposé au verbe : présence d'un -z- de liaison
mougne-z-ẽ ; mougnez-ẽ ;
- "M'EN" postposé : *m' ẽ* (*ALW* 2, c. 43)
wâde m' ẽ on bokẽt ; prin m' ẽ on kilo.

2.13.2. "Y"

- devant consonne : *ĩ*
dj' ĩ su ; il ĩ vinrẽ ;
- devant voyelle : *ĩ* (+ *y* pour combler l'hiatus)
il ĩ (y) ẽst ; on-z-ĩ (y) aspoye li tchãr ;
- "IL Y A" : *i-gn-a* (*ALW* 2, c. 44) ou *gn-a*
(i-)gn-avẽve deũs mohons ; gn-a co dẽs djins ki n' djãzant nin l' francẽs, dins ç' viadje la ;
- "IL Y EN A" : *i-gn-an-ẽ ;*
mais *(i-)gn-a pus* (*ALW* 2, c. 45) ou *(i-)gn-a pus pont* 'il n'y en a plus' ; *i-gn-a co* 'il y en a encore'.

Remarque

Le type ⌜(IL) A⌝ pour "IL Y A" apparaît lorsque le verbe est à l'infinitif : *i k' mince a 'nn' aveur* 'il commence à y en avoir' (4).

---

(1) Voir REMACLE, *Syntaxe* 1, 246-260.

(2) Voir plus haut, 1.91.

(3) REMACLE (*Syntaxe* 1, 246) suggère que la géminée finale continue les dentales étymologiques (*inde* > *ẽnd* > *ẽnn*).

(4) Voir REMACLE, *Syntaxe* 1, 259 ; BAL, *Groupes pronominaux*, 833.

4. ADJECTIFS POSSESSIFS (1)

§ 2.14. "MON", "MA" (forme unique pour les deux genres)

- devant consonne : *mi* (ALW 2, c. 47) *mi pêre, mi mêre* ;
- devant voyelle : *mi-* (ALW 2, c. 48) *mi-èfant, mi-ome* [my-] ;
- après voyelle et devant consonne : *m'*

"MES" : *mès, mès-*.

§ 2.15. "TON", "TA" (forme unique pour les deux genres)

On retrouve les allomorphes *ti, t'* parallèlement à ce qui a été noté pour "MON", "MA".

"TES" : *tès, tès-*.

§ 2.16. "SON", "SA" (forme unique pour les deux genres)

- devant consonne : *si* *si pêre, si mêre*
- devant voyelle : *si-* (rare ; ALW 2, 141) ou *s't-, s'te* *si-ome ; si-èfant ; i fêt toudi a s'te idêye ; il a poûr di s'te ombrîre* ;
- après voyelle et devant consonne : *s'* *c' èst s' pêre ; po s' mêre.*

"SES" : *sès, sès-*.

§ 2.17. "NOTRE", "VOTRE"

- devant consonne : *nosse* (ALW 2, c. 52),*vosse* ;
- devant voyelle : *noste, voste.*

§ 2.18. "NOS", "VOS"

- devant consonne : *nos, vos* ;
- devant voyelle : *nos-, vos-.*

§ 2.19. "LEUR", "LEURS"

- devant consonne : *leû, leûs* ;
- devant voyelle : *leû* + z de liaison (au sing. et au plur.).

---

(1) Voir REMACLE, *Syntaxe* 1, 334-341 ; NIEDERLÄNDER, § 110 ; GRIGNARD, § 103.

5. PRONOMS POSSESSIFS (1)

§ 2.20. 1ère personne singulier

"LE MIEN", "LA MIENNE" : *l(i) min.ne* (ALW 2, c. 49) ;
"LES MIENS", "LES MIENNES" : *lès min.nes*.

§ 2.21. 2ème personne singulier

"LE TIEN", "LA TIENNE" : *l(i) tin.ne* ;
"LES TIENS", "LES TIENNES" : *lès tin.nes*.

§ 2.22. 3ème personne singulier

"LE SIEN", "LA SIENNE" : *l(i) sin.ne* (ALW 2, c. 50) ;
"LES SIENS", "LES SIENNES" : *lès sin.nes*.

§ 2.23. 1ère personne pluriel

"LE NÔTRE", "LA NÔTRE" : *l(i) nosse* (ALW 2, c. 53) (2) ;
"LES NÔTRES" : *lès nosses*.

§ 2.24. 2ème personne pluriel

"LE VÔTRE", "LA VÔTRE" : *l(i) vosse* (ALW 2, c. 54) ;
"LES VÔTRES" : *lès vosses*.

§ 2.25. 3ème personne pluriel

"LE LEUR", "LA LEUR" : *l(i) leûr* (ALW 2, c. 55) ;
"LES LEURS" : *lès leûrs*.

---

(1) Voir REMACLE, *Syntaxe* 1, 335-341 ; NIEDERLÄNDER, § 111 ; GRIGNARD, § 103.

(2) Signalons l'usage elliptique du pronom personnel de la 1ère pers. plur. pour désigner le frère : *dji va addé l' nosse* 'je vais chez mon frère'.

6. ADJECTIFS DEMONSTRATIFS (1)

§ 2.26. "CE"

- devant consonne : *ci* (*ALW* 2, c. 56)
ci gamin la n' choûte nin ;
- après voyelle et devant consonne : *ç'*
c' èst po ç' mwès ci.
Même allomorphe en débit rapide : *ç' pourcê ci n' vât rin.*

§ 2.27. "CETTE"

- devant consonne : *ci* (divergence avec l'*ALW* 2, c. 57, qui signale les formes *ci* et *cisse* ; cette dernière n'est pas reconnue par nos témoins) *ci mohon la èst freûde ;*
- devant voyelle : *ciste* ou *ç'te* (*ALW* 2, c. 58) (2)
ciste anêye ci ; ç'te afêre ci ;
- après voyelle et devant consonne : *ç'* (*ALW* 2, 163b)
c' èst po ç' nut' ci.
Même allomorphe en débit rapide : *ç' troye la va coss'lè.*

§ 2.28. "CET" : *cist-* ou *ç't-* (divergence avec l'*ALW* 2, 165, qui note *cit-*) *i-gn-av' brâmint d'l' îvièr, cist-îvièr ci ; ç't-ome la n' èst nin fwart.*

§ 2.29. "CES" : *cès*, *cès-* devant voyelle.

---

(1) Les démonstratifs sont accompagnés de l'adverbe de renforcement *ci* ou *la* : voir *ALW* 2, c. 58.
Voir aussi REMACLE, *Syntaxe* 1, 345 sv. ; NIEDERLÄNDER, § 113 ; GRIGNARD, § 105.

(2) Cette forme dérive du lat. *ecce ista*.

7. PRONOMS DEMONSTRATIFS (1)

§ 2.30.

"CELUI" : *l(i) ci* (*ALW* 2, c. 59).
"CELLE" : *l(i) cisse* (divergence avec l'*ALW* 2, c. 60, qui mentionne les formes *li cisse* et *li ci* : cette dernière n'est pas reconnue par nos témoins).
"CEUX" : *lès cis*.
"CELLES" : *lès cisses*.
"CELUI-CI" : *ci ci* ; "CELUI-LA" : *ci la*.
"CELLE-CI" : *ci cile* ; "CELLE-LA" : *ci çale* (2).
"CEUX-CI" : *cès ci* ; "CEUX-LA" : *cès la*.
"CELLES-CI" : *cès cile* ; "CELLES-LA" : *cès çale*.
"CECI" : *çouci* ; "CELA" : *çoula* (3).

§ 2.31. "CE"

2.31.1. "CE" devant un pronom relatif :
- derrière consonne : *çou* (divergence avec l'*ALW* 2, c. 61, qui note *çu*) *i pinse çou k' i vout* ;
- derrière voyelle : *ç'* *i fêt ç' k' i vout d' sès deûs mwins !*
Même réduction en débit rapide : *ç' k' i pout beûre !*

2.31.2. "CE" sujet du verbe "être"
- devant consonne : *ço* (*ALW* 2, c. 62) *ço s'reut bin !*
- devant voyelle : *ç'* *c' èstêve li djoû.*

La forme *çou* est le correspondant de l'a.fr. *ço* (du lat. **ecce hoc*). Peut-être en est-il de même pour *ço*, localisé en de rares points de notre région (4).

---

(1) Voir REMACLE, *Syntaxe* 1, 345 sv. ; NIEDERLÄNDER, § 114-116 ; GRIGNARD, § 105.

(2) Pour le *l*, voir REMACLE, *ibidem*, 348n.

(3) A Bastogne, on note *cèle-ci*, *cèle-la* ; *cès-ci*, *cès-la* (pour les deux genres) ; *lès cis* (pour les deux genres).

(4) Voir *ALW* 2, 175b ; MOIGNET, 151-152 ; BOURCIEZ, § 20.7.

8. ADJECTIFS EXCLAMATIFS ET INTERROGATIFS (1)

§ 2.32. "QUEL"

- devant consonne : *kê* (*ALW* 2, c. 63) (2)
- devant voyelle : *kê* ou *kin-* (divergence avec l'*ALW* 2, c. 64, qui mentionne *kên-*) (2)

§ 2.33. "QUELLE"

- devant consonne : *kê* ou *kine* (divergence avec l'*ALW* 2, c. 65, qui mentionne *kêne*) (2) ;
- devant voyelle : *kê* ou *kine* (2).

§ 2.34. "QUELS", "QUELLES" : *kês*, *kês-* devant voyelle.

---

(1) Voir REMACLE, *Syntaxe* 1, 377 sv. ; GRIGNARD, § 107.

(2) Si *kê* procède du lat. *quālis*, *kin-*, *kine* posent problème : s'agit-il de dérivés de **quod inde* (Haust) ou de *quīnam* (*FEW* II, 1477a) ? Voir à ce sujet REMACLE, *Syntaxe* 1, 379.

9. PRONOMS RELATIFS (1)

§ 2.35. "QUI"

- devant consonne : *ki* (*ALW* 2, 187a) ;
- devant voyelle : *k'* (*ALW* 2, 187a-b).

§ 2.36. "QUE"

- devant consonne : *ki* ;
- devant voyelle : *k'* ;
- après voyelle et devant consonne : *k'* (*ALW* 2, c. 69)

li tch'fô k' t'as vindou.

§ 2.37. "QUOI" : *cwè.*

---

(1) Voir REMACLE, *Syntaxe* 3, 64 sv. ; NIEDERLÄNDER, § 117 ; GRIGNARD, § 106.

10. PRONOMS INTERROGATIFS (1)

§ 2.38. "QUI", "QUE", "QUOI"

2.38.1. "QUI" : *kî* (*ALW* 2, 191a) *kî ç' k' èst la ?* Le type ⌜qui est-ce qui⌝ est seul usité.

2.38.2. "QUE" : *ki* (*ALW* 2, c. 70), *k'* (voir 2.36).

2.38.3. "QUOI" : *cwè* (*ALW* 2, c. 70).

§ 2.39. "LEQUEL", "LAQUELLE", "LESQUELLES", "LESQUELS"

2.39.1. "LEQUEL" : *li kè* (*ALW* 2, c. 66)

2.39.2. "LAQUELLE" : *li kine* (divergence avec l'*ALW* 2, c. 67, qui note *li kène* ; comp. 2.32 et 2.33).

2.39.3. "LESQUELS", "LESQUELLES" : *lès kès* (forme unique).

---

(1) Voir REMACLE, *Syntaxe* 1, 375 sv. ; NIEDERLÄNDER, § 118 ; GRIGNARD, § 107.

11. CONJONCTIONS DE COORDINATION (1)

§ 2.40. "ET" : *èt* (*ALW* 2, c. 71) (2) ; "NI" : *ni* ; "OU" : *ou* (*ALW* 2, c. 72) ; "OU BIEN" : *ou bin* ; "MAIS" : *mês* (*ALW* 2, c. 73) ; "CAR" : *ca*.

---

(1) Voir REMACLE, *Syntaxe* 3, 7 sv.

(2) La locution *èt si*, mise pour *èt* (surtout entre deux impératifs) est notée dès Ma 53 (*ALW* 2, 197b), mais n'est pas connue à Tenneville.

12. NEGATION (1)

§ 2.41. "NE ... PAS"

- *n(i)* ... *nin* (2) (*ALW* 2, c. 75) :

èle ni mougne nin ; *i n' èst nin mwart* ; *i n' pou mâ* ;

- parfois, il y a omission du premier terme (rarement) :

nin asteûre ! *c' èst nin possibe !* *nin onk !*

- parfois, le premier terme est employé seul (rarement) :

dji n' sè cwè fè ; *dji vou, dji n' pou.*

§ 2.42. "NE ... POINT" (3)

- avec le partitif "EN" :

i n' ènn' a pont 'il n'en a pas' ; *gn-a pus pont* 'il n'y en a plus' (voir 2.13.2) ;

- parfois, il y a omission du premier terme (rarement) :

pont d' avance ! (litt. "point d'avance") 'c'est inutile'.

---

(1) Voir REMACLE, *Syntaxe* 2, 256 sv. ; NIEDERLÄNDER, § 106a.

(2) Cf. a.fr. *nient*, lat. **ne gentem* (*FEW* VII, 85b), fr. mod. *néant* ; pour l'évolution phonétique, voir 1.29.

(3) Disparu aujourd'hui du domaine lg., l'usage de *pont* était autrefois répandu dans les dialectes belgo-romans : voir REMACLE, *Syntaxe* 2, 257.

13. LA REDUCTION VOCALIQUE

L'examen des formes qui prêçèdent fait apparaître une grande diversité. Nous allons tenter de dégager certaines constantes dans cet inventaire en étudiant les cas de réduction vocalique. Pour ce faire, nous aurons recours à la notion d'archétype syllabique, dans les termes de l'analyse proposée par Jakobson et Halle : la structure syllabique-type se présente sous la forme C(onsonne) - V(oyelle), c'est-à-dire qu'elle offre un contraste entre un élément de moindre intensité, formant l'attaque, et un élément de plus haute intensité, formant le sommet. Le contraste maximum opère entre une "consonne optimale" (C) et une "voyelle optimale" (V), la consonne optimale étant celle qui représente le plus grand écart par rapport à la concentration d'énergie maximale de la voyelle optimale.

§ 2.43. L'archétype de la syllabe est illustré par les nombreux cas de liaison devant voyelle (*lès-omes, leûs-ẽfants, on-z-ẽ*, etc.) et les cas de réduction vocalique devant voyelle (*l' ẽfant, dj' ê avou, t' ârès*, etc.).

Quelques formes s'écartent du schéma précité : il s'agit des adjectifs possessifs (voir 2.14-2.16) dans des syntagmes tels que *mi-ome, ti-ẽfant, si-ome*. Il est évident que, pour ces cas, la nécessité d'une information non tronquée écarte des formes élidées comme **m' ome*, **t' ẽfant*, **s' ome*, etc. (1). En outre, l'hiatus formé par les deux segments vocaliques en contact est résorbé par la transformation du premier en une semi-voyelle *y* (voir 1.111 n 2).

Par contre, l'aphérèse notée pour les pronoms personnels de la 3ème pers. (voir 2.9 et 2.10) rejoint l'archétype de la syllabe : la chute du segment vocalique se produit lorsque le pronom se trouve entre voyelles, ce qui écarte la structure syllabique *(C)VVCV au profit du schéma (C)VCV.

(1) On trouvait en francien des formes comme *m'espée*, *s'image*, etc. (NYROP, § 285). La réfection de *m'amie* en *ma mie* ou *mon amie* illustre l'ambiguïté dans la communication au départ des formes élidées.

§ 2.44. D'autres cas de réduction vocalique méritent d'être analysés du point de vue de la structure syllabique qu'ils entraînent. Nous allons distinguer les réductions vocaliques "obligatoires" et "facultatives".

2.44.1. Les cas de réduction vocalique "obligatoire" (pour lesquels la forme non réduite est exclue) sont conditionnés par l'environnement phonétique. Le contexte est invariable : après voyelle et devant consonne.

Comme illustrations, citons

- l'article défini singulier : *l'* ;
- les pronoms personnels régimes antéposés : *m'*, *t'*, *v'*, *l'* ;
- le réfléchi : *s'* ;
- les adjectifs possessifs : *m'*, *t'*, *s'* ;
- "CE" adjectif ou pronom démonstratif.

La réduction vocalique, dans le contexte V - C, entraîne le schéma VCC.

Ajoutons à cette série les réductions vocaliques présentes dans les formes combinées : *d'l*, *m'l*, *n'l*, *t'l* (voir 2.4 et 2.11). Comme la réduction s'opère après voyelle (et devant voyelle), nous obtenons le schéma VCC(V).

Avant de poursuivre, précisons l'environnement du schéma VCC. A gauche, seule une consonne (ou une jointure) peut apparaître ; à droite, une voyelle est la plus attendue ; seul un groupe *muta* + *liquida* peut entraîner un schéma triconsonantique (c *'èst m' brès*). L'ensemble du schéma syllabique que nous étudions se présente donc sous la forme

(#) (C) V C C V

ou (#) (C) V C CC V , variante du précédent.

2.44.2. Les cas de réduction vocalique "facultative" sont liés au débit de parole.

Exemples : *dj' va o bwès* vs *dji va o bwès* ;
t' loy'rès lès djâbes vs *to loy'rès lès djâbes*
v's-av' minti vs *vos-av' minti*
i l's-a pièrdou vs *i lès-a pièrdou*
ç' gamin la n' choûte nin vs *ci gamin la ...*

Les formes non réduites présentent la structure syllabique attendue, c'est-à-dire CVCV. Par contre, les formes réduites actualisent le schéma CCV. Lorsqu'on sait que ces réductions facultatives sont pratiquement "automatiques" dans des énoncés tels que : *mi, dj' va o bwès; ti, t' loy'rès lès djâbes ; vos, v's-av' minti*, etc., énoncés dans lesquels la réduction s'opère après un segment vocalique, le parallèle avec les cas du 2.44.1 est évident : nous avons une nouvelle fois le schéma (C) V C C V.

2.44.3. D'autres formes avec réduction vocalique rejoignent les observations qui précèdent.

2.44.3.1. Le type ⌜que je lui (donne)⌝ est rendu par *ki dj' lî (dène)*(1), et non **k' dji lî (dène)*. Dans le parler de Tenneville, la réduction opère derrière voyelle et devant consonne, d'où le schéma C V C C V.

2.44.3.2. Les pronoms personnels postposés au verbe présentent une réduction vocalique obligatoire, ce qui entraîne, selon les séquences

- l'archétype attendu (C) V C V : *lèyez m' o bwès* ;
- le schéma (C) V C C V : *tin l' bon ; lèyez m' tot seû* ; ou sa variante (C) V C CC V : *lèyez m' trankile*.

2.44.3.3. La forme *ènn'*, ou *'nn'* (derrière voyelle) rejoint la structure (C) V C C V (voir 2.13.1).

2.44.3.4. Il en va de même pour "TOI" postposé, après voyelle (voir 2.6) : *tin t'tu* = C V C C V.

---

(1) Comme dans le fr. régional ardennais, où l'on a *que j' lui donne* et non *qu' je lui donne*, variante notée dans d'autres régions.

§ 2.45. On le voit, de nombreux cas de réduction vocalique se conforment à deux structures syllabiques :

- l'archétype C V C V ;
- le schéma C V C C V (ou C V C CC V).

Ces deux structures paraissent éloignées l'une de l'autre ; pourtant, nous allons voir que le second schéma n'est qu'une variante du premier.

Les groupes biconsonantiques (ou triconsonantiques avec *muta + liquida*) présentent des processus d'assimilation régressive (voir 1.192) : on peut le constater en faisant commuter le deuxième segment consonantique.

Exemples : *i V' prindrè* [f] , *i T' dinrè* [d] , *i S' dène* [z].
Comp. *i V' dinrè* [v] , *i T' prindrè* [t] , *i S' tint* [s].

Ces assimilations nous fournissent une indication pour la détermination de la jointure dans le schéma syllabique. La consonne qui "subit" l'assimilation est la moins forte ; en d'autres termes, c'est la consonne implosive (finale de syllabe) qui subit la loi de la consonne explosive (initiale de syllabe). Le schéma C V c C V, où c s'assimile à C, est à scinder comme suit : C V C + C V. Ainsi apparaît mieux le rapprochement avec la structure syllabique-type dont les cas de réduction vocalique ne présentent que des variantes proches.

§ 2.46. Après avoir montré la similitude fondamentale des cas de réduction vocalique, nous voudrions souligner qu'à la base de la différenciation entre les deux schémas que nous avons dégagés, se trouve un choix entre une jointure externe (pour le schéma CV#CV) et une jointure interne (pour le schéma CVC+CV). La réduction vocalique, envisagée à partir de 2.44, et les processus d'assimilation subséquents, passent par une réduction de la jointure, ou, en d'autres termes, une réinterprétation des frontières entre les constituants (1).

---

(1) Cette règle, déjà invoquée plus haut (1.192.4) pour distinguer la flexion et la dérivation, régit également la réduction vocalique en français parlé (voir FRANCARD, *Phonologie générative*, 122). La convergence serait parfaite si, comme pour le fr. parlé, nous pouvions postuler en wallon un affaiblissement en schwa de la voyelle qui s'amuït. Cette règle s'accommode bien avec la majorité des cas étudiés, où l'on a affaire à la voyelle caduque (voir 1.108). Mais, lorsque la voyelle qui s'est amuïe est *ò* (pour *to*, *vos*, *dol*, *mol*, etc.), il faudrait au préalable un ajustement du timbre de la voyelle (pour rejoindre le /i/ caduc : il suffirait d'une règle qui rende [+ diffus] les segments vocaliques soumis ultérieurement à la réduction vocalique.
L'inventaire ordonné des règles présidant à la réduction vocalique en wallon serait le suivant :

1. Réinterprétation des frontières entre les constituants :
   $\# \rightarrow +$
2. Perte de l'accent :
   $V\ [+\ \text{accent}] \rightarrow [-\ \text{accent}]\ /\ \_\_ + C$
3. Passage à la voyelle caduque :
   $V \begin{bmatrix} -\ \text{accent} \\ -\ \text{diffus} \end{bmatrix} \rightarrow [+\ \text{diffus}]$
4. Amuïssement :
   $V \begin{bmatrix} -\ \text{accent} \\ +\ \text{diffus} \end{bmatrix} \rightarrow \emptyset\ /\ \_\_ + C$

On pourrait s'étonner de ce que la règle 3 ne modifie que le trait [diffus] (et non le trait [arrondi] , qui distingue également /i/ et /o/). Deux raisons motivent cette restriction : a) dans certains parlers, la voyelle caduque est la palatale *ü* [+ arrondi] ; b) par le seul trait [diffus], nous incluons la voyelle /è/ [- diffus] qui peut être caduque.

§ 2.47. En terminant, signalons un autre rapprochement éclairant. Les contraintes (synchroniques) qui régissent l'épenthèse wallonne actualisent elles aussi le schéma syllabique (C) V C C V : *one sicole*, *dol sipècheûr* ; de même, *li mèsse di scole*, *foû do stâve*.
Enfin, le fonctionnement de la voyelle caduque, lui aussi, est parallèle : comp. *pol tchivô* -(C)VCCV- et *li tch'fô* (*idem*).

C'est l'extension de notre analyse à des domaines apparemment éloignés, pour rendre compte par une description unifiée d'un maximum de données, qui valide notre démarche. On connaît la description traditionnelle, faisant appel à la "loi des trois consonnes". Pour de nombreux exemples, notre analyse est une réinterprétation de cette loi ; mais son étendue lui permet de se dégager d'une visée essentiellement *descriptive*, pour tenter de devenir *explicative*.

CHAPITRE II

FORMES DES VERBES

1. REMARQUES GENERALES

§ 2.48. Indicatif présent.

2.48.1. La lère pers. plur. présente une désinence *-ans*, que l'on retrouve dans le domaine proprement wallon, en sud-wallon et en gaumais ; peut-être est-ce le continuateur du lat. *-āmus* (voir 1.21) ; voir *ALW* 2, c. 94.

2.48.2. La 2ème pers. plur. présente une désinence issue du lat. *-ātis* (originelle ou analogique) à Tenneville. Par contre, la région de Bastogne notamment atteste une forme en *-oz*, représentant la finale *-ētis* : voir *ALW* 2, c. 97, 100, 101.

2.48.3. La 3ème pers. plur. présente une désinence *-ant* dans une zone qui couvre les arr. de Virton, Neufchâteau, et le sud de l'arr. de Bastogne ; Tenneville se trouve à la limite septentrionale de cette zone : voir *ALW* 2, c. 104. L'origine de cette désinence est obscure. Son apparition, comme celle du *-ans* de la lère pers. plur., est notée dès la fin du XIIIe s., ce qui suggère un rapprochement entre les deux. Voir REMACLE, *Ancien wallon*, 81 ; BRUNEAU, *Etude*, 275-276.

2.48.4. A l'exception des auxiliaires "être" et "avoir", le singulier de l'ind. prés. est unifié. Il en va de même pour les autres modes et les autres temps (excepté l'ind. futur, forgé sur "avoir").
Pour les verbes en -ȇ (lat. -*āre* et -*iāre*), les formes de l'ind. présent au sing. se retrouvent à l'impératif prés. et au subjonctif prés. Par contre, le pluriel diffère.

§ 2.49. Indicatif imparfait.

2.49.1. La désinence -*ȇve* du sing. remonte au lat. -*abam* ; attestée dès le XIIIe s., elle se différencie du type concurrent -*ebam* depuis une époque plus ancienne encore : voir *ALW* 2, c. 108, 109 ; REMACLE, *Ancien wallon*, 81-82 ; BRUNEAU, *Etude*, 219-224.
De plus, il y a divergence entre la flexion de l'imparfait au sing., et celle du conditionnel (qui postule un type -*ebam* w. -*eu*, -*eû*) : voir *ALW* 2, 314b.

2.49.2. La désinence -*ins* de la lère pers. plur. remonte au lat. -*ēbamus*, a.fr. -*iiens*, -*iens* (voir 1.29) : voir *ALW* 2, c. 110 ; REMACLE, *Ancien wallon*, 82-83 ; BRUNEAU, *Etude*, § 162.

2.49.3. La désinence -*îz* de la 2ème pers. plur. remonte au lat. -*ebatis*, fr. -*iez*. Voir *ALW* 2, c. 111.

2.49.4. La désinence -*int* de la 3ème pers. plur. est probablement due à une analogie avec la lère pers. plur. : voir *ALW* 2, c. 112 (+ références).

§ 2.50. Indicatif futur simple.

2.50.1. Aux 2ème et 3ème pers. sing., on note les désinences en ȇ, alors que les formes correspondantes du verbe "avoir" sont en *a* : comp. *t' as*, *il a* et *to vinrès*, *i vinrȇ*. A la lère pers. sing., il y a coïncidence entre la finale du futur et celle du verbe "avoir" : -*ê*. De là, l'analogie a sans doute joué pour la 2ème et la 3ème pers. : voir *ALW* 2, c. 106 ; REMACLE, *Ancien wallon*, 84.

2.50.2. Comme au sing., il n'y a pas correspondance entre les désinences du verbe "avoir" d'une part, la 1ère pers. plur. et la 3ème pers. plur. d'autre part. Comp. *dj' ons*, *il ont* et *dji vinrans*, *i toum'rant* : voir *ALW* 2, 295. Toutefois, il y a concordance à la 1ère pers. si l'on envisage le type dissyllabique *dj' avans*.

§ 2.51. Indicatif passé simple.

Comme dans toute notre région, le passé simple n'est plus usité (voir *ALW* 2, c. 114). Il est très probable qu'autrefois il était en usage chez nous. La version de la *Parabole de l'enfant prodigue* pour Bastogne présente encore des formes comme *i s' lèvit* 'il se leva', *lu pêre dujit* 'le père dit', *i ruv'nit* 'il revint' (1).
Le passé simple est remplacé par le passé composé.

(1) M.A. Atten a encore observé un passé simple en -*a* à Doncols-Sonlez (G.D.), il y a quelques années (*Le parler frontalier de Doncols-Sonlez*, dans *Die Gemeinde Winseler*, Winseler, 1980, LXIX).

§ 2.52. Conditionnel présent.

2.52.1. Pour les désinences du singulier, voir 2.49.1.

2.52.2. Les désinences du pluriel correspondent à celles de l'ind. imparfait : voir 2.49.2-4.

§ 2.53. Subjonctif.

Le mode subjonctif présente une confusion généralisée, pour le parler de Tenneville, entre les formes du présent et celles de l'imparfait. Cette confusion, pour certains verbes,

s'observe surtout au singulier. Ainsi, on a *i fât k' i vègne* ou *i fât k' i v'niche ; i fât k' i ploûche* ou *k' i plovíche ; il areut falou k' to vègne* ou *k' to v'niche ; il âreut falou k' to finiche* ou *k' to finichiche.*
Au pluriel, seules les formes de l'imparfait sont usitées : *i fât* ou *il âreut falou k' i touminche, k' vos finichîche, k' i v'ninche.*
Voir REMACLE, *Syntaxe* 2, 67-70 ; *ALW* 2, c. 115-122 (+ références).

§ 2.54. Impératif.

Ce mode est peu usité pour certains verbes ; dans ces cas, nos témoins recourent spontanément à la périphrase "il faut que ...", "il ne faut pas que ...".
Les formes que nous avons notées sont semblables à celles de l'ind. prés. pour les verbes en -*è* (voir 2.48.4), à celles du subjonctif pour "avoir" et "être". Pas plus qu'au subjonctif, il n'y a de distinction entre le présent et le passé.

§ 2.55. Participe.

2.55.1. Participe présent

Il est peu usité. Sa forme (révélée par le gérondif) est identique à la 3ème pers. plur. de l'ind. prés. : *â tchantant, â pindant,* etc. (*ALW* 2, c. 86).

2.55.2. Participe passé

Les participes passés des verbes en -*è* (du lat. -*are*, ou, par analogie, de -*iare*) et des verbes dérivés de -*ire* sont identiques à l'infinitif présent (*ALW* 2, c. 76).

§ 2.56. Infinitif présent.

2.56.1. Par analogie avec les verbes issus de -*are*, les verbes issus de *-iare* présentent une finale *-è* (voir plus haut, 1.19).

2.56.2. Les correspondants du fr. *-ir* (non inchoatif) présentent la substitution de la finale du part. passé (en *-ou*) à la finale attendue (en *-i*) en quelques endroits de l'arr. de Marche (dont Tenneville, et Roumont dans l'arr. de Bastogne), et dans une vaste zone qui va de l'arr. de Nivelles à celui de Virton (le chestrolais non compris) : voir *ALW* 2, c. 80. Bastogne présente la finale étymologique, alors que sa région atteste des finales analogiques. Voir plus haut, 1.44 n 1.

§ 2.57. Les temps composés.

C'est l'auxiliaire "avoir" qui est utilisé pour la formation des temps composés, même là où le français emploie "être", c'est-à-dire

- pour les verbes pronominaux : *i s' a batou ; i s' a côpè ; i s' a pièrdou ;*
- pour certains verbes intransitifs : *il a v'nou ; il a mourou ; il a div'nou ; il a intrè*, etc.

Précisons toutefois que, dans cette dernière catégorie, lorsque le verbe n'indique plus un changement d'état mais l'état lui-même, l'auxiliaire "être" apparaît dans les formes wallonnes (comme en français, voir GREVISSE, § 656.2) : *il èst riv'nou* (vs *il a v'nou*), *il èst rintrè* (vs *il ont rintrè a doze eûres*).

La formation des temps composés est identique à celle que l'on connaît en français : *il a toumè* (*ALW* 2, c. 114 : passé composé et passé simple), *il avève toumè, il ârè toumè, il âreut toumè, k' il aviche toumè, aveur toumè.*

A la voix passive, c'est l'auxiliaire "être" qui est employé : *il a stî batou, il a stî côpè.*

2. PARADIGMES VERBAUX

A. *VERBES AUXILIAIRES*

§ 2.58. *Aveur* 'avoir'.

Indicatif

Présent

Singulier : *dj' ê ; t' as ; il a.*

Pluriel : *dj' ons* ou *dj' avans ; vos-avez* ou *vos-av' ; il ont.*

Remarques

- le parler de Tenneville se trouve à la limite de la zone où les 2ème et 3ème pers. sing. sont en *ê* (comme à Bastogne) : voir *ALW* 2, c. 92 ; voir aussi plus haut, 2.50.1.
- le type monosyllabique *ons* est probablement un emprunt à la 3ème pers. plur. (voir *ALW* 2, 261). Cette hypothèse est corroborée par le rapprochement avec la flexion *-ans* de la 1ère pers. plur. (voir 2.48.1), et le type dissyllabique *avans*, non attesté à l'*ALW* 2, c. 95 pour Tenneville (mais on trouve l'alternance *ons/avans* pour Ma 53).
La divergence entre *ons* et la finale *-ans* s'observe également à plusieurs endroits des arr. de Neufchâteau et de Bastogne.
- la forme réduite de la 2ème pers. plur. n'est pas notée dans l'*ALW* 2, c. 102 pour Tenneville.
- à Bastogne, on note le paradigme suivant : *dj' ê ; t' ès ; il è ; dj' ons ; vos-avoz ; il ont.*

Imparfait

Singulier : *dj' avêve ; t' avêve ; il avêve.*

Pluriel : *dj' avins ; vos-avîz ; il avint.*

Remarques

- pour le singulier, voir plus haut, 2.49.1 ; voir aussi *ALW* 2, 303.
Parfois, on note le type réduit *av'* (surtout aux trois pers. du sing.) : *dj' av' poûr ; il ènn' av' assè.*

- pour le pluriel, voir plus haut, 2.49.2-4 ; voir aussi *ALW* 2, 311.

- à Bastogne, on note le paradigme suivant : *dj' avo*, etc. ; *dj' avins*, etc.

Futur simple

Singulier : *dj' ârê ; t' ârès ; il ârè.*

Pluriel : *dj' ârans ; vos-ârez ; il ârant.*

Remarques

- pour la non-concordance aux 2ème et 3ème pers. sing. des désinences du futur et de l'ind. prés., voir plus haut, 2.50.1. Voir aussi, pour le pluriel, 2.50.2 ; *ALW* 2, 295 ; c. 107.

- à Bastogne, on note le même paradigme, excepté *âroz* à la 2ème pers. plur.

Conditionnel

Présent

Singulier : *dj' âreu ; t' âreus ; il âreut.*

Pluriel : *dj' ârins ; vos-ârîz ; il ârint.*

Remarques

- pour les désinences, voir plus haut, 2.52 ; voir aussi *ALW* 2, c. 113, qui note *âreû* pour le sing. : comp. 1.31 n 4.

- à Bastogne, on a *dj' âro*, etc. ; *dj' ârins*, etc.

Subjonctif

Présent - Imparfait (voir 2.53)

Singulier : *dj' aye, t' aye, il aye* (ou *dj' aviche*, etc.).

Pluriel : *dj' avinche ; vos-avîche ; il avinche.*

Remarques

- voir *ALW* 2, c. 120 pour les désinences du singulier.

- à Bastogne, on note *dj' èye* (ou *dj' avuche*), etc. ; *dj' avinche*, etc.

Impératif

Présent

Singulier : *aye* ou *aviche* (voir *ALW* 2, 335).
Pluriel : inusité (voir 2.54).

Participe

Présent : inusité Passé : *avou* (*ALW* 2, c. 83)

Infinitif

Présent : *aveur* (*ALW* 2, c. 82) Passé : *aveur avou*

§ 2.59. *sèy* ou *èsse* 'être'

Indicatif

Présent

Singulier : *dji su ; t' ès ; il èst.*
Pluriel : *dji sons ; vos-èstez ; i sont.*

Remarques

- pour le singulier, voir plus haut 2.48.4 ; *ALW* 2, c. 93.
- à la 3ème pers. sing., on note une liaison *st* devant voyelle (*il è-st-amantchè*), et une liaison *t* dans la tournure interrogative : *èst-i la ?*
- pour la 1ère pers. plur., comp. "avoir" à la forme correspondante ; voir aussi *ALW* 2, c. 96 et 103.
- à Bastogne, on note *dju sû, t' ès, il èst ; dju sons ; vos-astoz ; i sont.*

Imparfait

Singulier : *dj' èstéve ; t' èstéve ; il èstéve.*
Pluriel : *dj' èstins ; vos-èstîz ; il èstint.*

Remarques

- pour les désinences, voir les formes correspondantes pour "avoir" ; voir aussi *ALW* 2, c. 109, 110 et 112.
- à Bastogne, on trouve *dj' asto*, etc. ; *dj' astins*, etc.

Futur simple

Singulier : *dji s(è)rê ; to s(è)rès ; i s(è)rè.*

Pluriel : *dji s(è)rans ; vos s(è)rez ; i s(è)rant.*

Remarques

- pour les désinences, voir les formes correspondantes pour "avoir" ; voir aussi *ALW* 2, c. 106.
- le paradigme pour Bastogne est identique, sauf *vos s'roz.*

Conditionnel

Présent

Singulier : *dji s(è)reu ; to s(è)reus ; i s(è)reut.*

Pluriel : *dji s(è)rins ; vos s(è)rîz ; i s(è)rint.*

Remarques

- pour les désinences, voir les formes correspondantes pour "avoir" ; voir aussi *ALW* 2, c. 113.
- à Bastogne, le paradigme est le suivant : *dju s'ro*, etc. ; *dju s'rins*, etc.

Subjonctif

Présent - Imparfait

Singulier : *dji sèye* ou *dji sèyiche* ou *dji syiche*, etc.

Pluriel : *dji sèyinche* ou *dji syinche ; vos sèyîche* ou *vos syîche ; i sèyinche* ou *i syinche.*

Remarques

- les variantes *sèyiche/syiche*, etc. sont liées au débit de parole.
- voir les formes correspondantes pour "avoir", et *ALW* 2, c.121.

- pour Bastogne, on note *dj' astuche*, etc. (sing.) ; *dj' astinche*, etc. (plur.).

Impératif

Présent

Singulier : *sèye* (voir *ALW* 2, 337).
Pluriel : inusité (voir 2.54).

Participe

Présent : inusité (voir 2.55.1) Passé : *stî* (*ALW* 2, c. 85)

Infinitif

Présent : *sèy* ou plus rarement *èsse* (*ALW* 2, c. 84).
Passé : *aveur sitî*.

Remarque :

- Pour *èsse*, voir plus haut 1.153.4 ; *sèy*, qui est originellement un subjonctif, a été réinterprété en infinitif par métanalyse : voir HAUST, *BTD* VIII, 333-334 ; REMACLE, *Syntaxe* 3, 142.

B. AUTRES VERBES

§ 2.60. Formes de l'infinitif

Lat. *-are*, fr. *-er*, w. *-è* : *ach'tè* (ALW 2, c. 76), *tchantè*, *toumè*, *intrè*, *inflè*.

Lat. *-iare*, fr. *-(i)er*, w. *-è* (voir 2.56.1) : *coûtchè* (ALW 2, c. 78), *cwachè*, *moussè*, *candjè*.

Lat. *-ire* (non inchoatif), fr. *-ir*, w. *-ou* (voir 2.56.2) : *v(è)nou* (ALW 2, c. 80), *courou*, *dwarmou*.

Lat. *-ire* (inchoatif), fr. *-ir*, w. *-i* : *fini*, *rimpli*.

Lat. *-ēre*, fr. *-oir*, w. *-eur*, *eûre* (1.31) : *v'leur* (ALW 2, c. 81), *p'leur*, *saveur* (ALW 2, c. 82) ; *beûre*, *creûre*.

Lat. *-ĕre*, fr.*-re* : - *vinde*, *tinde*, *bate*, *djonde*, *keûse* ;
- *cûre*, *scrîre*, *sûre*.

§ 2.61. Formes du participe passé

Lat. *-atum*, fr. *-é*, w. *-è* (voir 2.55.2) : *ach'tè* (ALW 2, c. 76), *tchantè*, *toumè*, *intrè*, *inflè*.

Lat. *-iatum*, fr. *-(i)é*, w. *-è* (voir 2.55.2) : *cwachè*, *moussè*, *coûtchè* (ALW 2, c. 78), *candjè*.

Lat. *-ata*, fr. *-ée*, w. *-êye* (voir 1.4) : *trawêye* (ALW 2, c. 77), *intrêye*, *inflêye*.

Lat. *-iata*, fr. *-(i)ée*, w. *-êye* (voir 1.4.2.): *coûtchêye* (ALW 2, c. 79), *moussêye*, *acrachêye*.

V(è)nou 'venu' (ALW 2, c. 80), *dwarmou* 'dormi'.

Fini 'fini', *rimpli* 'rempli'.

Savou 'su' (ALW 2, 231b), *p'lou* 'pu'.

Vindou 'vendu', *batou* 'battu', *djondou* 'joint'.

§ 2.62. Formes de l'indicatif présent

2.62.1. Singulier

2.62.1.1. Verbes contenant en finale du radical un *-i-* étymologique :

- disparition du *-i-* : *dji mousse, dji cwache, dji candje, dji coûtche* (voir 2.56.1) ;
- verbes en *-ĕcare* : *dji ploye, dji broye, dji loye* (voir 1.38) ;
- verbes en *-itare, -iliare, -iare* : *dji rovîye, dji m' rafîye, dji m' marîye, dji r'nètîye* (ALW 2, 249b) (voir 1.45).

2.62.1.2. Verbes dont le radical est terminé par un groupe *occlusive + liquide* (voir 1.110) :

- ELER : *dji chofèle, dji sâkèle, dj' infèle* (ALW 2, c. 87) ;
- ERER : *dj' intère, dji mostère.*

2.62.1.3. Verbes inchoatifs (lat. *-isco*) (voir 1.127.2) : *dji fini, dji rimpli* (ALW 2, c. 91).

2.62.2. Pluriel

2.62.2.1. 1ère pers. : *-ans* (voir 2.48.1).
Dji v'nans (ALW 2, c. 94), *dji moussans, dji ployans, dji rovians, dji choflans, dj' intrans, dji finichans.*

2.62.2.2. 2ème pers. : *-ez* (voir 2.48.2).
Vos v'nez (ALW 2, c. 100), *vos moussez, vos lèvez* (ALW 2, c. 97), *vos ployez, vos roviez, vos choflez, vos-intrez, vos finichez, vos v'lez* (ALW 2, c. 101), *vos compurdez.*

2.62.2.3. 3ème pers. : *-ant* (voir 2.48.3).
I valant (ALW 2, c. 104) , *i moussant, i ployant, i roviant, i choflant, il intrant, i finichant.*

§ 2.63. Formes de l'indicatif imparfait

2.63.1. Singulier (voir 2.49.1) : *-ève*.
Dji tchantève, dji moussève, dji coûtchève, dji ployève ; *to dwarmève, to p'lève, to sâclève, to rimplichève* (ALW 2, 297) ; *i s' rafiève, i mostrève, i passève* (ALW 2, c. 108).

2.63.2. Pluriel (voir 2.49.2-4) : *-ins*, *-îz*, *-int*.
Dji savins (ALW 2, c. 110), *dji choflins, dj' intrins* ; *vos v'nîz* (ALW 2, c. 111), *vos loyîz, vos sâclîz, vos covrîz* ; *il inflint, i savint, i d'vint* (ALW 2, c. 112).

§ 2.64. Formes de l'indicatif futur simple

2.64.1. Singulier (voir 2.50.1) : *-rê*, *-rès*, *-rè*.
Dji tchant'rê, dji mouss'rê, dji dîrê (ALW 2, c. 105) ; *to finich'rès* (ALW 2, 251), *to loy'rès, to mostèrrès* (divergence avec l'ALW 2, 242b, qui a noté *mosturrès*) ; *i ploûrè* (ALW 2, 290b), *i ploy'rè, i sâkèl'rè*.

2.64.2. Pluriel (voir 2.50.2) : *-rans*, *-rez*, *-rant*.
Dji rovîrans, dji vinrans, dj' aprindrans (ALW 2, 295) ; *vos chofèl'rez, vos-intèrrez, vos vinrez* (ALW 2, 293b) ; *i pièdrant* (ALW 2, 295b), *i mostèrrant, i loy'rant*.

§ 2.65. Formes du conditionnel présent

2.65.1. Singulier (voir 2.52.1) : *-reu*, *-reus*, *reut*.
Dji toum'reu, dji vôreu (ALW 2, 314-315), *dji sâkèl'reu* ; *to mouss'reus, to deûreus, to ploy'reus, to pièdreus* ; *i vinreut, i finich'reut, i ploûreut, i dîreut*.

2.65.2. Pluriel (voir 2.52.2) : *-rins*, *-rîz*, *-rint*.
Dji creûrins, dji batrins, dj' aprindins, dji deûrins ; *vos ploy'rîz, vos vinrîz, vos toum'rîz, vos rovîrîz* ; *i creûrint* (ALW 2, 315b), *i chofèl'rint, i mostèrrint*.

§ 2.66. Formes de l'impératif présent

2.66.1. Singulier

Mostère (ALW 2, c. 88), *prustèye* (ALW 2, c. 89).

2.66.2. Pluriel (voir 2.54)

Rotans (ALW 2, 259).
Pèsez (ALW 2, c. 98), *bachez* (ALW 2, c. 99), *vènez* (ALW 2, 274-275).

Pour les formes du subjonctif, voir 2.53.
Pour les temps composés, voir 2.57.

CONCLUSION

Parallèlement à la démarche qui clôturait la première section, nous allons exploiter les traits morphologiques dans notre description des rapports entre les parlers wallo-lorrains. Nous allons d'abord utiliser les 10 traits morphologiques retenus par L. Remacle dans sa *Géographie dialectale*. Deux de ces traits ne sont pas pertinents : il s'agit du n° 24 (adjectifs possessifs NOTRE et VOTRE, qui correspondent, pour la région que nous étudions, au type phonétique fr. ; voir 2.17) et du n° 27 (finale de la 1ère pers. plur. de l'ind. prés., qui est *-ans* dans les parlers qui nous concernent ; voir 2.48.1). Les autres traits sont opératoires (1).

n° 23 : L'article LA et les possessifs MA, TA, SA ont la même forme que leurs correspondants masculins à Tenneville, Marche, Awenne, Saint-Hubert, comme en lg. et en nam. ; par contre Bastogne présente des formes en *-a*, comme le chestrolais et le gaumais (voir 2.3, 2.14, 2.15, 2.16).

n° 25 : La suppression du pronom sujet postposé de la 2ème pers. plur. (type ⌜voulez-vous⌝) est attestée dans la majeure partie de la Belgique romane, à l'exception de l'est-wallon, de l'arr. de Dinant, du nord de la province de Luxembourg et du gaumais. Tenneville se rapproche donc sur ce point de l'est-wallon, du gaumais, et de Bastogne (voir 2.8).

---

(1) La numérotation des traits est celle de L. Remacle.

n° 26 : La finale -*è* (du lat. -*are*) est présente dans une partie importante des provinces de Namur et de Luxembourg (dont Tenneville) ; par contre, la finale -*er* apparaît en lg., en nam., en gaumais et à Bastogne (voir plus haut, 1.2 et 2.60).

n° 28 : La finale de la 3ème pers. plur. de l'ind. prés. est -*ant* dans notre région (sauf Awenne : -*èt*) comme en chestrolais et en gaumais ; le lg. et le marchois ont la finale -*èt*, et le nam. -*nut* (voir 2.48.3 et 2.62.2.3).

n° 29 : Si le nam. et le lg. ont un singulier unifié à l'ind. futur simple, Tenneville et les autres parlers qui nous concernent différencient la 1ère pers. des deux autres : voir 2.50.1.

n° 30 : Au singulier de l'ind. imparfait, les formes de Tenneville, Marche, du centre-wallon et de l'est-wallon continuent le type lat. -*abam* ; ailleurs, on a le type -*ebam* : voir 2.49.1 (1).

n° 31 : Seul l'est-wallon présente encore le passé simple dans l'usage : voir 2.51.

n° 32 : La négation du type ⸢*ne* ... *nient*⸣ est attestée partout, sauf en gaumais (voir 2.41).

Cette première série de traits montre que le parler de Tenneville s'écarte 4 fois du gaumais, du namurois et du lg. ; 3 fois de Bastogne, du chestrolais et d'Awenne, 2 fois de Saint-Hubert et de Marche. Ces résultats ne permettent guère de conclusions précises. Aussi avons-nous cru bon de

---

(1) Ce trait est fondé sur l'examen de la c. 108 "(IL) PASSAIT" de l'*ALW* 2. La carte 109 "(J')ETAIS" donne des résultats différents, notamment pour l'est-wallon, le chestrolais et le gaumais.

proposer une autre série de 12 traits, pour affiner notre analyse. Dans un choix malaisé, nous avons été guidé par les considérations suivantes : ont été écartés les phénomènes dont la diffusion empêche une interprétation univoque (notamment dans le cas de formes concurrentes) ou limite la différenciation à un nombre extrêmement réduit de parlers (pour éviter de privilégier certaines convergences ou divergences ; exemple : le cas du *ou* 'un' de Bastogne) ; ont été évités les traits qui rejoignent des considérations déjà invoquées ailleurs (exemple : le cas des voyelles caduques)(1).

n° 1 : La voyelle *ò* des formes combinées *dol*, *ol*, etc. (voir 2.4), caractéristique du centre-wallon et de notre région, se distingue nettement du *è* lg., du *u* chestrolais, et du *ŏ* gaumais.

n° 2 : "TU" sujet antéposé est rendu par *to* dans une grande partie de notre région ; mais on note *tu* à Bastogne (ville), à Saint-Hubert et en chestrolais, *tè* en gaumais, *ti* en lg. et en nam. : voir 2.6.

n° 3 : "NOUS" tonique (non conjoint) est rendu par le type ⌜nous autres⌝ dans la majorité des parlers étudiés, mais le type simple ⌜nous⌝ apparaît à Awenne et en gaumais (voir 2.7).

n° 4 : "NOUS" atone est remplacé par "JE" dans le sud-est de la Belgique romane, notamment à Tenneville, et dans la

---

(1) Tous les traits qui suivent ne relèvent pas exclusivement de la morphologie. Si certains parmi eux ressortissent à d'autres domaines - essentiellement la phonétique - notre classement a néanmoins voulu privilégier leur *portée* morphologique. Le trait n° 7, p.e., est lié à des considérations de phonétique syntactique. Mais alors que, de ce point de vue, le syntagme "QUE TU" ne représente qu'une illustration ponctuelle d'une problématique bien plus large (les contraintes de structuration), le choix fait par les locuteurs entre deux variantes phonétiquement acceptables fonde une différenciation qui nous paraît plus pertinente morphologiquement que phonétiquement.

totalité du sud-wallon. Il en va de même en gaumais (voir 2.7).

n° 5 : "LUI" tonique non conjoint a un correspondant phonétique régulier *lu* à l'est de la Belgique romane (est-wallon; est de l'arr. de Marche, y compris Tenneville ; arr. de Bastogne ; arr. de Neufchâteau, excepté au nord-ouest ; arr. de Virton). Dans le centre-wallon (comme à Marche, Saint-Hubert et Awenne) et l'ouest-wallon, c'est la forme *li* qui apparaît : voir 2.9.

n° 6 : "EN" devant consonne présente des variantes en *ẽ* dans les parlers proprement wallons, ainsi qu'à Tenneville, Marche, Saint-Hubert et Awenne. Bastogne, le chestrolais et le gaumais ont la forme *a* : voir 1.91 et 2.13.1.

n° 7 : Le syntagme "QUE TU" est rendu par le type ⌜QU' TU⌝ dans l'est-wallon, les arr. de Marche et de Bastogne, et dans certains parlers chestrolais. Le nam. et le gaumais présentent le type ⌜QUE T'⌝ : voir 2.36.

n° 8 : A la finale *-ire* (non inchoatif) correspondent des finales étymologiques (*-i*) à Bastogne, en chestrolais et dans l'est-wallon ; des finales analogiques à Tenneville (*-ou*), en gaumais, en nam., à Saint-Hubert et Awenne (*-u*) : voir 2.60.

n° 9 : Au fr. *-oir* (lat. *-ēre*) correspondent en w. tantôt des formes simples, tantôt des formes diphtonguées (en gaumais et en chestrolais). A cette différenciation phonétique (que nous ne retiendrons pas ici) vient s'ajouter la substitution analogique de formes en *-u* dans le centre-wallon, comme à Saint-Hubert et Awenne : voir 2.60.

n° 10 : La voyelle insérée dans la flexion des verbes comme "enfler", "gonfler" est généralement *ẽ* pour les parlers qui nous concernent ; elle est *ũ* à Saint-Hubert et Awenne : voir 2.62.1.2 et 1.109.

n° 11 : "ETRE" et "AVOIR" présentent un type dissyllabique à la 1ère pers. plur. dans l'est-wallon, le centre-wallon, en marchois et à Awenne. Tenneville, comme la majeure partie du sud-wallon et le gaumais, présente le type monosyllabique : voir 2.58 et 2.59.

n° 12 : La finale de la 2ème pers. plur. correspond au lat. *-atis* à Tenneville, Awenne, Saint-Hubert, Marche ; en lg., en nam., en chestrolais et en gaumais. Seule la région de Bastogne pour ce qui nous concerne présente le type lat. *-etis* : voir 2.48.2.

Sur 12 traits, Tenneville se distingue 6 fois du namurois ; 5 fois du gaumais, du liégeois et d'Awenne ; 4 fois du chestrolais, de Saint-Hubert et de Bastogne ; 3 fois de Marche et de la région de Bastogne.

La globalisation des 22 traits morphologiques montre que le parler de Tenneville s'écarte

1. - 10 fois du namurois (45 %)
2. - 9 fois du liégeois (41 %)
3. - 9 fois du gaumais (41 %)
4. - 8 fois d'Awenne (36 %)
   - 7 fois du chestrolais (32 %)
   - 7 fois de Bastogne (32 %)
   - 6 fois de Saint-Hubert (27 %)
   - 6 fois de la région de Bastogne (27 %)
   - 5 fois du marchois (23 %).

Comparés aux traits phonétiques, les traits morphologiques entraînent un degré de différenciation supérieur. Cela est particulièrement sensible pour le liégeois, le namurois, Awenne, et surtout Bastogne et sa région. Par contre, le chestrolais, que les traits phonétiques assimilaient pratiquement au gaumais, se rapproche du parler de Tenneville par sa morphologie.

Le total des 60 traits phonétiques et morphologiques donne les résultats suivants. Tenneville présente,

1.	par rapport au gaumais,	un taux de différenciation de	52 % ;
2.	par rapport au namurois,	"	37 % ;
3.	par rapport au liégeois,	"	35 % ;
4.	par rapport au chestrolais,	"	43 % ;
	par rapport à Saint-Hubert,	"	25 % ;
	par rapport à Marche,	"	22 % ;
	par rapport à Awenne,	"	22 % ;
	par rapport à Bastogne (ville),	"	18 % ;
	par rapport à la région de Bastogne,	"	17 %.

La relative homogénéité du sud-wallon (chestrolais non compris) est toujours apparente, avec un maximum de convergence pour la région de Tenneville - Bastogne. L'écart maximum reste celui qui oppose au gaumais le parler de Tenneville ; celui-ci demeure, sans ambiguïté, un parler fondamentalement wallon, à égale distance du liégeois et du namurois.

Un parallèle entre ces résultats et ceux qu'on obtiendrait, par une même démarche, pour la région de Bastogne, géographiquement plus proche du domaine lorrain, va nous permettre de vérifier une des caractéristiques du sud-wallon, zone de *transition*.

Le total des 60 traits phonétiques et morphologiques donne, pour la région de Bastogne (1), les taux de différen-

(1) Nous avons pris en considération la région de Bastogne, pour éviter que les traits spécifiques du parler bastognard ne faussent la perspective. Les résultats qui suivent ne font que confirmer les orientations qui viennent d'être dégagées.

	BASTOGNE (ville)		REGION DE BASTOGNE	
	I	II	I	II
Par rapport au gaumais	21	7	19	7
" au namurois	12	14	10	14
" au liégeois	12	11	12	11
" au chestr.	19	4	18	5
" au marchois	10	12	9	11
" à Awenne	7	13	5	12
" à St-Hubert	9	9	7	10

I = Phonétique (nbre de divergences)
II = Morphologie (nbre de divergences).

ciation suivants

1. par rapport au gaumais, 43 % ;
2. par rapport au namurois, 40 % ;
3. par rapport au liégeois, 38 % ;
4. - par rapport au chestrolais, 38 % ;
   - par rapport à Marche, 33 % ;
   - par rapport à Awenne, 28 % ;
   - par rapport à Saint-Hubert, 28 %.

Si, dans l'ensemble, les différences par rapport au parler de Tenneville sont peu importantes, certaines constantes se manifestent :

- différenciation moins importante par rapport au gaumais et au chestrolais ;
- différenciation plus importante par rapport au namurois, au marchois, à Saint-Hubert et Awenne.

La "transition" vers le domaine lorrain est donc effective ; elle s'opère au "détriment" des caractéristiques que l'on retrouve dans le centre-wallon (et les parlers proches, comme Saint-Hubert et Awenne).

Ces résultats pour la région de Bastogne confirment le rôle joué par la morphologie dans la segmentation dialectale. Si cette région tend à se rapprocher du chestrolais et du gaumais, c'est à sa morphologie qu'elle le doit, beaucoup plus qu'à sa phonétique. Alors que le taux de différenciation pour la phonétique est de 50 % par rapport au gaumais, et de 47 % par rapport au chestrolais (Tenneville, 58 % et 50 %), il tombe à 32 % et 23 % pour la morphologie (Tenneville, 45 % et 27 %).

Valorisée phonétiquement, l'unité linguistique de la zone wallo-lorraine se fissure sur le plan morphologique. La position respective des parlers de notre région se définit *positivement* par une différenciation phonétique peu élevée, et *négativement*, par une différenciation morphologique responsable de la transition vers le domaine lorrain, pour une bonne part. Comme l'illustre fort bien le chestrolais, ces deux caractéristiques sont complémentaires : à une différenciation phonétique plus marquée correspond une différenciation morphologique moins nette (1).

Terminons en remarquant que la série des traits que nous avons ajoutés à ceux retenus par L. Remacle privilégie la différenciation dialectale à l'intérieur de notre région ; la large concordance des résultats obtenus (2) souligne une nouvelle fois la pertinence de l'inventaire de L. Remacle.

---

(1) Fortuitement, nous retrouvons les termes d'une opposition établie par BRUNEAU (*La limite*, 149) entre des traits positifs (exclusivement phonétiques) et des traits négatifs (essentiellement morphologiques). Mais pour Bruneau, les traits négatifs sont ceux qui ne fournissent pas d'indication pertinente sur la segmentation dialectale.

(2) La seule différence importante concerne le chestrolais qui, avec les seuls traits de REMACLE, s'oppose au parler de Tenneville dans une proportion de 31 % (chez nous, 42 %).

SECTION III

ASPECTS PHONOLOGIQUES

AVANT-PROPOS

Le constat de carence établi par J. Lechanteur en 1973, à propos des études phonologiques consacrées aux dialectes wallons, est toujours d'actualité. Pour notre région, par exemple, elles sont encore inexistantes (1). Les pages qui suivent voudraient combler une lacune, et susciter d'autres contributions dans la même ligne.

La majorité des descriptions phonologiques réalisées à ce jour ont suivi largement, dans leur méthode et leurs objectifs, la remarquable étude publiée par A. Martinet sur le

(1) A notre connaissance, il n'existe que cinq descriptions phonologiques "traditionnelles" : celle de L. Warnant pour le parler d'Oreye (voir WARNANT, 109-125) ; celle du parler de Naast, par H. Degraef (131-144) ; celle du parler de Charleroi, par W. Bal (*Caroloregium Valde Concelebratur*, 221-226) ; celle d'un parler hervien (Mélen), par J. Lechanteur (*BTD* XLVII, 161-191), que nous suivrons de près dans les pages qui suivent ; et enfin celle du parler de Wanne [Ve 44] par Ch. Widar (9-17). La phonologie inspire également les recherches de L. Van Kerkhove sur le parler de Spontin (voir VAN KERKHOVE, 1-25 ; *BTD* XLIX, 269-326).

parler franco-provençal d'Hauteville. A notre connaissance, il n'existe aucune description exhaustive d'un dialecte wallon dans les termes de la phonologie générative (1).

Le cadre descriptif des théories génératives et transformationnelles ne nous semble pas offrir actuellement de solution satisfaisante pour la présentation de système vocalique à plus de trois degrés d'aperture (2). Or, dans le parler de Tenneville, nous avons incontestablement affaire à quatre degrés d'aperture pour les antérieures non labiales ; dans des parlers proches, on compte cinq degrés de hauteur vocalique (voir plus loin). Cette difficulté, jointe à d'autres plus fondamentales, d'ordre méthodologique et épistémolo-

---

(1) On signalera cependant les travaux de J.-L. Adriaens, proposant une analyse morphophonologique du dialecte de Roux, et la thèse (que nous n'avons pas encore pu consulter) de J. Jaminon, sur des phénomènes de jointure en lg.

(2) Les traits [compact] et [diffus] de Jakobson-Halle, tout comme leurs substituts [bas] et [haut] dans la terminologie de Chomsky-Halle, ne permettent qu'une description de trois degrés d'aperture, car la combinaison [+ haut, + bas], ou [+ diffus, + compact] est interdite par une contrainte articulatoire : il n'est pas possible en effet que la masse de la langue se soulève et s'abaisse simultanément par rapport à la position neutre (voir FRANCARD, *Phonologie générative*, 151).
Diverses solutions ont été proposées pour pallier cette difficulté : des auteurs comme Wang ont imaginé de recourir à un trait [moyen], mais sa description manque de précision (voir FRANCARD, *ibidem*, 59) ; R. Jongen, en rapport avec les conventions de marque, propose d'introduire un troisième trait : [atténué]. Seraient [+ atténué] les voyelles ouvertes (voir JONGEN, *Contribution à la question phonologique*, 139-196). Mais cette solution, élaborée dans le cadre du vocalisme français, et la hiérarchisation des traits qui l'accompagne ne conviennent probablement pas pour le parler de Tenneville.
S. Schane (*Generative phonology*, 14) ne fait état que d'un seul système à quatre degrés d'aperture (un dialecte de Suisse germanique) ; mais il n'indique pas comment concilier sa description avec les traits distinctifs.

gique (1), nous ont incité à présenter une description classique du système phonologique du parler de Tenneville, en utilisant les caractérisations traditionnelles (2).

(1) Faut-il rappeler, p.e., les objections que soulève le recours aux traits distinctifs binaires ? Voir MALMBERG, *Les domaines de la phonétique*, 153-155 ; MARTINET, *Economie des changements phonétiques*, 73-75 ; HAGEGE, 163-169.

(2) Nous sommes d'ailleurs moins préoccupé ici de rompre une lance en faveur de tel ou tel cadre descriptif que de favoriser une comparaison entre les systèmes phonologiques des parlers wallons ; et ceux déjà décrits le sont d'un point de vue classique.

CHAPITRE I

LE CONSONANTISME

Si les parlers de l'est-wallon présentent quelques particularités phonologiques, c'est essentiellement dans le système vocalique qu'on les observe. La description du système consonantique du parler de Tenneville est donc très proche de celle des parlers d'Oreye et de Mélen. La seule différence essentielle se situe dans la réalisation du H secondaire, auquel correspondent le plus souvent des chuintantes (voir 1.194).

Parmi les oppositions phonologiques, nous ne retiendrons que celles qui mettent en jeu des phonèmes proches par le lieu et le mode d'articulation. Les illustrations que nous avons relevées sont de qualité inégale. Tantôt elles mettent en jeu des formes spécifiquement wallonnes, tantôt il s'agit d'emprunts au français, depuis une époque relativement récente.

On ne peut pourtant tirer argument de cette disparité pour mettre en cause la validité des oppositions phonologiques relevées. En effet, si un bilinguisme de fait existe pour la plupart des locuteurs wallons, s'il n'y a pas confusion entre le système phonologique français et le système phonologique wallon (certains phonèmes appartenant à l'un, mais non à l'autre), il faut néanmoins considérer que le lexique wallon d'aujourd'hui a effectivement intégré les formes empruntées, lesquelles participent, au même titre que le "fonds wallon", à l'établissement des oppositions phonématiques. La dynamique d'un système est fonction de sa capacité d'intégration d'éléments nouveaux. On ajoutera (avec L. Warnant, 110) que les deux systèmes phonologiques distincts, pratiqués par les locuteurs patoisants, voient leurs phonèmes réalisés phonétiquement d'une manière identique, en un moyen terme désigné sous le nom de "français régional". Dans un phénomène comme la neutralisation de la corrélation de sonorité (en finale absolue ou à la pause, voir 1.192), on atteint les fondements du système phonologique.

§ 3.1. Le phonème /p/

3.1.1. p / b

Pîs 'pis' ou *pîs* 'pis' / *bî* 'bief' ; *pê* 'peau' / *bê* 'beau' ; *pas* 'pas' / *bas* 'bas' ; *pas'* 'mélange de son' / *basse* 'petite mare' ; *pîre* 'pierre' / *bîre* 'bière' ; *peûre* 'poire' / *beûre* 'boire' ; *pâpe* 'pape' / *bâbe* 'barbe' ; *pârt* 'part' / *bâre* 'barre' ; *padje* 'valet (du jeu de cartes)' / *batch* 'bac' ; *pîlè* 'piailler' / *bîlè* 'crevasser' ; *panse* 'panse' / *banse* 'manne' ; *pont* 'point' / *bon* 'bon' ; *ponte* 'pointe' / *bonde* 'bonde' ; *pwès* 'pois' ou 'poids' / *bwès* 'bois' ; *prune* 'prune' / *brune* 'brune' ; *plan* 'plan' / *blanc* 'blanc' ; *plon*'plomb' / *blond* 'blond' ; *prèssè* 'presser' / *brèssè* 'brasser' ; *api* 'rucher' / *abi* 'habit'.

3.1.2. p / m

Pê 'peau' / *mê* 'maie' ; *pîd* 'pied' ou *pîs* 'pis' / *mî* 'mieux' ; *po* 'pour' ou *pot* 'pot' / *mot* 'mot' ; *pus* 'plus' / *mu* 'moi' ; *pâsse* 'pâte' / *mâs'* 'mars' ; *pas'* 'mélange de son' / *masse* 'massette' ; *pèce* 'pièce' / *mèsse* 'messe' ; *pôve* 'pauvre' / *môve* 'mauve' ; *pont* 'point' / *mon* 'chez' ; *ponte* 'pointe' / *monde* 'monde' ; *pwès* 'pois' ou 'poids' / *mwès* 'mois' ; *pwin* 'pain' / *mwin* 'main' ; *pwate* 'porte' / *mwate* 'morte' ; *passon* 'pieu' / *maçon* 'maçon' ; *palète* 'palette' / *malète* 'mallette' ; *pougnè* 'empoigner' / *mougnè* 'manger' ; *sope* 'soupe' / *some* 'somme' ; *cope* 'couple' / *come* 'comme' ; *âbe* 'arbre' / *âme* 'âme' ; *choupe* 'pelle (de terrassier)' / *choume* 'écume'.

3.1.3. p / f

Pê 'peau' / *fêt* 'fait' ; *pâme* 'paume' / *fâme* 'roseau' ; *pâsse* 'pâte' / *fâsse* 'fausse' ; *pèce* 'pièce' / *fèsse* 'fesse' ; *poûr* 'peur' / *foûre* 'foin' ; *poume* 'pomme' / *foume* '(il) fume' ; *Pière* 'Pierre' / *fièr* 'fer' ; *potche* 'poche' / *fotche* 'fourche'; *pont* 'point' / *fond* 'fond' ; *ponte* 'pointe' / *fonde* 'fondre' ; *pinde* 'pendre' / *finde* 'fendre' ; *pwin* 'pain' / *fwin* 'faim' ; *pwès* 'pois' ou 'poids' / *fwè* 'foi' ; *plate* 'plate' / *flate* 'bouse' ; *plère* 'plaire' / *flère* '(il) pue' ; *prin* '(je) prends' / *frin* 'frein' ; *cope* 'couple' / *cofe* 'coffre' ; *lèpe* 'lèvre' / *lève* '(il) lève'.

La réalisation phonétique du phonème /p/ dans le parler de Tenneville est identique à celle du /p/ français en position analogue : il s'agit d'une occlusive bilabiale sourde (1).

---

(1) Voir MARTINET, *La description phonologique*, 56 ; WARNANT, 40-42 ; BRUNEAU, *Etude*, § 254.

§ 3.2. Le phonème /b/

3.2.1. b / m

Bê 'beau' / *mê* 'maie' ; *bî* 'bief' / *mî* 'mieux' ; *basse* 'petite mare' / *masse* 'massette' ; *bague* '(il) déménage' / *make* '(il) assomme' ; *boûse* 'bourse' / *Moûse* 'Meuse' ; *bachè* 'baisser' / *machè* 'mélanger' ; *bon* 'bon' / *mon* 'chez' ; *bonde* 'bonde' / *monde* 'monde' ; *bward* 'bord' / *mwart* 'mort' ; *bwès* 'bois' / *mwès* 'mois' ; *abi* 'habit' / *ami* 'ami'.

3.2.2. b / v

Bas 'bas' / *va* '(il) va' ; *fâ* 'faux (s.)' ou *fâs* 'faux (adj.)'/ *vât* 'vaut' ; *bê* 'beau' / *vê* 'veau' ; *bî* 'bief' / *vî* 'vieux' ; *batch* 'bac' / *vatche* 'vache' ; *banc* 'banc' / *van* 'van' ; *bin* 'bien' / *vint* '(il) vient' ; *bwès* 'bois' / *vwès* 'voix' ; *abri* 'abri' / *avri* 'avril' ; *abi* 'habit' / *avis* 'avis'.

3.2.3. b / p : voir 3.1.1.

La réalisation phonétique du phonème /b/ est identique à celle du /b/ français en position analogue : il s'agit d'une occlusive bilabiale sonore. De l'analyse des kymogrammes il ressort en outre que l'explosion du [b] est moins importante que celle du [p] (1).

(1) Voir MARTINET, *La description phonologique*, 57 ; WARNANT, 51-53 ; BRUNEAU, *Etude*, § 254.

§ 3.3. Le phonème /f/

3.3.1. f / v

Fâ 'faux' ou *fâs* 'faux (adj.)' / *vâ* 'val' ou *vât* '(il) vaut' ; *fêt* '(il) fait' / *vê* 'veau' ; *fosse* 'fosse' / *vosse* 'votre', 'vôtre' ; *fièr* 'fer' / *vièr* 'ver' ; *faleur* 'falloir' / *valeur* 'valoir' ; *fin* 'fin' / *vin* 'vin' ; *finte* 'fente' / *vinte* 'ventre' ou 'vente' ; *fwè* 'foi' / *vwès* 'voix' ; *rifinde* 'refendre'/ *rivinde* 'revendre'.

3.3.2. f / p : voir 3.1.3.

3.3.3. f / t

Foûre 'foin' / *toûr* 'tour' ; *foume* '(il) fume' / *toume* '(il) tombe' ; *fène* '(il) fane' / *tène* 'ténu' ; *fosse* 'fosse' / *tos*' 'toux' ; *fièr* 'fer' / *tièr* 'tertre' ; *fond* 'fond' / *ton* 'ton (subs.)' ; *finde* 'fendre' / *tinde* 'tendre' ; *fwè* 'foi' / *twè* 'toi' ; *fwart* 'fort' / *tward* '(il) tord' ; *fwate* 'forte' /

twade 'tordre' ; *freûd* 'froid' / *treûs* 'trois' ; *frotè* 'frotter' / *trotè* 'péter' ; *grèfè* 'greffer' / *grètè* 'gratter' ; *tâte* 'tarte' / *tâve* 'table' ; *cofe* 'coffre' / *cote* 'jupe' ; *keûve* 'cuivre' / *keûde* 'coude' ; *gofe* 'gouffre' / *gote* 'goutte'.

3.3.4. f / s

Fêt 'fait' / *sêt* 'sait' ; *fème* 'femme' / *sème* '(il) sème' ; *fâsse* 'fausse' / *sâce* 'sauce' ; *fond* 'fond' / *song* 'sang' ; *falêve* '(il) fallait' / *salêve* '(il) salait' ; *keûve* 'cuivre' / *keûse* 'coudre' ; *cofe* 'coffre' / *cosse* '(il) coûte' ; *câve* 'cave' / *câse* 'cause'.

La réalisation phonétique du phonème /f/ est identique à celle du /f/ français en position analogue : il s'agit d'une fricative (ou spirante) labiodentale sourde (1).

---

(1) Voir MARTINET, *La description phonologique*, 57 ; WARNANT, 58-59 ; BRUNEAU, *Etude*, 385.

§ 3.4. Le phonème /v/

3.4.1. v / f : voir 3.3.1.

3.4.2. v / b : voir 3.2.2.

3.4.3. v / d

Veut '(il) voit' / *deut* 'doigt' ou '(il) doit' ; *vos* 'vous' / *dos* 'dos' ; *vète* 'verte' / *dète* 'dette' ; *vosse* 'votre' / *doze* 'douze' ; *vin* 'vin' / *dint* 'dent'.

3.4.4. v / z

Vê 'veau' / *zês* 'eux' ; *vète* 'verte' / *zèt* 'nom de la lettre z' ; *vike* '(il) vit' / *zig* 'garçon cocasse et pas méchant'.

Le phonème /v/ se réalise phonétiquement comme son correspondant français : il s'agit d'une fricative (ou spirante) labiodentale sonore (1).

(1) Voir MARTINET, *La description phonologique*, 58 ; WARNANT, 64-66 ; BRUNEAU, *Etude*, 385.

§ 3.5. Le phonème /t/

3.5.1. t / d

Teut 'toit' / *deut* 'doigt' ou '(il) doit' ; *tès* 'tes' / *dès* 'des' ; *tète* 'mamelle' ou '(il) tète' / *dète* 'dette' ; *tène* 'ténu' / *dène* '(il) donne' ; *tos'* 'toux' / *doze* 'douze' ; *tins* 'temps' ou '(je) tiens' / *dint* 'dent' ; *treûs* 'trois' / *dreût* 'droit' ; *pètant* 'pétant' / *pèdant* 'pédant'.

3.5.2. t / n

Tot 'tout' / *nos* 'nous' ; *tète* 'mamelle' ou '(il) tète' / *nèt'* 'net' ; *tos'* 'toux' / *nosse* 'notre' ; *chite* 'diarrhée' / *chine* 'bois fendu' ; *cwade* 'corde' ou *cwate* 'quatre' / *cwane* 'coin' ou 'corne'.

3.5.3. t / f : voir 3.3.3.

3.5.4. t / s

Tès 'tes' / *sè* 'sel' ou *sès* 'ses' ; *târd* 'tard' / *sârt* 'essart' ; *tète* 'mamelle' ou '(il) tète' / *sèt'* 'sept' ; *tère* 'terre' / *sère* 'serrure' ; *tote* 'toute' / *sote* 'sotte' ; *tonè* 'tonner' / *sonè* 'sonner' ou 'sembler' ; *tote* 'toute' / *tos'* 'toux' ; *fâte* 'faute' / *fâsse* 'fausse' ; *mite* 'mite' / *misse* 'rate' ou 'envie' ; *mète* 'mettre' ou 'mètre' / *mèsse* 'messe' ; *lète* 'lettre'/ *lès'* 'lacet (à grives)' ; *cwade* 'corde' ou *cwate* 'quatre' / *cwasse* 'côte'.

Le phonème /t/ se réalise phonétiquement comme son correspondant français en position analogue : il s'agit d'une occlusive sourde, apico-coronale dentale (1).

(1) Voir MARTINET, *La description phonologique*, 59 ; WARNANT,

42-46 ; BRUNEAU, *Etude*, § 256.
Précisons que WARNANT (42 n) distingue les parties de la langue intervenant dans l'articulation de la manière suivante : parties apicale, *coronale*, prédorsale, médio-dorsale, postdorsale, et la racine. Nous n'avons pas trouvé *coronal* chez Fouché (31), dont Warnant dit s'inspirer.

§ 3.6. Le phonème /d/

3.6.1. d / t : voir 3.5.1.

3.6.2. d / n

Dit '(il) dit' / *nid* 'nid' ; *doû* 'deuil' / *noû* 'nouveau' ; *dète* 'dette' / *nèt'* 'net' ; *doze* 'douze' / *nosse* 'nôtre' ; *dins* 'dans' ou *dint* 'dent' / *nin* '(ne) pas' ; *odeûr* 'odeur' / *oneûr* 'honneur'.

3.6.3. d / v : voir 3.4.3.

3.6.4. d / z

Pèdant 'pédant' / *pèzant* 'pesant'.

3.6.5. d / l

Deûs 'deux' / *leû* 'loup' ou 'leur' ; *dame* 'dame' / *lame* 'lame'; *dète* 'dette' / *lète* 'lettre' ; *doze* 'douze' / *loce* 'louche' ; *dote* 'doute' / *lote* 'loutre' ; *pèdant* 'pédant' / *pèlant* 'pelant'.

3.6.6. d / ĝ : voir 3.12.2.

La réalisation dialectale du phonème /d/ est semblable à celle du /d/ français en position analogue. Il s'agit d'une occlusive sonore, apico-coronale dentale (1).

(1) Voir MARTINET, *La description phonologique*, 59 ; WARNANT, 53-54 ; BRUNEAU, *Etude*, § 256.

§ 3.7. Le phonème /s/

3.7.1. s / z

Sèle 'selle' / *zèles* 'elles' ; *cink* 'cinq' / *zink* 'zinc'.

3.7.2. s / ŝ

Cèke 'cercle' / *chèke* 'chèque' ; *sèt'* 'sept' / *chète* 'petit morceau de bois fendu' ; *mèsse* 'messe' / *mèche* 'mèche' ; *aci* 'acier' / *achi* 'essieu'.

3.7.3. s / t : voir 3.5.4.

3.7.4. s / ĉ : voir 3.11.3.

Les témoins que nous avons interrogés réalisent phonétiquement le /s/ "à la française", comme une prédorso-alvéolaire (la partie antérieure du dos de la langue touchant les alvéoles, tandis que la pointe de la langue reste inerte contre les incisives inférieures). L. Remacle (*Orthophonie*, 31) et L. Warnant ont observé un type d'articulation dans lequel la pointe de la langue reste en position haute, près des incisives supérieures : il s'agit de la prononciation ancienne du /s/ (1).
Comp. avec le phonème /r/, voir 3.20.
Voir aussi 1.52 n 1.

---

(1) Se pose ici un problème terminologique. L. Warnant (59) décrit la prononciation dialectale ancienne comme celle d'une sourde prédorso-alvéolaire, et la prononciation "française" actuelle comme celle d'une dentale sourde apico-coronale. Les manuels les plus récents que nous avons consultés (WALTER, 31 ; LANDERCY-RENARD, 90 ; THOMAS et coll., 154 ; STRAKA, *Album phonétique*, pl. 31, etc.) réservent l'étiquette "prédorso-alvéolaire" à la prononciation "française", la prononciation wallonne ancienne étant celle d'une sourde apico-alvéolaire. Sans doute y a-t-il interversion chez L. Warnant.
Voir aussi MARTINET, *La description phonologique*, 59 ; WARNANT, 59-62 ; BRUNEAU, *Etude*, § 230 (qui observe la prononciation ancienne) ; FOUCHE, 32.

§ 3.8. Le phonème /z/

3.8.1. z / s : voir 3.7.1.

3.8.2. z / d : voir 3.6.4.

3.8.3. z / v : voir 3.4.4.

Parallèlement à ce qui a été dit pour /s/, on a affaire ici à une sonore prédorso-alvéolaire (1).

---

(1) Voir MARTINET, *La description phonologique*, 60 ; WARNANT, 66-68 ; BRUNEAU, *Etude*, § 230.

§ 3.9. Le phonème /ŝ/

Les oppositions phonologiques fondées sur cette chuintante sont peu nombreuses ; on les retrouve essentiellement dans les correspondants du H secondaire lg. (voir 1.194), et dans des mots d'emprunt. Le parler de Tenneville ne présente pas d'évolution secondaire du groupe initial *sy-* en *ŝ-*, comme dans d'autres parlers (1).

3.9.1. ŝ / s : voir 3.7.2.

3.9.2. ŝ / ĉ

Chame 'escabeau' / *tchame* 'jante' ; *châle* 'échelle' / *Tchâle* 'Charles' ; *châfe* 'coquille (d'oeufs)' / *tchâve* 'chauve' ; *chârd* 'écharde' / *tchâr* 'chair' ou 'char' ; *bâche* 'bâche' / *bâtch!* 'pouah ! (interj.)' ; *bouchîz* '(vous) frappiez' / *boutchî* 'boucher (s.m.)' ; *broche* 'broche (bijou)' / *brotche* '(il) jaillit' ; *âje* 'aise' / *âdje* 'âge'.

3.9.3. ŝ / ẑ

Chate 'limite' / *jate* 'jatte' ; *bâchè* 'bâcher' / *bâjè* 'baiser'.

3.9.4. ŝ / k

Cheûre 'secouer' / *keûr* 'coeur' ; *choûte* '(il) écoute' / *coûte* 'courte' ; *mache* '(il) mélange' / *make* '(il) assomme' ; *coche* 'branche' / *coq* 'coq' ; *broche* 'broche (bijou)' / *broke* 'cheville ; dent' ou '(il) s'élance'.

3.9.5. ŝ / ĝ : voir 3.12.3.

Comme son correspondant français, le /ŝ/ wallon est une constrictive sourde, prédorsale prépalatale. La projection labiale varie selon les témoins (2).

---

(1) Voir WARNANT, 114-115 ; LECHANTEUR, *BTD* XLVII, 175.

(2) Voir MARTINET, *La description phonologique*, 60 ; WARNANT, 62-64 ; BRUNEAU, *Etude*, § 236 ; REMACLE, *H secondaire*, 398-399.

§ 3.10. Le phonème /ẑ/

Ce phonème, présent dans les correspondants du H secondaire lg. (voir 1.194) et dans des mots d'emprunt, ne fonde que peu d'oppositions phonologiques.

3.10.1. ẑ / ŝ : voir 3.9.3.

3.10.2. ẑ / ĉ

Jin.ne 'gêne' / *tchin.ne* 'chêne' ou 'chaîne'.

3.10.3. ẑ / ĝ

Jan 'Jean' / *djans!* 'allons' ; *jusse* 'juste' / *djusse* 'cruche'.

Le phonème /ẑ/ est le correspondant sonore de la constrictive prédorsale prépalatale /ŝ/ (1).

---

(1) Voir références de la note 2 du § 3.9 ; WARNANT, 68.

§ 3.11. Le phonème /ĉ/

3.11.1. ĉ / ĝ

Tchèt 'chat' / *djèt* 'jet' ; *tchâsse* 'chausse' / *djâze* '(il) parle' ; *tchin* 'chien' / *djins* 'gens' ; *tchan.me* 'chambre' / *djan.me* 'jambe'.

Le groupe initial *ty* peut présenter une évolution secondaire en ĉ. Cet aboutissement participe aux oppositions phonologiques au même titre que l'affriquée : *tchène* (pour *tiène* 'tiède') / *djène* 'jaune' ; voir 1.139.

3.11.2. ĉ / t

Tchèt 'chat' / *tès* 'tes' ; *tchin* 'chien' / *tins* 'temps' ou '(il) tient' ; *tchâr* 'chair' ou 'char' / *târd* 'tard' ; *sètch* 'sec' / *sèt'* 'sept' ; *batch* 'bac' / *bate* 'battre' ; *padje* 'valet (du jeu de cartes)' / *pate* 'patte'.

Le groupe initial *ty*, devenu ĉ, participe aux oppositions phonologiques : *tchène* 'tiède' / *tène* 'ténu' ; *tchèr* (pour *tièr* 'tertre') / *tère* 'terre'.

3.11.3. ĉ / s

Tchèt 'chat' / *sès* 'ses' ; *tchôd* 'chaud' / *sô* 'saoul' ; *tchâsse* 'chausse' / *sâce* 'sauce' ; *tchâr* 'chair' ou 'char' / *sârt* 'essart' ; *tchin* 'chien' / *sins* 'sans' ; *tchèdje* 'charge' / *tchèsse* 'chasse' ; *wadje* 'orge' / *waze* '(il) ose' ; *batch* 'bac'/ *basse* 'mare' ; *padje* 'valet (du jeu de cartes)' / *pas'* 'mélange de son' ; *pâdje* 'fumier' / *pâsse* 'pâte' ; *fotche* 'fourche' / *fosse* 'fosse'.

Le groupe initial *ty*, devenu ĉ, participe aux oppositions phonologiques : *tchèr* 'tertre' / *sère* 'serrure' ; *tchène* 'tiède' / *cène* 'cendre'.

3.11.4. ĉ / ẑ : voir 3.10.2.
3.11.5. ĉ / k : voir 3.13.3.
3.11.6. ĉ / y : voir 3.21.3.

3.11.7. ĉ / ŝ : voir 3.9.2.

Le phonème /ĉ/, absent du système phonologique français (sauf dans des mots d'emprunt, comme *match*, *catch*, etc.), se réalise le plus souvent comme une affriquée (ou mi-occlusive) sourde, prédorsale prépalatale.
Devant t intérieur, /ĉ/ se réalise comme un *t'* (palatalisé) : *bètch'tè* 'becqueter', *platch'tè* 'faire des manières'.

Les phonologues considèrent généralement que l'affriquée /ĉ/, tout comme sa correspondante sonore /ĝ/, représente un seul phonème, et non une succession de deux phonèmes : /t/ + /ŝ/ (ou /d/ + /ẑ/). Les dialectologues wallons ont adopté cette analyse pour les parlers qu'ils étudient (1).

L'analyse monophonématique des affriquées /ĉ/ et /ĝ/ est confirmée, pour le parler de Tenneville, par des commutations telles que : *tchin* 'chien' / *d'chind* '(il) descend' ; *tchâs* 'chaux' / (*a pîds*) *d'châs* '(à pieds) déchaux' ; *djans!* 'allons !' / *d'jant* '(ils) disent' ; *djins* 'gens' / *d'jint* '(ils) disaient'; *djunè* 'jeûner' / *d'djunè* 'déjeuner', qui attestent les couples ĉ / t-ŝ et ĝ / d-ẑ.

---

(1) Rappelons brièvement les principaux arguments en faveur de l'analyse monophonématique de l'affriquée :
a) ce phonème résulte d'un choix unique (et non de deux choix successifs), ce qui est révélé par la procédure de commutation ; b) ce phonème fait toujours partie d'une seule syllabe (et ne peut être réparti sur deux syllabes), que ce soit à l'initiale, à la finale ou en position intervocalique ; c) (dans certains parlers wallons, où les groupes consonantiques sont très rares en finale - voir plus haut, 1.193 - et où ils n'apparaissent qu'après une voyelle brève ; argument non pertinent dans le parler de Tenneville où l'on trouve aussi des groupes consonantiques après voyelle longue : *cârte* 'carte', *catôrze* 'quatorze', *sôrte* 'sorte') le phonème /ĉ/, qui se rencontre en finale aussi bien après une voyelle longue qu'une voyelle brève, a un comportement qui en fait l'équivalent de n'importe quel autre phonème consonantique. Voir WARNANT, 49-51 ; BRUNEAU, *Etude*, § 247 ; LECHANTEUR, *BTD* XLVII, 177.

§ 3.12. Le phonème /ĝ/

3.12.1. ĝ / ĉ : voir 3.11.1.

3.12.2. ĝ / d

Djeû 'joug' ou 'jeu' / *deûs* 'deux' ; *djèt* 'jet' / *dès* 'des' ; *djote* 'chou' / *dote* 'doute' ; *djins* 'gens' / *dins* 'dans' ; *djurè* 'jurer' / *durè* 'durer'.

3.12.3. ĝ / ŝ

Djale '(il) gèle' / *chale* '(il) boîte' ; *djâle* (pour *diâle*, voir 3.11, et 1.139) 'diable' / *châle* 'échelle' ; *boudjè* 'bouger' / *bouchè* 'frapper'.

3.12.4. ĝ / g

Djote 'chou' / *gote* 'goutte' ; *djale* '(il) gèle' / *gale* 'gale' ou '(il) rase (le pré)'.

3.12.5. ĝ / ẑ : voir 3.10.3.

Le phonème /ĝ/ est le correspondant sonore du /ĉ/ : voir 3.11.

§ 3.13. Le phonème /k/

3.13.1. k / g

Cosse '(il) coûte' / *gosse* '(il) goûte' ; *cote* 'jupe' / *gote* 'goutte' ; *costè* 'coûter' ou 'côté' / *gostè* 'goûter' ; *crin* 'entaille' / *grin* 'seigle' ; *crosse* 'croûte' / *grosse* 'grosse'.

3.13.2. k / w

Kisse 'kyste' / *wis'* 'whist' ; *makè* 'assommer' / *Mawèt* (nom de famille)' ; *soukè* 'donner des coups de tête' / *souwè* 'sécher' ou 'suer'.

3.13.3. k / č

Cô 'cou' ou *côp* 'coup' / *tchôd* 'chaud' ; *câve* 'cave' / *tchâfe* '(il) chauffe' ; *câse* 'cause' / *tchâsse* 'chausse' ; *Pâke* 'Pâques' / *pâdje* 'tas de fumier' ; *bague* '(il) déménage' ou *bague* 'bague (s.f.)' / *batch* 'bac' ; *brokè* 's'élancer' / *brotchè* 'jaillir'.

3.13.4. k / š : voir 3.9.4.

3.13.5. k / h

Cô 'cou' ou *côp* 'coup' / *hôt* 'haut' ; *cosse* '(il) coûte' / *hosse* '(il) secoue' ; *cote* 'jupe' / *hote* 'hotte' ; *cougn* 'coin' ou *cougne* 'tournure' / *hougne* 'andain'.

Le phonème /k/ se réalise en wallon comme son correspondant français : il s'agit d'une occlusive sourde dont le point d'articulation varie en fonction de la nature de la voyelle qui suit. /k/ sera donc médiodorsal, médio- et postpalatal au contact des voyelles antérieures ; postdorsal postpalatal en contact avec *a* ; postdorsal prévélaire en contact avec les voyelles vélaires ; postdorsal postvélaire en contact avec *ó*. Cette différenciation n'est pas phonologiquement pertinente (1).

---

(1) Voir MARTINET, *La description phonologique*, 61 ; WARNANT, 46-49 ; BRUNEAU, *Etude*, § 263.

§ 3.14. Le phonème /g/

3.14.1. g / k : voir 3.13.1.

3.14.2. g / w

Gâte '(il) gâte' / *wâde* '(il) garde' ; *gadje* '(il) gage' / *wadje* 'orge' ; *baguè* 'déménager' / *bawè* 'aboyer' ; *baguète* 'baguette' / *bawète* 'lucarne'.

3.14.3. g / ĝ : voir 3.12.4.

3.14.4. g / h

Gosse '(il) goûte' / *hosse* '(il) secoue' ; *gâz* 'gaz' / *hâsse* 'vente (aux enchères)' ; *gâre* 'gare' / *hârt* 'hart' ou *hâr!* 'à gauche ! (commandement pour le cheval)' ; *gadje* '(il) gage' / *hatche* 'hache' ; *gote* 'goutte' / *hote* 'hotte'.

3.14.5. g / r : voir 3.20.3.

Il s'agit du correspondant sonore du /k/ (voir 3.13), dont les variations phonétiques sont fonction de l'environnement vocalique (1).

---

(1) Voir MARTINET, *La description phonologique*, 61 ; WARNANT, 54-56 ; BRUNEAU, *Etude* , § 263.

§ 3.15. Le phonème /m/

3.15.1. m / b : voir 3.2.1.

3.15.2. m / n

Moût '(il) trait' / *noû* 'nouveau' ; *mète* 'mettre' ou 'mètre' / *nèt'* 'propre' ; *mache* '(il) mélange' / *naches* 'endroits familiers' ; *mint* '(il) ment' / *nin* '(ne) pas' ; *pâme* 'paume' / *pâne* 'chiendent'.

En wallon comme en français, /m/ est une occlusive bilabiale nasale sonore (1).

---

(1) Voir MARTINET, *La description phonologique*, 63 ; WARNANT, 81-82 ; BRUNEAU, *Etude*, § 268.

§ 3.16. Le phonème /n/

3.16.1. n / d : voir 3.6.2.

3.16.2. n / m : voir 3.15.2.

3.16.3. n / ñ

Nos 'nous' / *gno* 'genou' ; *tène* 'ténu' / *tègne* '(qu'il) tienne' ; *vène* 'vanne' / *vègne* '(qu'il) vienne' ; *ènê* 'anneau' / *ègnê* 'agneau' ; *sone* '(il) semble' ou '(il) sonne' / *sogne* 'besogne' ou '(il) soigne'.

3.16.4. n / l

Nok 'noeud' / *loke* 'loque' ; *nosse* 'notre' / *loce* 'louche' ; *note* 'note' / *lote* 'loutre' ; *nin* '(ne) pas' / *lin* 'lin' ; *pâne* 'chiendent' / *pâle* 'bêche' ; *pîne* 'peigne' / *pîle* '(il) piaille' ; *sonè* 'sembler' ou 'sonner' / *solè* 'soulier'.

Le phonème /n/, en wallon comme en français, se réalise comme une occlusive dentale nasale apico-coronale sonore (1).

---

(1) Voir MARTINET, *La description phonologique*, 63 ; WARNANT, 82-84 ; BRUNEAU, *Etude*, § 271.

§ 3.17. Le phonème /ñ/

3.17.1. ñ / n : voir 3.16.3.

3.17.2. ñ / y

Cougn 'coin (à fendre)' ou *cougne* 'tournure' / *couye* 'partie perdue au *couyon* (jeu de cartes)' ; *hagne* '(il) mord' / *haye* 'haie' ; *bagn* 'bain' / *bay* 'bail' ; *sogne* '(il) soigne' ou 'besogne (s.f.)' / *soye* '(il) scie' ou 'scie (s.f.)'.

Le phonème /ñ/ est une occlusive nasale médiodorsale, pré- et médiopalatale, comme en français.
On considère qu'il s'agit d'un phonème unique, et non de la

combinaison de /n/ + yod (1). Les arguments avancés rejoignent ceux qui justifient le caractère monophonématique des affriquées (3.11 et 3.12).

---

(1) Voir WARNANT, 84-86 ; BRUNEAU, *Etude*, § 282 ; LECHANTEUR, *BTD* XLVII, 177.

§ 3.18. Le phonème /h/

Nous avons étudié plus haut les origines du /h/, en distinguant les continuateurs du H germanique, et le H dit secondaire (souvent remplacé par une chuintante). Dans les parlers de l'est-wallon, le /h/ observé aujourd'hui est un phonème unique, qui connaît deux variantes phonétiques : un H laryngal, dit aspiré, à l'initiale (de mot, de syllabe), et un H fricatif en finale (de mot, de syllabe). Le parler de Tenneville ne présente plus que la première de ces réalisations, le H final étant devenu inaudible, ou étant remplacé par une chuintante (1).

Les occurrences du /h/ étant rares, nous n'avons pu relever qu'un nombre réduit de couples paronymiques.

3.18.1. h / r

Hèsse 'hêtre' / *rèsse* 'reste' ; *hârt* 'hart' / *râre* 'rare' ; *hosse* '(il) secoue' / *rosse* 'rosse' ; *hote* 'hotte' / *rote* '(il) marche' ou 'piste (de lièvre)'.

3.18.2. h / g : voir 3.14.4.

3.18.3. h / k : voir 3.13.5.

3.18.4. h / Ø (morphème zéro)

Hèsse 'hêtre' / *èsse* 'être' ; *hâje* 'barrière' / *âje* 'aise' ; *hasse* 'hâte' / *as'* 'as (carte à jouer)'.

---

(1) Voir WARNANT, 69-73 ; BRUNEAU, *Etude*, § 203 ; REMACLE, *H secondaire*, 44-54, 116.
Phonétiquement /h/ se réalise comme une sourde.

Nous en avons terminé avec les phonèmes que l'on qualifie parfois de "vraies consonnes". Nous allons maintenant examiner ceux que la classification traditionnelle range sous le nom de liquides : /l/ et /r/.

§ 3.19. Le phonème /l/

3.19.1. l / n : voir 3.16.4.

3.19.2. l / d : voir 3.6.5.

3.19.3. l / r

Leû 'loup' / *reûd* 'roide' ; *loce* 'louche' / *rosse* 'rosse' ; *lârd* 'lard' / *râre* 'rare' ; *lin* 'lin' / *rin* 'rien' ; *lin.ne* 'laine' / *rin.ne* 'reine' ou 'rainette' ; *long* 'long' / *rond* 'rond' ; *clâ* 'clou' / *crâs* 'gras' ; *plin* 'plein' / *prin* '(je) prends' ; *bîle* '(cela) crevasse' / *bîre* 'bière' ; *pâle* 'bêche'/ *pârt* 'part' ; *atèlè* 'atteler' / *atèrè* 'enterrer'.

En wallon comme en français, /l/ se réalise comme une latérale apico-coronale alvéolaire, le plus souvent sonore (1).

---

(1) Voir MARTINET, *La description phonologique*, 64 ; WARNANT, 74-75 ; BRUNEAU, *Etude*, § 217.

§ 3.20. Le phonème /r/

3.20.1. r / h : voir 3.18.1.

3.20.2. r / l : voir 3.19.3.

3.20.3. r / g

Râre 'rare' / *gâre* 'gare' ; *rote* '(il) marche' / *gote* 'goutte'; *rosse* 'rosse' / *gosse* '(il) goûte'.

Parallèlement à ce qui a été observé pour /s/ (voir 3.7), les réalisations du phonème /r/ peuvent varier selon les générations. La grande majorité de nos témoins réalisent un [R] uvulaire dorsal ; pour l'un ou l'autre, nous avons encore observé la variante apicale (apico-coronale alvéolaire, comme la décrit L. Warnant) (1). Voir 1.52 n 1.

---

(1) Voir MARTINET, *La description phonologique*, 64-67 ; WARNANT, 75-78 ; BRUNEAU, *Etude*, § 205.

Les semi-voyelles (ou semi-consonnes) sont considérées comme des sons intermédiaires entre les consonnes et les voyelles. Les parlers wallons (et le français régional) ne présentent que deux semi-voyelles : /w/ et /y/. Ils ne connaissent pas la semi-voyelle antérieure réalisée dans *juin*, *huit*, etc.

§ 3.21. Le phonème /y/

3.21.1. y / ñ : voir 3.17.2.

3.21.2. y / w

Mayèt 'maillet' / *Mawèt* (nom de famille) ; *cayèt* 'bibelot' / *cawèt* 'poêlon'.

3.21.3. y / ĉ

Ièbe 'herbe' / *Tchèpe* 'Cheppe (nom de famille)' ; *broyè* 'broyer'/ *brotchè* 'jaillir' ; *sèy* 'être' ; *sètch* 'sec' ; *bay* 'bail' / *batch* 'bac' ; *saye* 'essai' / *satch* 'sac' ; *poye* 'poule' / *potche* '(il) saute' ou 'poche (s.f.)' ; *cayèt* 'bibelot' / *catchèt* 'cachet' ou *catchè* 'cacher'.

Le phonème /y/ est une médiodorsale médiopalatale, généralement sonore (1).
Pour le statut phonologique du /y/, voir 3.22.

(1) Voir WARNANT, 78-79 ; BRUNEAU, *Etude*, § 186.

§ 3.22. Le phonème /w/

3.22.1. w / k : voir 3.13.2.

3.22.2. w / g : voir 3.14.2.

3.22.3. w / y : voir 3.21.2.

Le phonème /w/ est une postdorsale prévélaire bilabiale, le plus souvent sonore. A l'opposé de /y/, il est [+ arrière, + arrondi].

La question se pose de savoir si les semi-voyelles sont de véritables phonèmes, ou des variantes des phonèmes vocaliques /i/ et /u/ en hiatus (1). Si l'on recourt (comme pour les affriquées, voir 3.11) à la procédure de commutation, il faut se rallier à la seconde hypothèse, car il n'y a pas de commutation entre /y/ et /i/, entre /w/ et /u/. Néanmoins, pour que cet argument soit décisif, il faudrait que les parlers wallons connaissent des séquences [voyelle + voyelle], ce qui paraît exceptionnel (nous n'en avons pas relevé dans le parler de Tenneville). Nous préférons nous rallier à un argument d'ordre combinatoire : les semi-voyelles occupent dans le mot les mêmes positions que les autres consonnes, avec lesquelles il peut y avoir commutation : à l'intervocalique, en finale, et même à l'initiale (rarement toutefois pour /y/ : nous n'avons relevé que *ièbe* 'herbe' pour Tenneville).

(1) Le statut des semi-voyelles est à préciser pour chaque parler. Ainsi MARTINET (*La description phonologique*, 68, 71) pour le parler d'Hauteville, considère qu'il s'agit de variantes des phonèmes vocaliques correspondants /i/ et /u/ ; par contre, WARNANT (117) et LECHANTEUR (*BTD* XLVII, 177-178) se rallient, pour les parlers qu'ils décrivent, à l'autre hypothèse.

§ 3.23. Le tableau du système consonantique (1)

p	f	t	s	ŝ	ĉ	k		|h
b	v	d	z	ẑ	ĝ	g	|r	
m		n		n̂				
				y		w		
		$\overline{\text{l}}$						

Horizontalement, on trouve cinq séries en rapport d'exclusion réciproque (ce qui est sourd n'est pas sonore, ni nasal, etc.) : sourdes, sonores, nasales, semi-consonnes, latérale.

Verticalement, on distingue huit ordres, avec une subdifférenciation des palatales : labiales, labiodentales, dentales, alvéolaires, palatales constrictives - palatales affriquées, vélaires, postvélaire, et laryngale. Il s'agit d'un classement qui se fonde sur le point d'articulation des phonèmes (2), à l'exception de la distinction entre les affriquées et les constrictives qui est liée au mode d'articulation.

Toutes les caractérisations ne sont pas pertinentes : ainsi, la corrélation de sonorité est annulée pour les phonèmes /r/ et /h/ ; de même, l'appartenance du /l/ aux dentales.

---

(1) Ce tableau est identique à celui dressé par LECHANTEUR pour le parler de Mélen (*BTD* XLVII, 178). Nous avons suivi l'argumentation qui le sous-tendait, notamment pour la distinction entre les palatales constrictives et les palatales chuintantes, et le souci d'une description en rapport avec le point d'articulation (voir note suivante), qui unifie la présentation.
La présentation de J. Lechanteur est aussi intéressante parce qu'elle visualise clairement les rapports internes du système consonantique : on y voit bien le déséquilibre amené par l'existence simultanée des constrictives et des affriquées.

(2) De là les appellations "alvéolaire" et "palatale" mises pour "sifflante" et "chuintante" ; de même, "vélaire" est préféré à "dorsal" (qui couvre des réalisations médiopalatales et postvélaires), pour être opposé aux (pré)palatales et à la postvélaire : voir LECHANTEUR, *BTD*, XLVII, 179.

CHAPITRE II

LE VOCALISME

§ 3.24. La durée vocalique

Les parlers wallons attestent une opposition quantitative (durée vocalique), que le français contemporain a perdue, mais qui subsiste dans le français régional (1). Les parlers wallons se différencient par le nombre de voyelles qui supportent encore l'opposition de durée. Parmi les descriptions antérieures, c'est le parler de Mélen qui atteste le plus grand nombre de voyelles touchées par ce trait : /i/, /ü/, /u/, /è/, /a/ et /ò/ ; à Oreye, le *o* ouvert n'est pas concerné, et le rendement de l'opposition *a*/*ā* est faible ; à Charleroi, la longueur vocalique est pertinente pour /i/, /ü/, /u/ et /a/

Dans le parler de Tenneville, l'opposition quantitative touche les voyelles extrêmes /i/, /ü/, /u/ et /a/. Un problème se pose pour les antérieures non labiales qui présentent, outre /i/ bref et long, /a/ bref et long, trois phonèmes : /é/ (bref ou long, suivant le contexte), /*ē*/ (toujours long) et /è/ toujours bref. Deux solutions s'offrent à nous : soit postuler cinq degrés d'aperture pour les antérieures non labiales, soit rendre compte des trois phonèmes en distinguant deux degrés d'aperture, et en surimposant une opposition de durée. La première solution favoriserait le rapprochement avec des systèmes comme celui de Mélen, où les cinq degrés d'aperture sont incontestables (2), mais elle nous paraît peu économique, en regard de la seconde : elle nous oblige à introduire un degré d'aperture supplémentaire pour un seul phonème, alors qu'il suffirait d'étendre l'opposition de durée à la voyelle /è/. Nous préférons donc considérer que les phonèmes /ê/ et /è/ se distinguent *phonologiquement* par une opposition de longueur, et non par l'aperture (3).

---

(1) Voir MARTINET, *Le français sans fard*, 177 sv. ; FRANCARD, *Phonologie générative*, 135.

(2) Du point de vue d'une description classique, cela s'entend. Notons toutefois que les illustrations du quatrième degré d'aperture pour les antérieures non labiales dans le parler de Mélen correspondent, dans la majorité des cas, à des dénasalisations d'un ẽ ; qu'il n'y a pas d'opposition /ɛ/-/ẽ/ ; que la prononciation du /ɛ/ est très proche d'un ẽ (voir *BTD* XLVII, 188-190) : dans ce parler où la nasalité, synchroniquement, n'est pas pertinente, de tels indices pourraient suggérer, dans une description relativement abstraite, la "reconstruction" d'un système de voyelles nasales où seraient repris les correspondants des nasales étymologiques, et donc la plupart des occurrences du /ɛ/. Précisons cependant qu'il faudrait, pour aboutir à la suppression du quatrième degré d'aperture, trouver une solution pour les quelques cas où ɛ à Mélen ne correspond pas à un ẽ dénasalisé.

(3) Dans le parler de Tenneville, /ē/ présente, phonétiquement, une aperture intermédiaire entre /é/ et /è/ (voir plus haut, 1.25 n 3). Par contre, dans le parler de Bastogne, /ē/ a une aperture supérieure à celle du /è/ : [ɛ]. Dans un souci d'uniformisation des descriptions phonologiques des parlers de notre région, nous ferons du /ē/ le correspondant long du /è/, tant pour Tenneville que pour Bastogne (corriger dans ce sens FRANCARD, *Notes sur le parler wallon de Bastogne*, 58).
La même solution pourrait être adoptée pour le parler de Longlier, où J.-M. Pierret (XXII-XXIII) distingue trois phonèmes pour les antérieures moyennes : /é/ long, /ē/ long et /è/ bref. Mais dans ce même parler, les vélaires moyennes présentent une situation particulière, avec trois phonèmes distincts également : /ô/ fermé toujours long, /ò/ ouvert bref, et un /ö/ plus fermé que /ô/, qui est long. Rendre compte de l'opposition /ô/ - /ò/ en invoquant une opposition de durée - pour faire l'économie d'un degré d'aperture - nous paraît trop arbitraire ; de plus, cela entraîne un déséquilibre dans l'organisation du système vocalique. Admettre l'existence de trois degrés d'aperture pour les vélaires moyennes nous amène cependant à reconsidérer le cas des voyelles antérieures. Il est en effet étonnant d'aboutir à un système vocalique présentant,

---

pour les vélaires moyennes, une différenciation d'aperture supérieure à celle des antérieures moyennes. Faut-il alors poser 3 degrés d'aperture pour les voyelles moyennes, et admettre de la sorte 5 degrés d'aperture pour les antérieures non labiales (cela, malgré la rareté particulière de ce genre de système ; voir TROUBETZKOY, 119) ?
Cette hypothèse, comme celle d'une réduction des vélaires moyennes à deux degrés d'aperture, ne sera pas étudiée ici. Elle mérite un examen approfondi qui préciserait notamment quelle hiérarchisation de traits est à poser pour les systèmes vocaliques des parlers wallons.

§ 3.25. Les oppositions de durée vocalique

3.25.1. i / ī

Di 'de' / *dî* 'dix (devant consonne)' ; *li* 'le' / *lît* 'lit' ; *mi* 'moi' / *mî* 'mieux' ; *pis* (s.m.) 'pis' / *pîs* (adv.) 'pis' ; *ki* 'qui' / *kî* 'quérir' ; *pile* 'pile' / *pîle* '(il) piaille'.

3.25.2. ü / ǖ

Lu 'lui' / *lût* '(il) luit' ; *bus*' 'bus' / *bûze* 'tuyau' ; *ute* 'outre' / *ût*' 'huit' ; *su* 'sur' / *sû* 'seuil'.

3.25.3. u / ū

Fout '(il) fout' / *foû* 'dehors' ; *bout* 'bout' / *boû* 'boeuf' ; *mousse* '(il) pénètre' / *Moûse* 'Meuse'.

3.25.4. a / ā

Basse 'mare d'eau' / *bâse* 'base' ; *bache* '(il) baisse' / *bâche* 'bâche' ; *gade* 'chèvre' / *gâte* '(il) gâte' ; *batch* 'bac' / *bâtch!* 'pouah!' ; *masse* 'massette' / *mâs*' 'mars' ; *pane* 'tuile'/ *pâne* 'chiendent' ; *chaye* 'ardoise' / *châye* '(il) écarte' ; *rawiyè* 'ronger' / *râwiyè* 'miauler (pour le chat en rut)'.

3.25.5. è / ē

Lès 'les' / *lêd* 'laid' ; *solè* 'soulier' / *solê* 'soleil' ; *mès* 'mes' / *mê* 'maie' ; *vè* 'vers' / *vê* 'veau' ; *tère* 'terre' / *têre* 'taire' ; *mèsse* 'messe' / *mêsse* 'maître' ; finales en *-rès*,

-*rè* des 2ème et 3ème pers.s. ind. fut. simple (*tchantrès*, *vinrè*) / finale en -*rê* de la 1ère pers. sing. au même temps (*tchantrê*, *vinrê*).

Dans les relevés de paronymes qui suivent, on s'est efforcé de n'opposer que des voyelles de même durée vocalique, lorsque cela était possible, et ce, afin de mettre l'accent sur le seul timbre vocalique.
Généralement, nous regroupons dans la même rubrique les phonèmes qui se distinguent par la seule durée vocalique.

§ 3.26. Les phonèmes /i/ et /ī/

3.26.1. i / é

Ki 'qui' / *kè* 'quel' ; *fi* 'fils' / *fè* 'faire' ; *li* 'le' / *lè* 'laisser'.

3.26.2. i / ü

Li 'le' / *lu* 'lui' ; *bride* 'bride' / *brute* 'brute'.

3.26.3. ī / é

Kî 'quérir' / *kè* 'quel' ; *lît* 'lit' / *lè* 'laisser' ; finale -*îz* de l'ind. imparf. 2ème p.p. (*tchantîz*, *toumîz*) / finale -*ez* de l'ind. prés. 2ème p.p. (*tchantez*, *toumez*) et de l'impér. prés. 2ème p.p. ; de même pour l'ind. fut. simple (*tchantrez*, *vinrez*) et le cond. prés. (*tchantrîz*, *vinrîz*).

3.26.4. ī / ǖ

Kî 'qui' / *cût* 'cuit' ; *lît* 'lit' / *lût* '(il) luit' ; *bîre* 'bière' / *bûre* 'beurre'.

/i/ et /ī/ sont des voyelles antérieures non labiales, dont le timbre est légèrement moins fermé que celui des correspondants français toniques (1).

---

(1) Voir MARTINET, *La description phonologique*, 68-69 ; WARNANT, 86-89 ; BRUNEAU, *Etude*, § 53.

§ 3.27. Les phonèmes /ü/ et /ǖ/

3.27.1. ü / i : voir 3.26.2.

3.27.2. ǖ / ī : voir 3.26.4.

3.27.3. ǖ / ū

Bûze 'tuyau' / *boûse* 'bourse' ; *cûr* 'cuir' / *coûrt* 'court (adj)' et '(il) court' ; *cûte* 'cuite' / *coûte* 'courte'.

3.27.4. ǖ / œ́

Lût '(il) luit' / *leû* 'leur' ou 'loup' ; *cûr* 'cuir' / *keûr* 'coeur'.

3.27.5. ǖ / œ̀

Sûre 'suivre' / *seur* 'aigre' ; *cûr* 'cuir' / *keure* 'cure'.

3.27.6. ü / u

Brut 'bruit' / *brou* 'brou (de noix)' ; *pus*' 'plus' / *pous*' 'puits' ou *pousse* 'gousse' ; *su* 'sur' / *sou* 'sou' ou *çou* 'ce'.

/ü/ et /ǖ/ sont des voyelles antérieures labiales, dont le timbre est quelquefois moins ferme que dans les correspondants français (1).

---

(1) Voir MARTINET, *La description phonologique*, 69-70 ; WARNANT, 99-101 ; BRUNEAU, *Etude*, § 97.

§ 3.28. Les phonèmes /u/ et /ū/

3.28.1. ū / ṓ

Foû 'dehors' / *fô* 'fou'.

3.28.2. ū / ǖ : voir 3.27.3.

3.28.3. u / ó

Cou 'cul' /*côp* 'coup' ; *fout* '(il) fout' / *fô* 'fou' ; *dis-pouye* 'abattis' / *dispôy* 'depuis'.

3.28.4. u / ü : voir 3.27.6.

/u/ et /ū/ se réalisent comme des voyelles vélaires labiales, dont le timbre est parfois moins ferme que les correspondants français (1).

(1) Voir MARTINET, *La description phonologique*, 70-71 ; WARNANT, 98-99 ; BRUNEAU, *Etude*, § 138.

§ 3.29. Le phonème /é/

3.29.1. é / i : voir 3.26.1.

3.29.2. é / ī : voir 3.26.3.

3.29.3. é / óe

Fé 'faire' / *feû* 'feu' ; *tchantez* '(vous) chantez' / *tchanteû* 'chanteur' ; plus généralement la finale -*eû* (lat. -*ore*) / la finale -*ez* (2ème p.p. ind. prés. ou impér. prés.) : *sèmez* / *sèmeû* ; *rèzez* / *rèzeû*.

3.29.4. é / ē

Fé 'faire' / *fêt* 'fait' ; *lé* 'laisser' / *lêd* 'laid' ; *rés* 'ras'/ *rê* 'rayon' ; *wére* 'chevron' / *wêre* 'guère' ; *pére* 'père' / *pêre* 'paire'.

3.29.5. é / è : voir 3.32.1.

Le phonème /é/ se réalise comme une voyelle antérieure non labiale, le plus souvent longue, mais parfois abrégée à la finale du mot (1).

(1) Voir MARTINET, *La description phonologique*, 72 ; WARNANT, 89-90 ; BRUNEAU, *Etude*, § 30.

§ 3.30. Le phonème /œ́/

3.30.1. œ́ / é : voir 3.29.3.

3.30.2. œ́ / ǖ : voir 3.27.4.

3.30.3. œ́ / ṓ

Feû 'feu' / *fô* 'fou' ; *treûs* 'trois' / *trô* 'trou' ; *beûre* 'boire' / *bôre* '(il) bourre'.

3.30.4. œ́ / ē

Leû 'loup' / *lêd* 'laid' ; *feû* 'feu' / *fêt* 'fait' ; *reûd* 'roide'/ *rê* 'rayon'.

3.30.5. œ́ / è

Leû 'loup' ou 'leur' / *lès* 'les' ; *deûs* 'deux' / *dès* 'des'.

3.30.6. œ́ / œ̀ : voir 3.33.1.

Le phonème /œ́/ se réalise comme une voyelle antérieure labiale, toujours longue (1).

(1) Voir MARTINET, *La description phonologique*, 72-73 ; WARNANT, 101-102 ; BRUNEAU, *Etude*, § 91.

§ 3.31. Le phonème /ṓ/

3.31.1. ṓ / u : voir 3.28.3.

3.31.2. ṓ / œ́ : voir 3.30.3.

3.31.3. ó̄ / ò

Sô 'saoul' / *sot* 'sot' ; *pô* 'peu' / *pot* 'pot' ; *cô* 'cou' ou *côp* 'coup' / *co* 'encore' ; *hôte* 'haute' / *hote* 'hotte' ; *sôye* 'soie' / *soye* 'scie (s.f.)' ou '(il) scie'.

Le phonème /ó̄/ se réalise comme une voyelle vélaire labiale, toujours longue (1).

---

(1) Voir MARTINET, *La description phonologique*, 73 ; WARNANT, 96-97 ; BRUNEAU, *Etude*, § 125.

§ 3.32. Les phonèmes /è/ et /ē/

3.32.1. è / é

Lès 'les' / *lè* 'laisser' ; finale en -*è* des infinitifs (lat. -*are* et -*iare* : *tchantè*, *toumè*, *candjè*) / finale en -*ez* de la 2ème p.p. ind. prés. ou de l'impér. prés. (*tchantez*, *toumez*, *candjez*).

3.32.2. ē / é : voir 3.29.4.

3.32.3. è / ā

Guère 'guerre' / *gâre* 'gare' ; *tère* 'terre' / *târd* 'tard'.

3.32.4. è / œ́ : voir 3.30.5.

3.32.5. ē / œ́ : voir 3.30.4.

3.32.6. è / œ̀

Tès 'tes' / *teut* 'toit' ; *sès* 'ses' / *seu* 'soif' ; *dès* 'des' / *deut* 'doigt' ou '(il) doit' ; finales -*rès*, -*rè* de l'ind. fut. simple aux 2ème et 3ème p.s. (*tchantrès*, *vinrè*) / finales -*reu*, -*reus*, -*reut* au sing. du cond. prés. (*vinreu*, *tchantreus*, *toum'reut*).

3.32.7. ē / œ̀

Têt '(il) tait' / *teut* 'toit' ; *vê* 'veau' / *veu* '(je) vois' ; finale *-rê* de la 1ère p.s. de l'ind. fut. simple / finale *-reu*, *-reus*, *-reut* du sing. du cond. prés.

3.32.8. è / ẽ : voir 3.36.1.

3.32.9. ē / ẽ : voir 3.36.2.

3.32.10. ē / ā : voir 3.35.2.

3.32.11. è / a : voir 3.35.3.

3.32.12. è / œ̃ : voir 3.39.2.

/è/ et /ē/ se réalisent comme des voyelles antérieures non labiales (1).

---

(1) Voir MARTINET, *La description phonologique*, 73-74 ; WARNANT, 91-92 ; BRUNEAU, *Etude*, § 30 et 49.

§ 3.33. Le phonème /œ̀/

3.33.1. œ̀ / œ́

Deûs 'deux' / *deut* 'doigt' ou '(il) doit' ; *keure* 'cure, soin'/ *keûr* 'coeur'.

3.33.2. œ̀ / ò

Seu 'soif' / *sot* 'sot' ; *deut* 'doigt' ou '(il) doit' / *dos* 'dos'; *veut* '(il) voit' / *vos* 'vous'.

3.33.3. œ̀ / ǖ : voir 3.27.5.

3.33.4. œ̀ / è : voir 3.32.6.

3.33.5. œ̀ / ē : voir 3.32.7.

Le phonème /œ/ se réalise comme une voyelle antérieure labiale, toujours brève (1).

---

(1) Voir WARNANT, 102-103 ; BRUNEAU, *Etude*, § 80.

§ 3.34. Le phonème /ò/

3.34.1. ò / ṓ : voir 3.31.3.

3.34.2. ò / œ̀ : voir 3.33.2.

3.34.3. ò / õ

Pot 'pot' / *pont* 'point' ; *ro* 'animal mal châtré' / *rond* 'rond'; *mot* 'mot' / *mon* 'chez' ; *sone* '(il) sonne' ou '(il) semble' / *son.ne* '(il) saigne'.

Le phonème /ò/ se réalise comme une voyelle vélaire labiale, toujours brève (1).

---

(1) Voir MARTINET, *La description phonologique*, 74 ; WARNANT, 95-96 ; BRUNEAU, *Etude*, § 112 et 124.

§ 3.35. Les phonèmes /a/ et /ā/

3.35.1. ā / è : voir 3.32.3.

3.35.2. ā / ē

Mâ 'mal (subs. et adj.)' / *mê* 'maie' ; *târd* 'tard' / *têre* 'taire' ; *mâs'* 'mars' / *mêsse* 'maître'.

3.35.3. a / è

Masse 'massette' / *mèsse* 'messe' ; *face* 'face' / *fèsse* 'fesse' ; *race* 'race' / *rèsse* 'reste' ; *pas'* 'mélange de son' / *pèce* 'pièce'.

3.35.4. ā / ã

Pâsse 'pâte' / *panse* 'panse' ; *bâse* 'base' / *banse* 'manne'.

3.35.5. a / ã

Pas' 'mélange de son' / *panse* 'panse' ; *basse* 'mare d'eau' / *banse* 'manne'.

/a/ et /ā/ se réalisent comme des voyelles antérieures non labiales. Le phonème /ā/ tend à se rapprocher des vélaires, mais nous ne retiendrons pas cette caractéristique comme phonologiquement pertinente (1).

---

(1) Voir MARTINET, *La description phonologique*, 74, 76-77 ; WARNANT, 92-95 ; BRUNEAU, *Etude*, § 1 et 23.

§ 3.36. Le phonème /ẽ/

3.36.1. ẽ / è

Lin 'lin' / *lès* 'les' ; *djins* 'gens' / *djèt* 'jet' ; *cossin* 'coussin' / *cossèt* 'porcelet' ; *sins* 'sans' / *sès* 'ses' ; *dint* 'dent' / *dès* 'des' ; finales *-ins* et *-int* des 1ère et 3ème p.p. de l'ind. imparf. (*tchantins*, *toumint*) / finale en *-è* de l'infinitif (*tchantè*, *toumè*).

3.36.2. ẽ / ē

Tins 'temps' ou '(je) tiens' / *têt* '(il se) tait' ; *vint* 'vent' ou '(il) vient' / *vê* 'veau' ; *bin* 'bien' / *bê* 'beau' ; *rin* 'rien' / *rê* 'rayon'.

3.36.3. ẽ / ã

Vin 'vin' ou *vint* 'vent' / *van* 'van' ; *bin* 'bien' / *banc* 'banc'; finales *-ins* et *-int* de l'ind. imparf. / finales *-ans*, *-ant* des 1ère et 3ème p.p. de l'ind. prés.

3.36.4. ẽ / œ̃ : voir 3.39.3.

Le phonème /ẽ/ se réalise comme une voyelle nasale antérieure non labiale, plutôt longue (1).

---

(1) Voir MARTINET, *La description phonologique*, 78 ; WARNANT, 104-105 ; BRUNEAU, *Etude*, § 161.

§ 3.37. Le phonème /ã/

3.37.1. ã / a : voir 3.35.5.

3.37.2. ã / ẽ : voir 3.36.3.

3.37.3. ã / õ

Blanc 'blanc' / *blond* 'blond' ; *banc* 'banc' / *bon* 'bon' ; *plan* 'plan' / *plon* 'plomb'.

3.37.4. ã / œ̃ : voir 3.39.1.

Le phonème /ã/ se réalise comme une voyelle nasale vélaire. On note une légère projection des lèvres par rapport à la voyelle orale, mais ce trait caractérise les voyelles nasales, et n'est pas pertinent (1).

---

(1) Voir MARTINET, *La description phonologique*, 78 ; WARNANT, 105-107 ; BRUNEAU, *Etude*, § 153.

§ 3.38. Le phonème /õ/

3.38.1. õ / ò : voir 3.34.3.

3.38.2. õ / ã : voir 3.37.3.

Il s'agit d'une voyelle nasale vélaire labiale (1).

---

(1) Voir MARTINET, *La description phonologique*, 78-79 ; WARNANT, 107 ; BRUNEAU, *Etude*, § 173.

§ 3.39. Le phonème /œ̃/

Le phonème /œ̃/ n'apparaît que très rarement dans le parler de Tenneville, et quasi exclusivement dans des mots d'emprunt : *alun, brun, jun* 'jeun' ou 'juin' ; *comun* 'commun'. Sa réalisation est identique à celle du correspondant français.

3.39.1. œ̃ / ã

Jun 'jeun' ou 'juin' / *Jan* 'Jean'.

3.39.2. œ̃ / è

Alun 'alun' / *alè* 'aller' ; *brun* 'brun' / *brès* 'bras'.

3.39.3. œ̃ / ẽ

Comun 'commun' / *comint* 'comment'.

§ 3.40. Le système des voyelles orales du parler de Tenneville se présente comme suit :

Degré d'aperture	Antérieures non labiales	Antérieures labiales	Vélaires labiales
1	/i/, /ī/	/ü/, /ǖ/	/u/, /ū/
2	/é/	/œ́/	/ó/
3	/è/, /ē/	/œ̀/	/ò/
4	/a/, /ā/		

Ce système est remarquable par la richesse des antérieures non labiales. Nous avons vu plus haut (3.35) que c'est l'opposition de durée qui nous a paru phonologiquement pertinente pour distinguer /a/ de /ā/, et non l'antériorité par opposition à la non-antériorité. En outre, au *e* caduc français correspondent des voyelles au timbre nettement marqué. Les antérieures non labiales sont donc les seules à présenter 4 degrés d'aperture.

Dans l'ensemble, il s'agit d'un système équilibré. La distinction quantitative vise les voyelles extrêmes; les voyelles moyennes ne présentent qu'une différenciation de timbre, à l'exception du /è/.

§ 3.41. Le système des voyelles nasales est lui aussi équilibré :

Degré d'aperture			
3	ẽ	œ̃	õ
4		ã	

CONCLUSION

Dans le prolongement des deux premières sections, il eût été intéressant de dresser un inventaire de traits phonologiques marquant la géographie dialectale de notre région. Le manque de documentation rend ce projet actuellement irréalisable. Tout au plus est-il possible de nous interroger sur les bases d'une différenciation phonologique dans notre région.

Le consonantisme, à en juger par les rares descriptions qui ont été réalisées, ne fournit guère d'éléments de segmentation. Le nombre des phonèmes, l'organisation du système en ordres et en séries, ne semblent pas entraîner une grande diversité. Pour notre région, seule la présence du H laryngal peut être un élément de disparité (par rapport au namurois, par exemple).

La confrontation des systèmes vocaliques sera sans doute plus féconde. Outre le nombre et la réalisation des phonèmes, on retiendra, comme traits majeurs de différenciation,

1. la présence ou l'absence de l'opposition de durée ;
2. le nombre et les caractéristiques des voyelles concernées par cette opposition quantitative ;
3. le nombre de degrés d'aperture pour chaque classe vocalique ;
4. le nombre et les caractéristiques des voyelles nasales.

Rappelons enfin qu'il ne faut pas exclure des considérations phonologiques les rapports avec le français régional (parlé) : comme nous l'avons vu en d'autres endroits, il y a là une voie féconde pour la phonologie dialectale.

ENVOI

Terre farouche et aride, l'Ardenne est, paraît-il, le reflet de ceux qui l'habitent. C'est sans doute pourquoi tant d'efforts sont nécessaires pour découvrir ce pays et ses gens.

Si l'on excepte les remarquables publications de Paul Marchot et de Joseph Calozet, ainsi que les enquêtes de Jean Haust dans le cadre de l'*ALW*, l'Ardenne centrale est demeurée inexplorée jusqu'à il n'y a guère. Mais depuis quelques années, c'est du coeur même de cette région que se manifeste le regain des dialectes.

Si l'Ardenne centrale a cessé aujourd'hui d'être une *terra incognita*, il s'en faut de beaucoup qu'elle bénéficie d'une littérature scientifique aussi riche, quantitativement et qualitativement, que celle produite par ses voisins liégeois, namurois ou gaumais. Notre étude montre, par ses lacunes, l'ampleur de la tâche à accomplir. Modestement, elle défriche une partie du domaine wallo-lorrain : la région Tenneville-Bastogne. En analysant des matériaux qui ressortissent à la phonétique historique, à la morphologie et à la phonologie, nous avons voulu déterminer les caractéristiques du wallon de Tenneville, et ses rapports avec les parlers proches ; parmi ceux-ci, nous avons privilégié la région de Bastogne, à laquelle tant de liens nous attachent. La conclusion finale de ces diverses confrontations confirme le caractère de transition du sud-wallon, et souligne la remarquable homogénéité dialectale de la région Tenneville-Bastogne, à des degrés divers selon les aspects envisagés.

Reste enfin l'aspect lexical, qui apparaît seulement ici au travers des illustrations des phénomènes étudiés. La publication d'un *Dictionnaire des parlers wallons du pays de Bastogne*, actuellement en préparation, viendra combler une importante lacune dans l'étude du patrimoine de l'Ardenne centrale. Nous espérons que ces travaux contribueront à mieux faire connaître notre "pays", au travers de ce qu'il possède de plus spécifique : son langage.

Lutrebois - Bastogne,
le 29 septembre 1979.

INDEX DES MOTS WALLONS

En principe, cet index ne reprend que les mots du parler de Tenneville. Quelquefois, nous avons repris des formes intéressantes du parler de Bastogne (suivies d'un B).
Les chiffres renvoient aux paragraphes.

BCILL 5 : *Language in Sociology,* **éd. VERDOODT A. et KJOLSETH R.**, 304 pp., 1976. Prix : 760,- FB.
From the 153 sociolinguistics papers presented at the 8th World Congres of Sociology, the editors selected 10 representative contributions about language and education, industrialization, ethnicity, politics, religion, and speech act theory.

BCILL 6 : **HANART M.**, *Les littératures dialectales de la Belgique romane : Guide bibliographique,* 96 pp., 1976 (2e tirage, corrigé de CD 12). Prix : 340,- FB.
En un moment où les littératures connexes suscitent un regain d'intérêt indéniable, ce livre rassemble une somme d'information sur les productions littéraires wallonnes, mais aussi picardes et lorraines. Y sont également considérés des domaines annexes comme la linguistique dialectale et l'ethnographie.

BCILL 7 : *Hethitica II,* **éd. JUCQUOIS G. et LEBRUN R.**, avec la collaboration de DEVLAMMINCK B., II-159 pp., 1977, Prix : 480,- FB.
Cinq ans après *Hethitica I* publié à la Faculté de Philosophie et Lettres de l'Université de Louvain, quelques hittitologues belges et étrangers fournissent une dizaine de contributions dans les domaines de la linguistique anatolienne et des cultures qui s'y rattachent.

BCILL 8 : **JUCQUOIS G. et DEVLAMMINCK B.**, *Compléments aux dictionnaires étymologiques du grec.* Tome I : A-K, II-121 pp., 1977. Prix : 380,- FB.
Le *Dictionnaire étymologique de la langue grecque* du regretté CHANTRAINE P. est déjà devenu, avant la fin de sa parution, un classique indispensable pour les hellénistes. Il a fait l'objet de nombreux comptes rendus, dont il a semblé intéressant de regrouper l'essentiel en un volume. C'est le but que poursuivent ces *Compléments aux dictionnaires étymologiques du grec.*

BCILL 9 : **DEVLAMMINCK B. et JUCQUOIS G.**, *Compléments aux dictionnaires étymologiques du gothique.* Tome I : A-F, II-123 pp., 1977. Prix : 380,- FB.
Le principal dictionnaire étymologique du gothique, celui de Feist, date dans ses dernières éditions de près de 40 ans. En attendant une refonte de l'oeuvre qui incorporerait les données récentes, ces compléments donnent l'essentiel de la littérature publiée sur ce sujet.

BCILL 10 : **VERDOODT A.**, *Les problèmes des groupes linguistiques en Belgique : Introduction à la bibliographie et guide pour la recherche,* 235 pp., 1977 (réédition de CD 1). Prix : 590,- FB.
Un „trend-report" de 2.000 livres et articles relatifs aux problèmes socio-linguistiques belges. L'auteur, qui a obtenu l'aide de nombreux spécialistes, a notamment dépouillé les catalogues par matière des bibliothèques universitaires, les principales revues belges et les périodiques sociologiques et linguistiques de classe internationale.

BCILL 11 : **RAISON J. et PÓPE M.**, *Index transnuméré du linéaire A,* 333 pp., 1977. Prix : 840,- FB.
Cet ouvrage est la suite, antérieurement promise, de RAISON-POPE, Index du linéaire A, Rome 1971. A l'introduction près (et aux dessins des „mots"), il en reprend entièrement le contenu et constitue de ce fait une édition nouvelle, corrigée sur les originaux en 1974-76 et augmentée des textes récemment publiés d'Arkhanès, Knossos, La Canée, Zakro, etc., également autopsiés et rephotographiés par les auteurs.

BCILL 12 : **BAL W. et GERMAIN J.**, *Guide bibliographique de linguistique romane,* VI-267 pp., 1978. Prix : 685,- FB., ISBN 2-87077-097-9, 1982, ISBN 2-8017-0099-1.
Conçu principalement en fonction de l'enseignement, cet ouvrage, sélectif, non exhaustif, tâche d'être à jour pour les travaux importants jusqu'à la fin de 1977. La bibliographie de linguistique romane proprement dite s'y trouve complétée par un bref aperçu de bibliographie générale et par une introduction bibliographique à la linguistique générale.

BCILL 13 : **ALMEIDA I.**, *L'opérativité sémantique des récits-paraboles. Sémiotique narrative et textuelle. Herméneutique du discours religieux.* Préface de Jean LADRIERE, XIII-484 pp., 1978. Prix : 1.250,- FB.
Prenant comme champ d'application une analyse sémiotique fouillée des récits-paraboles de l'Evangile de Marc, ce volume débouche sur une réflexion herméneutique concernant le monde religieux de ces récits. Il se fonde sur une investigation épistémologique contrôlant les démarches suivies et situant la sémiotique au sein de la question générale du sens et de la compréhension.

BCILL 14 : *Etudes Minoennes I : le linéaire A,* éd. **Y. DUHOUX**, 191 pp., 1978. Prix : 480,- FB.
Trois questions relatives à l'une des plus anciennes écritures d'Europe sont traitées dans ce recueil ; évolution passée et état présent des recherches ; analyse linguistique de la langue du linéaire A ; lecture phonétique de toutes les séquences de signes éditées à ce jour.

BCILL 15 : *Hethitica III,* 165 pp., 1979. Prix : 490,- FB.
Ce volume rassemble quatre études consacrées à la titulature royale hittite, la femme dans la société hittite, l'onomastique lycienne et gréco-asianique, les rituels CTH 472 contre une impureté.

BCILL 16 : **GODIN P.**, *Woordvolgorde in het Nederlands. Een syntaktische, semantische en functionele benadering,* VI + 338 pp., 1980. Prix : 1.000,- FB.
In dit werk wordt de stelling verdedigd dat de woordvolgorde in het Nederlands beregeld wordt door drie hoofdfaktoren, nl. de syntaxis (in de engere betekenis van dat woord), de semantiek (in de zin van distributie van de dieptekasussen in de oppervlaktestruktuur) en het zgn. functionele zinsperspektief (d.i. de distributie van de constituenten naargelang van hun graad van communicatief dynamisme).

BCILL 17 : **BOHL S.**, *Ausdrucksmittel für ein Besitzverhältnis im Vedischen und Griechischen,* III + 108 pp., 1980. Prix : 360,- FB., ISBN 2-87077-170-3.
This study examines the linguistic means used for expressing possession in Vedic Indian and Homeric Greek. The comparison, based on a select corpus of texts, reveals that these languages use essentially inherited devices but with differing frequency ratios. In addition Greek has developed a verb „to have", the result of a different rhythm in cultural development.

BCILL 18 : **RAISON J. et POPE M.**, *Corpus transnuméré du linéaire A*, 350 pp., 1980. Prix : 1.100,- FB.
Cet ouvrage est, d'une part, la clé à l'Index transnuméré du linéaire A des mêmes auteurs, BCILL 11 : de l'autre, il ajoute aux recueils d'inscriptions déjà publiés de plusieurs côtés des compléments indispensables : descriptions, transnumérations, apparat critique, localisation précise et chronologie détaillée des textes, nouveautés diverses, etc.

BCILL 19 : **FRANCARD M.**, *Le parler de Tenneville. Introduction à l'étude linguistique des parlers wallo-lorrains*, 312 pp., 1981. Prix : 780,- FB., ISBN 2-87077-000-6.
Dialectologues, romanistes et linguistes tireront profit de cette étude qui leur fournit une riche documentation sur le domaine wallo-lorrain, un aperçu général de la segmentation dialectale en Wallonie, et de nouveaux matériaux pour l'étude du changement linguistique dans le domaine gallo-roman. Ce livre intéressera aussi tous ceux qui sont attachés au patrimoine culturel du Luxembourg belge en particulier, et de la Wallonie en général.

BCILL 20 : **DESCAMPS A. et al.**, *Genèse et structure d'un texte du Nouveau Testament. Etude interdisciplinaire du chapitre 11 de l'Evangile de Jean*, 292 pp., 1981. Prix : 895,- FB.
Comment se pose le problème de l'intégration des multiples approches d'un texte biblique ? Comment articuler les unes aux autres les perspectives développées par l'exégèse historicocritique et les approches structuralistes ? C'est à ces questions que tentent de répondre les auteurs à partir de l'étude du récit de la résurrection de Lazare.
Ce volume a paru simultanément dans la collection „Lectio divina" sous le n° 104, au Cerf à Paris, ISBN 2-204-01658-6.

BCILL 21 : *Hethitica IV*, 155 pp., 1981. Prix : 390,- FB., ISBN 2-87077-026.
Six contributions d'E. Laroche, F. Bader, H. Gonnet, R. Lebrun et P. Crepon sur : les noms des Hittites ; hitt. zinna- ; un geste du roi hittite lors des affaires agraires ; voeux de la reine à Istar de Lawazantiya ; pauvres et démunis dans la société hittite ; le thème du cerf dans l'iconographie anatolienne.

BCILL 22 : **J.-J. GAZIAUX**, *L'élevage des bovidés à Jauchelette en roman pays de Brabant. Etude dialectologique et ethnographique,* XVIII + 372 pp., 1 encart, 45 illustr., 1982. Prix : 1.170,- FB., ISBN 2-87077-137-1.
Tout en proposant une étude ethnographique particulièrement fouillée des divers aspects de l'élevage des bovidés, avec une grande sensibilité au facteur humain, cet ouvrage recueille le vocabulaire wallon des paysans d'un petit village de l'est du Brabant, contrée peu explorée jusqu'à présent sur le plan dialectal.

BCILL 23 : *Hethitica V*, 131 pp., 1983. Prix : 330,- FB., ISBN 2-87077-155-X.
Onze articles de H. Berman, M. Forlanini, H. Gonnet, R. Haase, E. Laroche, R. Lebrun, S. de Martino, L.M. Mascheroni, H. Nowicki, K. Shields.

BCILL 24 : **L. BEHEYDT**, *Kindertaalonderzoek. Een methodologisch handboek,* 252 pp., 1983. Prix : 620,- FB., ISBN 2-8077-171-1.
Dit werk begint met een overzicht van de trends in het kindertaalonderzoek. Er wordt vooral aandacht besteed aan de methodes die gebruikt worden om de taalontwikkeling te onderzoeken en te bestuderen. Het biedt een gedetailleerd analyserooster voor het onderzoek van de receptieve en de produktieve taalwaardigheid zowel door middel van tests als door middel van bandopnamen. Zowel onderzoek van de woordenschat als onderzoek van de grammatica komen uitvoerig aan bod.

– **SERIE PEDAGOGIQUE DE L'INSTITUT DE LINGUISTIQUE DE LOUVAIN (SPILL).**

SPILL 1 : **JUCQUOIS G.**, avec la collaboration de **LEUSE J.**, *Conventions pour la présentation d'un texte scientifique*, 1978, 54 pp. Prix : 135,- FB.
Brochure destinée à faciliter aux étudiants les opérations pratiques que suscite la recherche en sciences humaines : présentation d'un texte, citations, référenciations, etc., ceci depuis la recherche bibliographique jusqu'à la dactylographie ou l'impression du texte.

SPILL 2 : **JUCQUOIS G.**, *Projet pour un traité de linguistique différentielle*, 1978, 67 pp. Prix : 170,- FB.
Exposé succinct destiné à de régulières mises à jour de l'ensemble des projets et des travaux en cours dans une perspective différentielle au sein de l'Institut de Linguistique de Louvain.

SPILL 3 : **JUCQUOIS G.**, *Additions 1978 au „Projet pour un traité de linguistique différentielle"*, 1978, 25 pp. Prix : 70,- FB.

SPILL 4 : **JUCQUOIS G.**, *Paradigmes du vieux-slave*, 1979, 33 pp. Prix : 100,- FB.
En vue de faciliter l'étude élémentaire de la grammaire du vieux-slave et de permettre aux étudiants d'en identifier rapidement les formes, ce volume regroupe l'ensemble des paradigmes de cette langue liturgique.

SPILL 5 : **BAL W. - GERMAIN J.**, *Guide de linguistique*, 1979, 108 pp. Prix : 275,- FB.
Destiné à tous ceux qui désirent s'initier à la linguistique moderne, ce guide joint à un exposé des notions fondamentales et des connexions interdisciplinaires de cette science une substantielle documentation bibliographique sélective, à jour, classée systématiquement et dont la consultation est encore facilitée par un index détaillé.

SPILL 6 : **JUCQUOIS G. - LEUSE J.**, *Ouvrages encyclopédiques et terminologiques en sciences humaines*, 1980, 66 pp. Prix : 165,- FB.
Brochure destinée à permettre une première orientation dans le domaine des diverses sciences de l'homme. Trois sortes de travaux y sont signalés : ouvrages de terminologie, ouvrages d'introduction, et ouvrages de type encyclopédique.

SPILL 7 : **DONNET D.**, *Paradigmes et résumé de grammaire sanskrite*, 64 pp., 1980. Prix : 160,- FB.
Dans cette brochure, qui sert de support à un cours d'initiation, sont envisagés : les règles du sandhi externe et interne, les paradigmes nominaux et verbaux, les principes et les classifications de la composition nominale.

SPILL 8-9 : **DEROY L.**, *Padasas. Manuel pour commencer l'étude du sanskrit même sans maître*, 2 vol., 203 + 160 pp., 1980. Prix : 960,- FB.
Méthode progressive apte à donner une connaissance élémentaire et passive du sanskrit (en transcription). Chaque leçon de grammaire est illustrée par des textes simples (proverbes, maximes et contes). Le second volume contient un copieux lexique, une traduction des textes (pour contrôle) et les éléments pour étudier, éventuellement, à la fin, l'écriture nâgarî.

SPILL 10 : *Langage ordinaire et philosophie chez le second WITTGENSTEIN. Séminaire de philosophie du langage 1979-1980,* **édité par MALHERBE J.F.**, 139 pp., 1980. Prix : 350,- FB. ISBN 2-87077-014-6.
Si, comme le soutenait Wittgenstein, **la signification c'est l'usage**, c'est en étudiant l'usage d'un certain nombre de termes clé de la langue du philosophe que l'on pourra, par-delà le découpage de sa pensée en aphorismes, tenter une synthèse de quelques thèmes majeurs des **investigations philosophiques**.

SPILL 11 : **PIERRET J.M.**, *Phonétique du français. Notions de phonétique générale et phonétique du français,* V - 245 pp. + 4 pp. hors texte, 1981. Prix : 550,- FB. ISBN 2-87077-018-9.
Ouvrage d'initiation aux principaux problèmes de la phonétique générale et de la phonétique du français. Il étudie, en outre, dans une section de phonétique historique, l'évolution des sons, du latin au français moderne.

SPILL 12 : **Y. DUHOUX**, *Introduction aux dialectes grecs anciens. Problèmes et méthodes. Recueil de textes traduits,* 111 pp., 1983. Prix : 280,- FB. ISBN 2-87077-177-0
Ce petit livre est destiné aux étudiants, professeurs de grec et lecteurs cultivés désireux de s'initier à la dialectologie grecque ancienne : description des parlers ; classification dialectale ; reconstitution de la préhistoire du grec. Quatorze cartes et tableaux illustrent l'exposé, qui est complété par une bibliographie succincte. La deuxième partie de l'ouvrage rassemble soixante-huit courtes inscriptions dialectales traduites et accompagnées de leur bibliographie.